U0857152

网络创新治理与社会发展论丛

新媒体技术、市场与规制

王学成 侯劭勋 等◎著

東方出版中心

图书在版编目（CIP）数据

新媒体技术、市场与规制 / 王学成等著 . — 上海：东方出版中心，2020.8
ISBN 978-7-5473-1659-7

Ⅰ. ①新… Ⅱ. ①王… Ⅲ. ①传播媒介－研究 Ⅳ. ①G206.2

中国版本图书馆 CIP 数据核字（2020）第 110317 号

新媒体技术、市场与规制

著　　者　王学成　侯劭勋等
责任编辑　李梦溪
装帧设计　钟　颖

出版发行　东方出版中心
地　　址　上海市仙霞路 345 号
邮政编码　200336
电　　话　021-62417400
印 刷 者　上海万卷印刷股份有限公司

开　　本　710mm × 1000mm　1/16
印　　张　14.75
字　　数　193 千字
版　　次　2020 年 8 月第 1 版
印　　次　2020 年 8 月第 1 次印刷
定　　价　58.00 元

网络创新治理与社会发展论丛

本书作者团队

李梦然　李志贤　姚杉杉　潘　晨

杨　曦　谢佳瑶　陈　晓　刘　畅

陈小凡　赵伟杰　韦　琴　尤新毓

目 录
Contents

丛书序言

近年来，迅猛发展的互联网已经渗透到人们工作、生活与学习的方方面面，深刻地改变着人们的行为方式和思维模式，同时也给社会信息传播及舆论生态增加了复杂性和可变量，给社会治理和社会发展带来了新的挑战和命题。过去一段时间，由于网络管理的规范化、制度化、科学化的配套建设未能随着网络的快速发展而得到及时补充与完善，甚至制度建设还相对落后，以致网络戾气蔓延、情绪悲观、思潮跌宕、谣言四起、犯罪高发。在某种程度上，这些负面能量误导社会公众，诱发社会不安，严重影响网络空间有序发展和现实社会稳定进步，部分内容甚至与社会主流价值观和主流意识形态背道而驰。

面对互联网发展的滔滔洪流，国际竞争越来越多地转向互联网人才、技术以及应用素养的竞争。为有效应对网络发展带来的严峻挑战，增强国家间竞争的核心能力，我国于2014年2月正式成立中央网络安全和信息化领导小组，并相继出台了一系列制度与规定，以进一步加强网络空间的管理和建设。这标志着中国向网络强国目标迈进的国家战略予以制度化确立，并给网络空间注入了规则意识与发展活力，让国内互联网空间逐步成为弘扬主旋律、激发正能量、培育和践行社会主义核心价值观的主阵地。

为适应互联网变化发展的新形势、新特征、新趋势，以便更好地认识、探索与运用网络规律，上海开放大学信息安全与社会管理创新实验室规划出版系列丛书——《网络创新治理与社会发展论丛》。这套丛书将关注有关网络热点话题，特别是有关医疗、卫生、教育、环保、食品安全等民生议题，以及有关网络形势、网络空间治理与网络社会发展等宏观问题。具体来讲，一是关注互联网发展最新业态、特征与规律；二是关注互联网发展对相应制度建设与管理工作带来的机遇与挑战；三是关注互联网变化发展对网络应用群体提出的技能与素养要求；四是关注应用互联网开展教育实践工作的探索与经验等。

这些内容是上海开放大学信息安全与社会管理创新实验室作为一个专业化的互联网研究机构对相关领域、相关问题进行分析和研究梳理的成果，以及对相关人员开展培训的实践探索成果。这些成果在一定程度上反映了网络发展以及实践探索工作的最新动态、特征和规律。我们希望本套丛书能够给广大读者提供认识互联网的新视角，能够更好地把握互联网变化发展的新常态和内在规律，更加纯熟地掌握和使用互联网应用技巧，以此来服务我们的工作、生活和精神世界，也期望能够启发读者的思考，以新思维和新模式来认识网络、运用网络。

王伯军

上海开放大学副校长

上篇：新媒体技术

第一章　新媒体技术概论

一、技术推动下的新媒体发展历程

（一）激光照排技术推动下纸媒的繁荣

1975 年开始，王选主持中国计算机汉字激光照排系统和以后的电子出版系统的研究开发，创造属于国人自己的方正激光照排系统。

1987 年 5 月 22 日，世界上第一张整页输出的中文报纸诞生，标志着方正激光照排技术的成功，随后，方正的激光照排技术迅速产业化并被市场广泛接受。

1994 年 1 月 5 日，国家新闻出版署宣布：北大方正集团研制成功了高档彩色出版系统，这一系统标志彩色印刷革命的开始。

在印刷技术的高速发展之下，我国报纸行业也开始欣欣向荣。

1995 年之前占据新闻生产制高点的一般是党办报刊。党报内容严肃翔实，分发对象主要是党政机关，其中不乏出彩的新闻作品，但比较远离大众生活，人们对生活娱乐等信息的需求难以得到充分满足，媒体整体生产能力较弱。

都市报的萌芽可以追溯到 1995 年 1 月 1 日，在这天《华西都市报》创刊，中国报业在此后开启了都市报新时代。越来越多以老百姓娱乐生活为主题的内容被搬上了报纸，媒体的内容分发工作不断被重视并加强，新闻更新的节奏越来越迅速。都市报如雨后春笋般大量涌现，市场竞争逐渐激烈，报纸的价格越来越低，内容越来越丰富，不断有优秀的深度报道出炉。与此同时，广告商看到了商机，在报纸中投放的广告也越来越多，都市报的发展迎来黄金时期。报摊上各色报纸令人眼花缭乱，受众开始面临内容选择。

（二）互联网技术推动下媒体网站的兴起

1960 年，美国国防部高等研究计划署（ARPA）出于冷战考虑创建的 ARPA 网引发了技术进步并使其成为互联网发展的中心。1973 年，ARPA 网扩展成互联网，成为现代互联网的雏形。

互联网的使用以互联网连接为前提，随着计算机进入千家万户，人们对互联网接入技术的更新需求也越来越迫切：带宽由最初的 14.4 kb/s 发展到当前的 100 Mb/s 甚至 1 Gb/s；接入方式也由过去单一的电话拨号方式，发展成现在多样的有线和无线接入方式。

在互联网接入技术越来越成熟的同时，Web 技术，即网站技术的发展，让更多用户直观体会到了互联网的便利性。Web 技术是用户向服务器提交请求并获得网页页面的技术总称。作为最常用的网络应用技术，这一技术可以分为两个发展阶段，俗称 Web1.0 和 Web2.0。第一阶段多属于一些静态应用，比如用户登录，查询数据库，提交数据等。第二阶段更强调用户与网络服务器之间的互动性。事实上，Web2.0 并不是一个技术标准，而是在强调互动概念。

截至 2018 年 12 月，我国网站数量已达到 523 万个。①

门户网站是由英文的 Portal Site 翻译而来的，是指那些将网络上庞大的各种信息资源加以分类、整理，并提供搜索引擎，让不同的使用者能够快速查询信息的网站。②

1998 年 9 月，搜狐推出 2.0 版，明确定位要做中国第一网站；网易全面改版，“www.163.net”正式开放使用，朝着中文网络门户迈出了第一步；10 月，“四通利方论坛”改为“四通在线”，在国内首推“中文门户”概念，年底并购美国华人网站公司“华渊资讯”，推出新浪网站。③

随着新浪、搜狐、网易、腾讯等大量门户网站兴起，传统媒体的内容分发

① 中国互联网络信息中心：《中国互联网络发展状况统计报告》，http：//www.cac.gov.cn/wxb_pdf/0228043.pdf，2019 年 2 月。

②③ 赵枫、苏惠香：《国内门户网站发展过程分析》，东北财经大学，《现代情报》，2005 年第 12 期。

模式开始受到冲击，门户网站可以轻松打破地域限制，将新闻内容传播到全国各地，且成本低廉，传统纸媒虽然拥有优秀的内容采编团队，但分发能力远不及门户网站。此后传统媒体逐渐开始投入力量研发自己的新闻门户网站，与天然诞生于互联网的新兴门户网站一起进行内容投放，报纸的内容分发开始分为线上线下两个渠道。资讯传递的速度大大提高，受众能够选择的内容得到了极大丰富，高度聚合的网站信息甚至使人眼花缭乱，高质量、个性化的信息匹配成为新的需求。

与此同时，媒体网站评论功能的出现提高了内容反馈的效率，促进了受众与受众、受众与网站的交流互动。

（三）4G 技术推动下移动端新媒体百舸争流

随着社会发展，人们对移动端信息业务的需求大量增长，第四代移动通信技术的出现带领新闻行业进入了高速无线互联网时代。

第四代移动通信技术（The fourth generation mobile communication technology，缩写为 4G），是 3G 的延伸。第四代移动通信技术将 4G 系统与 MIMO 网络和无线局域网络相结合，可以达到 100 Mb/s 的数据传输率，同时可以实现不同类型的移动通信业务和无线网络与系统之间的无缝连接。①

2013 年 12 月 4 日工业和信息化部向中国移动、中国联通、中国电信颁发“LTE/第四代数字蜂窝移动通信业务（TD-LTE）”经营许可牌照。②4G 网络建设如今已基本完成。

在 4G 技术的带领下，移动端内容生产掀起了新一轮信息爆炸。浏览微博、微信和各种社交网络成为人们日常生活密不可分的一部分，微博大 V、微信公众号等社交网络自媒体大量涌现，广告商看中百万阅读量背后带来的巨大流量，

---

① 姚志刚：《4G 移动通信关键技术的应用及发展前景》，广东省电信规划设计院有限公司，《中国新通信》，2015 年第 8 期。

② 康钊：《我国正式发布首批 4G 牌照：三家皆有》，新浪科技，2013 年 12 月 4 日，https：//www.ithome.com/html/it/63807.htm。

纷纷递出橄榄枝，报纸、杂志订阅量则日渐低迷，传统纸媒业务遭遇寒冬。这一时期“新媒体”概念开始逐渐流行于世。

新媒体是指相对于纸类印刷媒体、广播、电视等传统媒体的媒体，相较之下，新媒体的产业范围不如传统媒体明确。

以微博、微信公众号为代表的新媒体订阅模式依靠 4G 技术红利一时大热，自媒体为了争夺订阅量将内容包装得尽量吸人眼球，“标题党”横行，信息生产供大于求的矛盾日益突出，受众的阅读选择更加困难。

很多传统媒体迫于“外力”开展新媒体建设，例如《东方早报》，作为具有一定社会影响力的老牌纸媒，其企业内部意识到了不可逆转的新媒体浪潮趋势，从而开展了内部驱动力与外部驱动力相结合的新媒体探索，“澎湃新闻客户端”由此而生。

各大传统媒体或早或晚看到了新媒体格局下转型的必要性，纷纷开始转型，打造新媒体品牌，其中以移动端 App 最为常见。各式各样的新闻 App 和自媒体公众号每天铺天盖地推送信息，用户急需专业化的工具帮忙挑选对自己有价值的新闻内容。但新闻生产者无法做到对每个受众人工推送新闻，只依靠用户的订阅行为又有一定的局限性，随着信息技术的进一步发展，智能推荐算法的出现能够为“信息过载”的困境有效解围，为用户智能推送他们需要获取的各类资讯。

智能推荐算法通过评估用户的历史行为记录和主动订阅的信息类别，将用户信息与用户每次浏览的信息进行关联和匹配，并以此为据，拟出用户可能感兴趣的内容进行推送，在确定用户已知喜好的前提下提供不失多样性的关联内容，全方位帮助用户定制私人推荐菜单。①

智能推荐算法结合了媒体内容分发和用户需求的共同需要，匹配速度越来越迅捷，匹配效果越来越精准，很大程度上帮助受众解决了“选择困难症”。“今日头条”便是智能算法推荐新闻的代表者，在“今日头条”利用算法系统

---

① 张松兰：《智能推荐算法研究综述》，《长春师范大学学报》期刊栏目“计算机技术与信息科学研究”，2017 年第 6 期。

大出风头并赚得盆满钵满之际，其“过分联想”的私人订制也开始引人诟病，提醒我们需要更加理性看待这项技术带来的利弊，更加深刻地把握技术与内容的平衡。

（四）大数据技术推动下人工智能写作来袭

麦肯锡公司的报告《大数据：创新、竞争和生产力的下一个前沿领域》中给出的大数据定义是：规模超过现有数据库工具获取、存储、管理和分析能力的数据集。

大数据是一项年轻的技术，其发展起步可以从 21 世纪初开始探寻。

Google 在 2003 年于 SOSP 上公开了描述其分布式文件系统的论文“*The Google File System*”。2004 年，Nutch 的分布式文件系统（NDFS）开始开发。同年，Google 在 OSDI 上发表了题为“*MapReduce*：*Simplified Data Processing on Large Clusters*”的论文，受到启发的 Doug Cutting 等人开始实现 MapReduce 计算框架并与 NDFS（Nutch Distributed File System）结合起来，共同支持 Nutch 的主要算法。至 2006 年，它逐渐成为一套完整而独立的软件，已经到 Yahoo！工作的 Doug Cutting 将这套大数据处理软件命名为 Hadoop。Hadoop 软件的开发为大数据技术的完善奠定了关键基础，是大数据技术发展历程中的重要里程碑。①

大数据技术发展到今天，使很多不可能变为了现实，比如说，人工智能可以进行新闻创作。

从国际来看，2006 年美国汤姆森公司就开始运用机器人进行经济新闻稿件的撰写工作；从国内来看，腾讯财经在 2015 年 9 月让机器人撰写的新闻稿闪亮登场，并在一个月后陆续推出 3 篇风格各异的财经新闻。②目前互联网技术对大数据的应用尚处在早期发展阶段，但随着人类进入数字化生存时代，大数据已

---

① 查礼：《大数据技术的回顾与展望——写在 Hadoop 十周年纪念》，2016 年 1 月 28 日，https：//www.infoq.cn/article/review-and-prospec-of-big-data-technology。

② 张海霞：《机器人写作时代新闻从业者的应对》，广西广播电视报社，《新闻战线》期刊栏目“研究走廊”，2016 年第 21 期。

成为无形的有价资源，也必将改变社会各个领域的发展方式和进程。许志强等人认为，媒体通过运用大数据调查方式，可以全面呈现社会事件，从而披露不为人所察觉的细节，使居于一隅的人们有一种超出局部观点和眼界的全知视角。①

机器人写作不是空穴来风，而是基于大数据技术所进行的进一步信息处理，人为设定好新闻模板再配以实时抓取的关键新闻数据便可形成一篇完整的机器人新闻稿。当前的机器人写作大多应用于数据新闻领域，例如财经新闻，这类新闻不要求“有温度地报道”，但追求数据的准确性。人工智能写作与大数据技术相结合，可以加速推动传统媒体的互联网转型与融媒体发展，新闻内容的生产将更加高效便捷。

新闻机器人的应用是时代发展的必然趋势，使用这一技术的新闻媒体只会越来越多，但这并不意味着新闻从业者的失业。人工智能写作技术将记者从繁杂琐碎的数据筛选中解放出来，帮助记者利用更专业的数据分析技术挖掘数据背后的意义；机器人排版将编辑从枯燥的排版工作中解放出来，可以更专心于新闻内容的监督管理。并且，真正有内容、有温度的深度报道目前依然只有人能够完成，记者能够创造的新闻价值依旧不可低估。

二、移动互联网时代新媒体中的技术应用

（一）社交媒体类

现代人的日常生活已经离不开社交媒体，操作技术门槛低且能在短时间实现大量阅读流量的微信公众号的推出引发了新闻媒体的新一轮高地争夺战。

1. 微信

微信（WeChat）是腾讯公司于 2011 年 1 月 21 日推出的一款为智能终端提供即时通信等多种服务（包括发送文字、对讲、视频聊天、晒图、扫二维码、

① 许志强、王家福、刘思明：《物联网+大数据：数字媒体变革的思考与未来媒体进化》，《电视研究》，2017 年第 11 期，第 37—40 页。

看新闻、打车、享受打折优惠等）的应用程序。设计团队的经理是曾经开发过QQ邮箱的张小龙，马化腾亲自为这款产品命名。微信的免费、便利和多媒体写作传播的特性是其进行网络人际传播的最大优势。①微信不仅提供了便利的即时通信体验，也在全方位影响着人们对信息的获取方式。

（1）发展历程

微信由深圳腾讯控股有限公司于2010年10月筹划启动，由腾讯广州研发中心产品团队打造。

截至2011年4月底，腾讯微信获得了四五百万注册用户。

2012年3月，微信用户数突破1亿大关。

2013年2月5日，微信发布4.5版。这一版本支持实时对讲和多人实时语音聊天，并进一步丰富了“摇一摇”和二维码的功能，支持对聊天记录进行搜索、保存和迁移。

2014年3月，开放微信支付功能。

2017年1月9日，微信第一批小程序正式上线。

2018年2月，微信全球月活用户首次突破10亿大关。②

（2）技术原理

① 微信公众平台开发技术

微信，是腾讯公司于2011年推出的一款为智能终端提供即时通信服务的应用程序，其运行和使用必须依靠手机、电脑或iPad等物理介质。微信技术自诞生以来，由于其强大的整合性，将过去飞信、QQ用户逐步吸引到这个平台上，截至2016年第二季度，其全球用户已经超过8亿。

微信公众平台是运营者通过公众号为微信用户提供资讯和服务的平台，而公众平台开发接口则是提供服务的基础，开发者在公众平台网站中创建公众号、

① 匡文波：《中国微信发展的量化研究》，中国人民大学新闻学院，《国际新闻界》期刊栏目“网络传播研究”，2014年第5期。

② 北京青年报：《马化腾：春节全球月活用户首次突破10亿》，https://weibo.com/1749990115/G5VsOsuYn?from=page_1002061749990115_profile&wvr=6&mod=weibotime&type=comment#_rnd1544788705157。

获取接口权限后，可以通过阅读本接口文档来帮助开发。

为了识别用户，每个用户针对每个公众号会产生一个安全的 OpenID，如果需要在多公众号、移动应用之间做用户共通，则需前往微信开放平台，将这些公众号和应用绑定到一个开放平台账号下；绑定后，一个用户虽然对多个公众号和应用有多个不同的 OpenID，但他对所有这些同一开放平台账号下的公众号和应用，只有一个 UnionID，可以在用户管理——获取用户基本信息（UnionID 机制）文档了解详情。

开发者需要注意以下几点：

1）微信公众平台开发是为微信公众号进行业务开发，而为移动应用、PC 端网站、公众号第三方平台（为各行各业公众号运营者提供服务）的开发，需要前往微信开放平台接入。

2）在申请到认证公众号之前，开发者可以先通过测试号申请系统，快速申请一个接口测试号，立即开始接口测试开发。

3）在开发过程中，可以使用接口调试工具来在线调试某些接口。

4）每个接口都有每日接口调用频次限制，可以在公众平台官网——开发者中心处查看具体频次。

5）在开发出现问题时，可以通过接口调用的返回码，以及报警排查指引（在公众平台官网——开发者中心处可以设置接口报警），来发现和解决问题。

6）公众平台以 access_token 为接口调用凭据，来调用接口，所有接口的调用需要先获取 access_token，access_token 在 2 小时内有效，过期需要重新获取，但 1 天内获取次数有限，开发者需自行存储，详见获取接口调用凭据（access_token）文档。

7）公众平台接口调用仅支持 80 端口。

公众号主要通过公众号消息会话和公众号内网页来为用户提供服务。①

---

① 《微信公众号开发技术要点》，https：//blog.csdn.net/slx3320612540/article/details/81267605#%E5%BE%AE%E4%BF%A1%E5%85%AC%E4%BC%97%E5%8F%B7%E5%BC%80%E5%8F%91%E6%8A%80%E6%9C%AF%E8%A6%81%E7%82%B9。

② 公众号消息会话

公众号是以微信用户的一个联系人形式存在的，消息会话是公众号与用户交互的基础。目前公众号内主要有这样几类消息服务的类型，分别用于不同的场景：

1）群发消息：公众号可以以一定频次（订阅号为每天 1 次，服务号为每月 4 次），向用户群发消息，包括文字、图片、视频、语音等。

2）被动回复消息：在用户给公众号发消息后，微信服务器会将消息发到开发者预先在开发者中心设置的服务器地址（开发者需要进行消息真实性验证），公众号可以在 5 秒内做出回复，可以回复一个消息，也可以回复命令告诉微信服务器这条消息暂不回复。被动回复消息可以设置加密（在公众平台官网的开发者中心处设置，设置后，按照消息加解密文档来进行处理。其他 3 种消息的调用因为是 API 调用而不是对请求的返回，所以不需要加解密）。

3）客服消息：在用户给公众号发消息后的 48 小时内，公众号可以给用户发送不限数量的消息，主要用于客服场景。用户的行为会触发事件推送，某些事件推送是支持公众号据此发送客服消息的，详见微信推送消息与事件说明文档。

4）模板消息：在需要对用户发送服务通知（如刷卡提醒、服务预约成功通知等）时，公众号可以用特定内容模板，主动向用户发送消息。

③ 公众号内网页

许多复杂的业务场景，需要通过网页形式来提供服务，这时需要用到：

1）网页授权获取用户基本信息：通过该接口，可以获取用户的基本信息（获取用户的 OpenID 是无需用户同意的，获取用户的基本信息则需用户同意）；

2）微信 JS-SDK：是开发者在网页上通过 JavaScript 代码使用微信原生功能的工具包，开发者可以使用它在网页上录制和播放微信语音、监听微信分享、上传手机本地图片、拍照等。①

---

① 《微信公众平台开发概述》，https：//mp. weixin. qq. com/wiki?t = resource/res _ main&id = mp1445241432。

2. H5

H5，也就是“HTML5”的简称，HTML是指专门描述网页的标准语言，因此，HTML5则是第五代描述网页的标准语言。

H5一诞生便走进了大众的视野，2014年开始运用于各种互联网营销，如平面广告、视频短片，只是达到了“会动”的PPT的级别。2015年正式迎来H5爆炸式增长，开始显现H5的真正作用，拥有极强互动性的宣传文档、游戏以及平面海报，都让人们眼前一新。而到目前来看，H5的互动性又回到了原始的水平，目前大多数的H5基本上都是内嵌视频、轻互动但重内容的基本形式。

（1）现状

在移动互联社交成为当前主流趋势的中国，随着4G网络的普及以及社交类App数量的快速增长，H5用户数量也在不断地增长。根据我国第一家在线H5创作平台Maka发布的2016年H5数据报告，可以看出，2016年平均每篇H5的浏览数量为1 208，相比2015年的954，高出了26.6个百分点。

从媒体的角度来看，H5新闻已经作为一种集视频、音频、文字动态特效、离线储存功能、绘图功能、感应功能、三维效果等多种媒体表现方式于一身的媒介而存在于新闻传播中。

目前来看，H5的主要呈现形式有4类，分别为简单图文式H5页面、盘点式H5页面、场景生成类H5页面以及场景视频类H5页面。简单图文式的H5并不需要太多的互动性，类似于PPT，主要运用精美的图片以及简单的翻页效果，一般而言，会议邀请函、宣传广告以及推广倾向于使用这一模式。盘点式的H5则基于大量的数据，通过整理分析从而构建可视化的画面，这一方面目前最为成功的便是网易云每年的年度总结。场景生成类的H5主要通过人脸融合和海报生成，例如，《人民日报》在2017年的建军节前后推出的《快看呐！这是我的军装照》上线1个月，浏览次数便累计超过了10亿。场景视频类的H5更加注重场景特效，对于图像设计、文案创意等有较高的要求，强调用户的体验感。

（2）技术原理

HTML5 是万维网的核心语言——标准通用标记语言（GML）对超文本标记语言（HTML）的第五次重大修改，基于不同的通信可以使得 H5 在不同的主流平台（PC、Mac、Android、IOS）上通行。

从结构上说，H5 并不是单纯由 HTML 组成的，而是由 HTML、JavaScript 和 CSS 构成的。实际上，H5 在技术原理方面更多侧重于代码，但考虑代码的烦琐和不易阅读性，笔者便只简单介绍这三部分的构成。HTML 也就是超文本标记语言，“超文本”就是指页面内可以包含图片、链接，甚至音乐、程序等非文字元素，负责网页图片、文本数据的显示。HTML 就相当于人体的骨架。JavaScript 为一种直译式脚本语言，是一种动态类型、弱类型、基于原型的语言，内置支持类型。它的解释器被称为 JavaScript 引擎，为浏览器的一部分，广泛用于客户端的脚本语言，在 H5 构成中负责浏览器的交互行为，相当于人体的血肉。CSS3 是 CSS（层叠样式表）技术的升级版本，主要包括盒子模型、列表模块、超链接方式、语言模块、背景和边框、文字特效、多栏布局等模块，在 H5 构成中负责页面内容的外观，也就是人体的各类动作。通过 HTML、JavaScript 和 CSS 的组合，便可以实现 H5 的完整交互功能。

（二）音视频类

随着 4G 技术的快速发展，移动端新媒体迎来了自己的时代。凭借着独有的表现方式，音视频类成为最具有特色也最受欢迎的媒体传播方式。其中，短视频、直播和 VR 直播依靠内容精简、实时传播和较强的体验感在使用音视频传播的媒体中独树一帜。

1. 短视频

根据 2017 年短视频行业大数据洞察报告分析中的定义，短视频即指视频长度不超过 15 分钟，主要依托于移动智能终端实现快速拍摄和美化编辑，可在社交媒体平台上实现实时分享和无缝对接的一种新型视频形式。它融合了文字、语音和视频，可以更加直观、立体地满足用户的表达和沟通需求，满足人们之间展示及分享的诉求。

（1）发展历程

短视频的热潮起源于2013年国外的一款名为Vine的短视频分享应用，不同于传统的图片加文字的传播方式，Vine直接通过6秒的短视频进行直接的传播，受到了极大的欢迎，此后Viddy、Keek等短视频软件也相继面世。此外，一些原本专注于图片传播的应用软件，如Snapchat以及Cinemagram都逐渐添加了短视频功能，短视频的传播方式风靡全球。

虽然在中国，这种实时传播、内容精简、吸人眼球的传播方式起步较晚，但是强大的中国市场让短视频软件如雨后春笋般崛起。腾讯率先推出自己的"微视"短视频，微视短视频可以拍摄8秒的短视频并分享到朋友圈、微信、QQ空间以及微博等社交平台。同时，微博则推出了"秒拍"来丰富自己的传播方式，此后各种短视频疯狂呈现，美图秀秀推出"美拍"，优酷推出"美点"等，但真正成为爆款的却是之后兴起的"快手""抖音""梨视频"等短视频应用。

2017年，腾讯投资快手3.5亿元，抖音实现与淘宝的合作，2018年，百度也推出自己的短视频应用——nani，巨头的加入更是让短视频这一新型的媒体传播技术得以蓬勃的发展。

（2）现状

我国现在已经步入移动互联网时代，根据第42次《中国互联网络发展状况统计报告》（以下简称报告）显示，2018年上半年，移动互联网介入流量消费累计达266亿GB，同比增长199.6%，而在移动互联网中移动App的数量截止到2018年5月则有415万款。通过易观2018年大数据调研分析，我们可以看到其中视频服务占据了2018年6月App大类别月活的首位，而在视频下小类别月活排名中短视频应用也占据第一的位置。可见，短视频在移动互联网时代起着不可忽略的作用。

同时，据第42次报告显示，截至2018年6月，热门短视频应用的用户规模达5.94亿，占全部网民规模的74.1%；合并短视频应用的网络视频用户使用率高达 88.7%，用户规模达 7.11 亿。在短视频用户群体中，呈年轻化趋势，25—35 岁人群占比增长趋势最显著。短视频用户使用时长增幅明显，人均使用时长从 457 分钟/天增至 658 分钟/天。①

短视频的火爆离不开用户的需求，而用户的需求也让市场的短视频 App 有了各自定位的差别。目前来看，短视频 App 共分为四类：PUGC+分发型，如土豆、西瓜以及美拍，侧重于中心化分发；UGC+分发型，如 gif 快手、火山，侧重于生活分享类；GC+社交型，如秒拍、陌陌，侧重社交属性；垂直类 UGC+社交型，如抖音、Muse，侧重垂直类细分。

（3）技术原理

从整个短视频的生产流程来看，短视频的生产总共经历三个阶段：采集端、服务端，以及播放端。不同的阶段需要采用不同的技术来实现该阶段的目的。

① 网络传输支持

无论是采集端、服务端还是播放端，其背后都需要依赖于网络传输技术的发展，根据工信部《2018 年上半年通信业经济运行情况》，我国基本上建成光网城市，普遍具备百兆的传输能力。截至 2018 年 6 月，3G/4G 的基站数量达到 467 万个，其中 4G 用户占比 73.5%。骨干宽带无论是从容量上还是从速度上都得到了极大的提升，覆盖范围变广，普遍实现 20 Mb/s 的传输速度，理论峰值可以达到 100 Mb/s，这相当于 2009 年最高传输速度的 1 万倍左右。2018 年以来，以 50 Mb/s 及以上和 100 Mb/s 及以上固定速率接入宽带的用户数量超过了 3 亿户和 2 亿户，为短视频的采集、上传和播放等都提供了极大的技术支持。

② 断点续拍技术

断点续拍技术是采集端或者拍摄端应用的主要技术，是指在拍摄过程中可实现分段拍摄并最终将拍摄内容合成一个视频的技术。通过这一技术可以实现将不同的视频或片段组成最终视频产品，从而提高视频产品的质量。

---

① 艾瑞咨询：《2017 年中国短视频行业研究报告》，中文互联网数据咨询中心，2018 年 1 月 3 日，http：//www.199it.com/archives/670553.html。

断点续拍技术的实现原理便是在实现断点拍摄的同时直接调用系统的 API 或者第三方的相机库，将每个视频片段作为临时文件处理和保存，并且将其存放在临时目录中。对临时存放的目录地址列表进行维护，等到所有的拍摄结束之后，将地址列表中的各个视频片段的地址进行合成处理。而在整个过程中如不需要实现重拍功能的话就不需要维护存放的地址列表，只需要每次读取单次录制时的视频片段进行合成便可。而重拍功能的实现重点便在于存放地址列表的维护，也就是在用户进行重拍功能选择的同时，原有的地址列表中地址被删除，进而更改为现有的视频地址。在断点续拍技术和重拍功能的结合下便可以提高视频作品拍摄和制作的灵活性、多样性。

③ 自定义背景音乐、贴纸以及滤镜、水印功能

自定义背景音乐、贴纸以及滤镜功能都属于采集端中短视频 App 自带的功能。而这三项功能也极大地提高了视频制作的动态性以及观赏性。

自定义背景音乐功能的实现是将拍摄的视频片段分成音频轨和视频轨，将原有的音频素材剥离出源视频素材，将新的背景音乐作为音频轨插入，从而实现背景音乐的变更。

贴纸在短视频中分为场景贴纸和人脸贴纸，场景贴纸容易实现，而人脸贴纸则需要通过人脸识别技术来实现。目前短视频行业中人脸识别技术主要有两种方式：通过第三方 OpenCV 中开源的跨平台计算机视觉和机器学习库进行识别；或者通过系统自带的 CoreImage 库，由于 CoreImage 库已经提供了 CIDetector，所以可以便捷地实现人脸识别。

滤镜和水印功能在一定程度上与贴纸功能的实现技术相像，因为这两个功能都是对视频图像进行处理，一般的滤镜和水印都是应用第三方的图像处理器——GPUImage。

④ 编解码技术

新兴的 H.265 的编解码技术相对于原有的 H.264 为短视频的发展又起到了极大的推动作用。

虽然 H.265/HEVC 与 H.264/AVC 使用同样的方法，包括画面帧预测、变换

编码、量化等，但是 H.265/HEVC 包括编码单元（CUS）、预测单元（PU）和变换单元（TUS）。这让 H.265 编码器在短视频进行服务端编码时可以减少计算量，降低计算的复杂性，提高压缩率从而实现降低编码时间。

相比 H.264/AVC，H.265/HEVC 提供了不同的方法来降低压缩率。H.264/AVC 中的每个宏块是 16×16 像素，而 H.265/HEVC 的宏块像素，从 8×8、16×16 到 64×64 不等。因此，H.265 可以被视频分析分解成不同的大小储蓄。

在相同画质的情况下，H.265 比 H.264 可以节省一半的带宽。

⑤ CDN 分发技术

网络延迟、故障和无服务等问题是短视频开发中最需要重视的问题，而 CDN 技术则完美地解决了这一技术难题。

CDN 技术，即内容分发网络（Content Delivery Network），是在现有 Internet 中增加的一层新的网络架构，由遍布全国的高性能加速节点构成。每一个服务节点都会按照一定的存储策略来储存一定的业务内容，当用户发生请求时，请求变回寻找最近的网络服务节点，直接由服务节点快速响应，从而降低用户访问的延迟。

CDN 技术的实现一定程度上解决了长久以来存在于互联网中由于用户和业务服务器物理距离较远、用户使用的运营商与业务服务器所在的运营商不同以及业务服务器网络带宽和处理能力有限的问题，从而配合 P2P 以及云计算通过利用边缘网络的碎片化闲置资源，提高用户访问的效率，提高网络分发的传输效率，从而解决网络延迟等网络问题。

2. 直播

按照《广播电视辞典》的定义，直播是广播电视节目的后期合成、播出同时进行的播出方式。①随着技术的不断更新，直播的载体由过去的广播变为现在的客户端，直播仍然凭借着其真实性和突发性成为受众最欢迎的新闻报道形式。

---

① 赵玉明：《广播电视辞典》，中国传媒大学出版社，1999 年 10 月。

（1）发展历程

从过去的广播直播发展为电视直播再到目前的网络直播，伴随着技术的发展直播也不断地进行自身的演变。随着 4G 技术的快速发展，网络直播大放异彩，2016 年成为直播爆发年。与此同时，移动新闻客户端的直播也进入了人们的视野。

从国外来看，最先进入公众视野的是一款名为 Meerkat 的直播软件。随后推特和 Facebook 都构建了自己的直播应用，其中《德国图片报》的记者通过推特直播了叙利亚难民现状，实时与观众进行互动，回答一系列问题，从而让新闻媒体感受到了网络直播的魅力。2016 年，BBC、ABC、今日美国等新闻媒体都借助 Facebook 开通了自己的直播频道，得到了极大的反响。

反观国内，在网络直播爆发的 2016 年，随着资金的大量涌入，各家新闻媒体也展开了移动客户端直播业务。网易新闻和澎湃新闻最先试水，率先在各自的客户端开设直播，同时进行 24 小时直播。同年，腾讯新闻客户端、新浪新闻客户端以及搜狐新闻客户端都开设了直播功能，各大重点新闻事件都得到了充分的直播。2017 年，人民日报社、新华社、央视也纷纷布局移动直播。

（2）现状

在当前网络用户快速增长的移动互联网时代，《中国互联网络发展状况统计报告》显示，新闻依然是最高频的应用之一。报告同时指出，在网络用户的使用方面来看，有将近一半的网友观看网络直播，也就是说，截至 2017 年的上半年，共有 3.43 亿用户为网络直播的用户，占总网民的 45.6%。

正是在移动媒体客户端直播如火如荼发展的时代，根据受众需要的不同以及自身所具备的不同优势，移动新闻客户端已经分为三种不同的类别。第一类是以人民日报、澎湃新闻客户端为代表的传统媒体直播，是权威和公信力的代表。第二类是以腾讯新闻、网易新闻客户端为代表的偏娱乐化的门户网站类新闻直播，内容广泛但是没有新闻采编权，依靠转载其他媒体的优质内容。第三类是以今日头条为代表的聚合类的新闻客户端的直播，同样没有采编权，但是依靠用户订阅和算法来实现智能化推送的直播形式。

（3）技术原理

直播从过去的电视直播到现在的网络直播，载体发生变化的背后正是技术的变化。

① 从 SNG 到 4G

过去多年的电视直播基本上都是依赖于 SNG 设备，也就是 Satellite News Gathering，简称“卫星新闻采集系统”，该设备一般是通过“卫星新闻采访车”来实现装备和移动，因为采访车是便携式的移动工作站，工作人员可以通过 SNG 设备向卫星发射现场的画面，而电视直播频道可以通过接收卫星信号实现新闻的直播，从而让电视直播不再受空间所限。

在进入移动互联网时代之后，网络直播的最初形态也是采用“摄像机+卫星传输”的模式，也就是通过 SNG 拍摄的画面通过信号传输到卫星，但不同的是由新媒体的机房接收信号，将接收到的信号进行编码，处理成为 MP4 文件并封装成 RTMP 的数据包推送到流媒体的服务器，从而实现移动端的网络直播。

进入 4G 网络时代，这种高成本的直播方式显然要被更具便捷性、廉价性以及高速性的 4G 网络所取代，4G 技术凭借其正交频分复用技术（OFDM）、软件无线电、智能天线技术、多输入多输出技术（MIMO）和基于 IP 的核心网等众多优势，成为实现网络直播的最佳选择。

目前市面上广泛使用的直播技术便是基于 4G 网络的回传移动直播技术，也就是运用三大通信服务商移动、电信和联通的 4G 技术来实现信号发送和传达的目的。现如今，直播可以通过手机发送 4G 信号来实现，直播时，通过手机等拍摄端拍摄不同的角度的画面，然后通过手机 4G 信号回传至新媒体的机房切换台，进行编码处理成 MP4 的格式再进行封装，最终将封装的 RTMP 数据流传输至流媒体服务器，从而实现移动新闻直播。

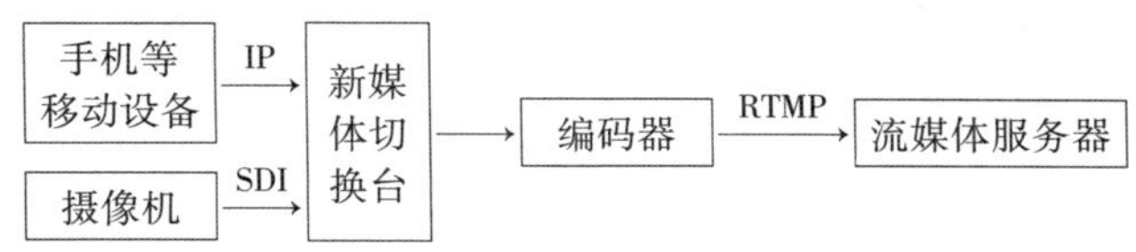

图 1-1　4G 网络回传移动直播技术原理

② 流媒体的分组传输

在网络直播中最重要的便是解决延迟、卡顿和接受问题，为了解决这种因为音视频文件体量较大与网络带宽有限之间的矛盾，流媒体的分组传输理论应时而生。

根据上述的网络直播流程，在利用手机、摄像机等拍摄端进行拍摄和传输信号的过程中，流媒体服务器和浏览器等应用软件便会建立连接，从而可以通过 TCP 协议来将选择、播放暂停等操作传输给流媒体服务器；与此同时，流媒体服务器在处理命令之后，便将接收到的信号进行分组，并通过不同的路由、有线、无线等网络传输到客户端，而这些分组数据将会缓存在客户端上，积攒够一定的数量便可以进行播放。在整个播放过程中，出现数据丢失或错误的情况，可以请求重传。

在整个传输、分组和缓存过程中，流媒体根据传输的顺序可以分为顺序流媒体和实时流媒体技术，顺序流媒体就是按照顺序来传输和缓存，用户只可以观看已经下载好的内容，而实时流式传输是指使用专用的流媒体服务器和传输协议，保证信号带宽与传输速率相匹配，数据包实时发送，同时支持快进、后退等操作。常见的有 MMS、RTSP 以及 RTMP 等协议。①

3. VR 直播

VR（Virtual Reality），即虚拟现实，一种增强现实感的技术，通过特定的算法来生成一个模拟的环境让体验者沉浸其中，这种虚拟环境接近于现实世界的视觉听觉、触觉以及感觉等多方面的感知感觉，让观众可以全方位地观察，产生身临其境的感觉。而 VR 直播可以让用户更直观地感受和体验正在发生的事情。

（1）发展历程

VR 技术在新闻领域的应用最先是在新闻报道方面的应用，随后才与新闻直播相结合。最先开始 VR 新闻探索的是《纽约时报》，该报用自己拍摄的 VR 影

① 白亮、华园、汪燕燕：《OTTTV 时代广播电视直播业务的现状》，《广播电视信息》，2014 年第 3 期，第 29—32 页。

片构建了 NYTVR 应用，一度成为《纽约时报》发布的下载量最高的 App。其后美联社也开创了自己的 VR360 门户频道，通过制作娱乐新闻以及纪录片等 VR 作品，取得了较好的反响。尤其是其开创性地对《星球大战》的首映礼走红毯进行了 VR 直播，使得 VR 与新闻的结合终于走到了直播的合作层面。随后 CNN 电视机构、ABC News、NHK（日本）电视台都在其官网以及 App 上开创了自己的 VR 直播和新闻频道，这种新的媒介与新闻的结合逐渐得到受众的认可。

在国内，探索 VR 新闻和直播的便是新华社。新华社最先用 VR 技术拍摄了纪念中国人民抗战胜利 70 周年的大阅兵，经过后期的剪辑处理制作而成的 VR 全景视频影片成为国内较早的 VR 新闻报道事件。随着技术的不断发展和资金的投入，新华社也开始自己的 VR 探索。

（2）发展现状

目前，国内的 VR 用户呈爆发式增长，各大门户网站以及视频网站都开发了自己的 VR 频道，但是由于 VR 直播无论是对制作方还是接收方来说都有巨大的技术要求，受限于设备问题、情感因素、技术限制以及内容单一等多方面的问题，VR 直播目前在国内市场还是处于试水的阶段。

（3）技术支持

VR 直播是 VR 技术加直播技术的合成体，从制作流程上来看主要分为四个阶段：视频采集、投影拼接编码、内容传输以及客户端播放。

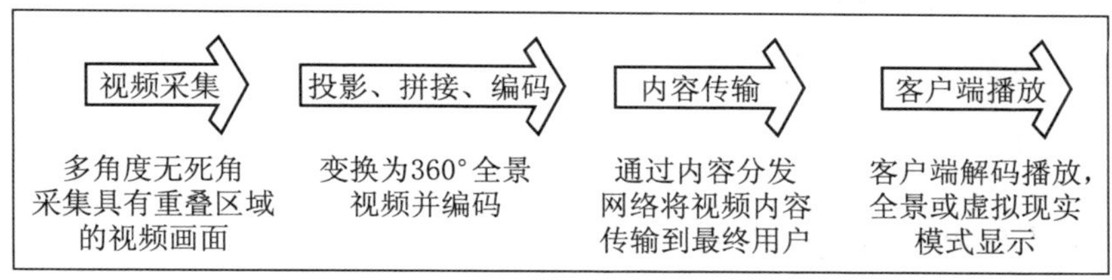

图 1-2　VR 直播业务主要流程

① 视频采集——视频同步技术

因为 VR 直播不同于平面的技术，VR 直播的画面范围是水平 360°、垂直

180°，因此需要多镜头和多机位同时拍摄完成。在多机位多镜头的配置下，各个摄影机都需要配置好参数，同时需要处理多方面的采集同步问题。一般来说，闪光同步、运动同步、声音同步以及手动同步是必须考虑的。

② 投影变化缝合以及增强技术

由于 VR 拍摄时是多机位拍摄，所以不同于一般的平面直播，VR 直播的原采集画面并不在统一投影平面上，因此对于重叠的画面在进行拼接前需要进行投影的平面变化。一般来说，投影变化的方面主要包括平面投影、柱面投影、球面投影以及鱼眼投影。

处理完平面的投影变化后，需要对画面进行拼接，在 VR 直播中无缝拼接技术主要依赖于“特征提取—特征匹配—特征配准—融合”。常用的特征提取方法有尺度不变特征变换（SIFT）、加速稳健特征（SURF）、定向快速特征点提取算法（ORB）、二值化描述算法（BRIEF）等。①

拼接完成后的 VR 场景常见的问题是各个区域曝光不一致，因为需要通过曝光补偿来实现画面增强的效果。此外，当场景中的物体存在运动的情形时，融合后的全景图像中会出现“鬼影”的情况。区域差分（ROD）算法能够消除这种“鬼影”。②

③ 编码及内容分发网络

在 VR 直播的过程中基本上采用的是全传输的方案，考虑到终端的解码能力，所以一般编码都会采用码率在 10 Mb/s 以内的 HEVC 编码方式。

而内容分发网络（CDN）基本上同上述直播的内容分发是一致的，此处就不再赘述。原则上尽量避免影响传输速度以及稳定性的环节，从而让 VR 直播更加流畅、稳定。

（三）媒体网站及其应用类

在移动互联网时代，除了上述的社交类媒体、音视频类媒体，最受欢迎的

---

① 林枝叶：《面向全景视频拼接的图像融合算法及其 GPU 实现》，电子科技大学，2017 年。

② 宋振兴：《图像拼接融合技术中去鬼影及裂缝方法研究》，大连海事大学，2011 年。

还有媒体网站及其应用类。媒体网站及其应用类由传统媒体、转型的传统媒体和依赖新技术建立的新兴媒体构成，是构成当前媒体市场的主要成分之一。在媒体网站及其应用类中应用最多也是最受欢迎的技术便是：建立在大数据基础上的智能算法推荐和机器人写作。

1. 智能算法推荐

智能算法推荐，也被称为个性化新闻推荐系统，是一种基于统计学、大数据将用户和内容建立内在联系的新型的新闻分发方式，这种算法推荐目前已经广泛应用于各大媒体。

（1）发展历程

个性化推荐系统从本质上来说就是一种过滤挑选系统，通过各种算法来实现过滤掉用户不喜欢或者不需要的内容，从而推送符合用户习惯和喜好的内容。这种方式的前身便是分类目录和搜索引擎，以分类目录为代表的便是雅虎和hao123，其原理便是根据不同的类别建立树状结构，从而层层梳理来帮助用户进行导航和选择，但是这种方式随着互联网数据的指数型增长便不再具有实际的可操作性。搜索引擎的出现弥补了分类目录的缺点，靠着关键字搜索和匹配来满足用户的需求，因而到目前为止都是互联网重要的工具之一。但搜索引擎依赖于用户的主动输入，在用户没有任何明确的目的时，搜索引擎无法实现推送工作。

为了弥补分类目录和搜索引擎的不足，个性化推荐系统应时而生。这种推荐系统一诞生便在新闻领域得到了极大的推广，为解决 BBS 新闻组上的信息过滤需求，麻省理工学院媒体实验室通过将遗传算法和反馈学习技术相结合，从而实现满足用户需求的信息过滤系统，同时最经典的协同过滤算法在一项工程中被提出。在新闻领域的第一次实践便是通过一个名为 News Weeder 的过滤系统来对每一篇推送开创评分机制，根据评分实现用户的智能化推送。

随着时间的推移，推荐算法并不再局限于用户的评分，用户的各种行为都会影响用户的推送内容，如用户常阅读的内容分类、页面的停留时间、滑动频率等都会影响最终结果，因而，推荐系统便广泛应用于各类媒体，Twitter 和

Facebook 会根据用户的行为记录进行推送，Google 也拥有自己的智能推荐算法。智能算法推送在国内也引起了极大的关注，各类依赖智能推荐算法的新型媒体层出不穷。

（2）现状

目前，无论是传统媒体、转型的传统媒体还是新兴的媒体都在智能算法推荐系统的使用上加大了力度。在国内，更是有依赖于个性化新闻推荐系统建立的新媒体，如今日头条、天天快报、一点资讯等，这类媒体并不生产内容，而是依赖于其他媒体通过算法来实现精准投放。其中，最为成功的便是今日头条。据数据统计，截至 2016 年 4 月，已有 16 000 家媒体机构入驻今日头条，其中传统媒体超过了 2 000 家。同时，今日头条的月用户已经达到 1.5 亿，每天有 7 000 多万人平均花 76 分钟在今日头条上观看新闻、视频。①可以看出，个性化的新闻推荐系统在当今的媒体产业内扮演着不可或缺的重要角色。

（3）技术原理

个性化的推荐算法背后的技术原理得益于统计学、人工智能近些年的发展，但如果没有当今大数据的支撑，算法也便没有用武之地。

① 大数据时代的支撑

无论什么算法，离开数据都只能是一堆毫无意义的公式。进入 21 世纪，随着数据的爆炸式的增长，逐渐进入大数据时代，海量的数据为这些算法赋予了现实意义。正如维克托·迈尔·舍恩伯格在其著作《大数据时代》中谈道：“与世界经济增长速度相比，人类储存信息量的增长速度是其四倍，计算机数据处理能力的增长速度是其九倍。”不仅仅是信息的指数型的增长，人类处理信息的能力也变得非常成熟。过去看似无意义的纸质记录的重复性的信息在算法的运用上可以展现其真正的价值。

包含用户年龄、性别、地区、职业、受教育程度和搜索记录的用户数据，包含文体、主题、关键词、流行程度以及篇幅内容的新闻数据和用户关于新闻的评

① 宋玮：《对话张一鸣：世界不是只有你和你的对手》，《财经》，2016 年 12 月 14 日。

论、点赞、分享以及屏蔽的互动行为等大数据时代的信息，在算法的运行下可以让系统有效地了解用户的需求和喜好，从而诞生如今的个性化新闻推荐系统。

② 算法原理

在拥有一定的数据基础上，算法便是整个推荐系统的核心内容，目前市场上的新闻算法有很多，但是根据其原理来看，其核心算法总共有三类：基于内容的推荐、基于协同过滤的推荐以及基于时序流行度的推荐。

1）基于内容的推荐算法

该算法致力于推荐与用户现有的喜好相一致的内容。算法由兴趣文件配置器、新闻分析器以及过滤器三部分构成。在实际的操作中，首先由兴趣文件配置器根据用户的显性和隐形数据以及互动数据来掌握用户的兴趣偏好，随后通过新闻分析器根据新闻的文本、关键词、类型以及 n 元组等特征构建向量化模型，通过统计学的方法，存储和丰富已有的数据库，最后过滤器将兴趣文件配置器和新闻分析器相匹配的结果过滤，过滤掉不相符合的内容，从而实现推送用户满意度较高的内容，这种算法主要运用于文本类的新闻推送。如现在的新浪微博在登录初期便会让你选择你感兴趣的模块，同时根据你观看文本的停留时间、搜索的关键词向你推荐一些相关的内容。

2）基于协同过滤的推荐算法

不同于基于内容的推荐算法，基于协同过滤的推荐算法不再对新闻文本进行分析，把掌握新闻的权力放回到用户手中。

基于协同过滤的算法是将用户分组从而实现过滤的一种算法，包括基于用户的协同过滤算法和基于物品的协同过滤方法。基于用户的协同过滤方法便是实现“人以群分”的原理，将总是阅读同样类型甚至同样新闻的用户隐形归组，然后该算法便可以推送给该组中其他用户已阅读，但是被推送用户还没有阅读的新闻，让同类型的用户决定该组的用户推荐。而基于物品的协同算法则是实现“物以类聚”，在该算法下，分组并不太明显，而是基于用户行为，也就是说如果两条新闻经常被同一个用户阅读，则认为这两则新闻关联度极大，因此会主动推送阅读过其中一条新闻的用户以另一条未被阅读过的新闻。该算法依赖于群体智慧，排除人为的新闻文本分析，可以解决基于内容的推荐算法带来的一系列问题。

3）基于时序流行度的推荐算法

基于时序流行度的推荐算法是基于内容和协同过滤的算法无法考虑到新闻的新鲜度和流行度建立的，也就是说无论是基于内容还是基于协同过滤都需要建立在大量的数据基础上才可以实现，无法对新的新闻做出有效的处理，同时对于新的用户以及新的新闻系统来说都不适合使用。

基于时序流行度的推荐算法原理非常简单，在算法中只要引入时间维度即可，考虑新的新闻的单位时间的点击率等特征作为考量新闻的流行度的指标，从而进行推送。但该算法一般来说不会单独使用，容易导致新闻推荐走向“热度导向”的误区，配合基于内容和协同过滤的算法更加有效。这其实在新闻类的应用中十分常见，例如新浪微博的热点以及各大新闻 App 以及网站的按时间和热度的排列都是基于这一算法。

2. 机器人写作

所谓机器人写作，便是以自然语言生成技术为基础，通过短时间信息搜索，高效的数据抓取、分析和处理，从而拥有超高效的新闻写作的算法写作方式。

（1）发展历程

机器人写作依赖于整个人工智能技术的发展，按照人工智能技术的发展总共分为三个阶段：初期——计算智能、中期——感知智能和后期——认知智能，而自机器人写作诞生至今，仍然停留在初期阶段，也就是说机器人写作可以在整个新闻流程采、写、编、发各个环节辅助人类实现智能化的写作。

机器人写作最早起源于美国，2006 年，美国汤姆森公司开始使用机器人撰写经济和金融方面的新闻稿件。①随后开始应用于体育领域，名为 StatsMonkey 的机器人在 12 秒内生成了一篇关于 2009 年的美国职业棒球大联盟季后赛的比赛报道，但此时的机器人写作稿件风格单一，并不太像一篇报道稿件。此后一系

① 刘建明：《对智能新闻若干问题的释疑》，《新闻爱好者》，2017 年第 11 期。

列的科技公司进入该领域，第一代的写作机器人正式诞生，写作机器人开始广泛应用于新闻领域的报道。2014 年，《洛杉矶时报》利用 Quakebot 在三分钟内便率先报道了加州地震；同年，美联社利用写作机器人 Wordsmith 报道公司财报，其报道内容充分、数据翔实，第一季度共撰写了 4 000 多篇新闻报道。

国内的机器人写作起步较晚，第一代机器人由腾讯财经的 Dreamwriter 和新华社的“快笔小新”等构成，Dreamwriter 主要运用于财经领域的报道，作为国内第一篇机器人写作的 CPI 数据新闻报道曾惊艳四座。国内机器人写作起步虽然晚，但发展非常迅速，目前机器人写作已经步入第二代阶段，以今日头条的“Xiaomingbot”为代表，不同于第一代的写作机器人，第二代的写作不再停留在风格单一的报道。“Xiaomingbot”在 2016 年的里约奥运会上以 2 秒的速度生成并发布了 450 篇稿件，报道内容非常丰富，语言风格活泼，一度与人工稿件难以区分。

（2）现状

目前来看，机器人写作停留在第一代和第二代，而且主要应用于财经、体育以及灾难类突发事件方面。财经领域以腾讯财经的 Dreamwriter 为代表，在 2015 年 9 月，发布了第一篇机器人写作报道——《8 月 CPI 同比上涨 2%创 12 月新高》，该报道不仅包含单纯的 CPI 数据，而且还引用了多位专家的分析。①体育方面以《华盛顿邮报》的 Heliograf 为代表，在 2016 年的里约奥运会上，自动生成体育赛事报道并发布在 Twitter 上。灾难类突发事件以国家地震网研发的“地震信息播报机器人”为代表，在 2017 年 8 月的四川九寨沟地震中，仅用 25 秒便生成了一篇名为《四川阿坝州九寨沟县发生 7.0 级地震》。该篇速报内容较为丰富，包括速报参数、震中地形、热力人口、周边村镇、周边县区、历史地震、震中简介、震中天气、产出说明，甚至还附有 5 张相关照片。

同时，为了更清楚地了解目前机器人写作的发展现状，笔者将国内外的机器人写作梳理如下：

---

① 王江涛：《机器人新闻写作的局限与不足——基于腾讯财经写作机器人 Dreamwriter 作品的分析》，《传媒观察》，2016 年第 7 期，第 12—14 页。

表 1-1　国外主要机器人写作概览

名　　称	使用媒体	发布时间	主要领域
Narrative Science	福布斯	2010 年 5 月	体育、财经
Quakebot	洛杉矶时报	2014 年 3 月	社会突发
Wordsmith	美联社	2014 年 7 月	体育、财经
Heliograf	华盛顿邮报	2016 年 8 月	体育

表 1-2　国内主要机器人写作概览

名　　称	使用媒体	发布时间	主要领域
Dreamwriter	腾讯	2015 年 9 月	体育、财经
快笔小新	新华社	2015 年 11 月	体育、财经
DT 稿王	第一财经	2016 年 6 月	财经
Xiaomingbot	今日头条	2016 年 8 月	体育、财经
小南	南方周末	2017 年 1 月	社会动态

（3）技术原理

目前的机器人写作还没有达到真正的“写作”程度，只是实现了在数据收集的基础上排版和过滤，是一种简单的“排作文”的方式。它是基于自然语言生成技术、大数据运算与文档自动摘要和机器学习等技术来实现自动写作的。

① 自然语言处理

自然语言处理（Natural Language Processing），简称 NLP，是机器人写作的重要技术支撑。简单来说，这是一种使得计算机理解人类语言的技术。也就是说赋予机器人理解力，基于这样的理解能力便可以对抓取的数据以及即将生成的文章有一个全面的理解，避免文章中的逻辑漏洞、文风、文笔等问题。

自然语言处理所涉及的范畴主要包括文本朗读、语音合成、语音识别、自动分词、词性标注、句法分析、自然语言生产、文本分类、信息检索、信息抽取、文字校对、问答系统、机器翻译、自动摘要和文字蕴涵等主要方面。[①]

① 周佳玥：《从 NLG 到机器新闻写作——机器新闻的发展与反思》，《今传媒》，2017 年第 10 期，第 18—19 页。

② 从选题到反馈的业务流程技术

机器人写作除了最重要的自然语言处理技术，其他技术则零零散散地分布在整个机器人写作的流程中。机器人参与内容生产和分发总共包括七个步骤：找选题、采集原始数据、数据加工、自动写稿、编辑、分发和收集反馈。

找选题，自动获取网络热点和流量，通过热点事件构建“叙事模板”，设置关键短语，从而构建选题。

构建选题后，采集原始数据，这是所有机器人写作的技术核心之一——数据抓取，基于云计算和大数据，依靠多个数据库，通过筛选和过滤，从数据库中寻找与关键短语匹配度较高的信息，从而获取相关的原始信息。

基于原始数据，机器人便可以进行数据加工，而数据加工可以根据选题的难易程度选择不同的分析模式，进行简单推理或是分析聚合，从原始的数据中获取结论或者进行二次创作。

完成上述的三个部分之后，写稿部分便采用自然语言处理以及机器学习等技术，依据不同的模板和新闻题材，构建出不同的新闻稿件。

当涉及政治以及社会话题等敏感话题时，编辑过程便需要对整个稿件进行审核和编辑。当审核通过之后便开始进行分发，这也是机器人写作的重要部分。依靠大数据和算法，从而实现精准的个性化的推送，满足用户的需求和喜好，最后收集反馈并自我改善。

三、新媒体技术发展的新趋势

（一）技术应用加快，多技术强强联合

新时代无论什么事情都强调一个“快”字，新媒体的未来趋势必然也要强调一个“快”字，其实从现状来看，新媒体融合新技术的速度越来越快，4G 技术搭建的移动端、VR 技术的新尝试、不同算法的新应用，新技术一旦出现，新媒体便开始寻找自己可以应用的方向，从而为读者提供更好的服务。

在快速应用新技术的同时，多技术强强联合也是现代新媒体的重要趋势，

新媒体应用不再拘泥于一种算法，进行多算法协作从而更了解用户需求，机器人写作加 5G 技术创造更快的发送速度，VR 构建新的媒体形式，多技术实现共同助力。

（二）智能互联与万物融合加速到来

5G 已经进入国际标准研制的关键阶段，根据工信部消息，我国具备示范应用能力的 5G 终端，已在 2019 年下半年推出，并生产出第一批 5G 手机。以智能硬件为突破口，万物互联加速到来。随着人工智能算法、智能语音与计算机视觉、智能驾驶等领域的不断发展，人工智能企业将加速崛起。对于新闻行业来说，抓住 5G 的机遇将更好地实现新闻的智能化和互联化。

（三）技术伴随内容，内容付费成为新热点

无论技术如何发展，都是为内容服务，机器人写作、VR 新闻都是增加内容的速度和形式，随着技术的发展，人们对于内容的要求越来越高，尤其是在后真相时代，呈现客观事实、深度信息的报道显得格外珍贵。因此内容付费模式迎来了契机，随着内容付费领域的不断拓展，知识 IP 和知识领袖不断涌现，短视频和音频将成为内容付费行业的主要产品形式。因此，新媒体技术的发展都要为了创造更好的内容而服务。

第二章　新媒体技术案例

案例 1：从财新网“数字说”看数据新闻的技术应用

伴随着大量传统媒体转型和各种新型媒体的诞生，“数据新闻”作为近些年来的一种新型报道方式逐渐成为新闻报道的主流趋势之一，但数据新闻并不是 21 世纪的产物，正如著名的数据新闻记者西蒙·罗杰斯所说：“虽然我们现在有新的数据分析工具，但在早期记者使用数据、分析数据的动机和我们是相同的。”因此，新时代的数据新闻中的新的技术运用则应该成为我们关注的重点。

（一）“数字说”简介

财新网是我国早期将数据新闻开辟为独立板块的几家媒体之一，2012 年 10 月，“数字说”作为财新网的数据新闻栏目正式上线，成为国内第一家财经数据新闻的开创者。2013 年更是开创了数据新闻和可视化实验室来加速推进和加强数据新闻的建设。2014 年财新网“数字说”的“青岛中石化管道爆炸事故”系列报道，获得了亚洲出版业协会（SOPA）颁发的“卓越突发性新闻奖”。2014 年的另一篇数据新闻可视化报道《周永康的人与财》获得了腾讯传媒大奖首度设立的“年度数据新闻奖”。2016 年，财新网作为唯一获得提名的内地新闻媒体入围全球数据新闻奖，能够进入提名的都是全球数据新闻的顶尖媒体，比如英国的《卫报》、美国的财经媒体 Quartz 等。因而，本课题从财新网的“数字说”来探究国内数据新闻的技术应用。

（二）数据新闻兴起的时代背景

1. 大数据时代助力数据新闻

（1）数据爆炸式增长

大数据时代最直接的体现便为数据体量大，过去传统的分散的纸质记录信息或不易被查询的代代相传的口头信息都在信息化时代中被编码、采样、存储和分享，直接导致了数据的爆炸式的增长。而这一爆炸式增长又直接导致了受众从过去信息的接收者转变为信息的选择者。大量的数据被记录、发现、挖掘和呈现给予了数据新闻兴起的机会，海量的数据信息一方面增加了新闻团队选题的广度，另一方面增加了新闻团体报道的深度。数据的指数型增长为数据新闻的呈现奠定了基础。

（2）数据价值被挖掘

前文提到的《大数据时代》中有一个观点是人类储存信息量的增长速度是世界经济增长速度的四倍，而计算机数据处理能力增长速度则是其九倍。如果人类处理数据的能力跟不上数据的增长速度，那单纯的数据增长则毫无意义。数据的价值只有当进行数据清理和分析之后才能凸显。过去看似毫无意义的医院病房记录，商场消费记录以及城市热力分布数据却在进行了数据处理之后成为医院制定个性化医疗、企业进行精准营销和城市进行城区规划的重要依据。数据的价值在处理后被重新发现，而这一价值正是数据新闻的核心。大数据时代的数据新闻成为在广泛的数据之上挖掘数据的价值、传递关键信息的主要新闻趋势。

2. 数据开放成就数据新闻

（1）国内外开放数据逐步优化

开放数据是指政府开放公共领域的数据。政府和公共机构依据职责收集公共领域的数据，并进行简单处理、储存；对公共领域的数据进行发布便是政府开放数据。它有三个层面的含义：第一，公民可以在线访问并获取标准格式的数据；第二，政府允许对数据进行下载使用与传播；第三，开放的数据排除了歧视性并允许普遍参与。①

数据的爆炸式增长只有得到公开后才能凸显其价值，而数据公开这一趋势则是由美国率先发起的。2009 年，奥巴马政府签订《透明和公开政府备忘录》，并于同年建立了 data.gov 的数据门户网站，同时白宫网站、美联储官网等政府机构的相关网站也完善了其数据建设。2010 年，澳大利亚、英国、丹麦等国及欧盟都颁布了自己的数据开放政策，各国政府的各职能机构向公众提供大量丰富的相关信息。2011 年 9 月 20 日，以美国为代表的 8 个国家一致通过并签署了《开放数据声明》，建立了开放政府合作伙伴组织。②一系列的国际组织也极大地促进了国际信息的开放，如联合国、世界卫生组织、亚太经合组织、世界银行等建立了各自的数据库供全球公民下载。

我国在数据开放方面也逐步走在了世界的前列，2007 年 1 月的《中华人民共和国政府信息公开条例》确立了我国在数据开放的方向。此后随着一系列政策的公布，相关的信息公开体系也逐渐构成。其中最值得一提的便是 2015 年国务院发布的《促进大数据发展纲要》，旨在 2018 年底建成国家统一的数据开放平台，目前为止，以国家统计局为主导的国家统计局网站（http：//www.stats.gov.cn/）辅以各方面的政府职能部门的信息公开（如各省市的旅游部门提供的旅游相关数据、国家药监局提供的医药数据等）构建成我国的数据开放体系。

数据的开放为数据新闻提供了发展的契机，只有数据的开放，才能让新闻记者有机会接触大量的信息，从而有可能挖掘出数据背后的重要价值。

（2）软件源代码开放提供便利

不仅仅是数据开放，近年来软件的源代码开放也成为当今的一大趋势。源代码是软件构成的最初代码，开源便是开放源头，开放软件构成的最初代码。这一趋势是在当今开放共享的时代背景下形成的，不同于微软、苹果等商业性的保密性的模式，开放源代码更多体现的是热爱和开放，开发者分享各自软件的源代码，供他人使用、修改、分享、交流和重新发布，而这一模式则成为互

① Philip Meyer：*The New Precision Journalism*, Chapter 1.

② Simon Rogers：*Black and White and Read All over*：*27 Guardian Graphics from Its History*. Jan.15, 2013.

联网的主要趋势。

这一趋势为数据新闻的记者提供了极大的便利，也就是说如果你懂得编程，看得懂源代码，那么你就可以根据自己的需要使用和修改自己新闻工作中会涉及的软件。如使用 Python 的 Scrapy 来抓取网页数据等结构化数据，以及用 Python 中的 Tabula 提取 pdf 的表格化信息并实现内容的格式转换（.csv 或 Excel 等常处理格式），利用 Pandas 进行数据清理、排序以及处理大量的重复性数据，同时使用 Openrefine 这款免费的开源数据清洗软件来提供处理杂乱无章、错误的数据；在数据分析环节，Python 更是提供了多种建模库以及 Scikit-learn 机器学习模型来进行数据分析，在最终的可视化环节也会有 matplotlib 和 seaborn 制作相关的图表。

正是源代码的开放，才使得处理数据是经济增长 9 倍的能力不仅仅停留在计算机的理想层面，而是掌握在能够使用源代码的新闻记者的手中。源代码的开放让新闻记者更易发现数据背后的价值，创作出有价值的新闻作品。

（三）“数字说”背后的技术支持

财新网作为唯一入围全球数据新闻奖的国内媒体，“数字说”在数据新闻方面取得的优秀成绩取决于财新传媒顶层设计的强力支持。正如财新数据可视化实验室主任黄晨所说：“技术团队在财新数字说的发展中起到了支柱作用，财新的技术团队并不像其他媒体的 IT 部，仅仅是单纯地维修电脑、维护网络，同时也不像一些网络团队，只是简单地复制和抓取网络或者其他媒体生产的内容，这些都是陈旧的互联网思维。财新的技术团队是基于全新的互联网思维建立的，我们的技术团队参与我们作品的生产，在我们的团队中是参与者和生产者的一部分。”

数据新闻的生产流程不同于一般新闻的生产流程，根据“德国之声”数据新闻项目负责人和著名记者米尔科·劳伦兹的概括，数据新闻的流程主要包括四个部分：数据采集、数据分析、数据可视化以及故事化呈现新闻。①但在实际

① 马玉霞：《数据新闻的兴起与发展文献综述》，《传媒观察》，2015 年第 6 期，第 210—212 页。

操作中，应当还包括新闻的选题策划、数据的清洗等步骤，因此财新数据可视化实验室的创始人黄志敏将其形象地概括为七个步骤：第一，发现选题；第二，寻找角度；第三，数据的搜集、整理和清洗；第四，数据分析；第五，选择合适的图形；第六，丰富图形的内涵；第七，用代码呈现图形。①但无论是四个部分还是七个步骤，整个数据新闻的团队应该包括四部分：团队负责人/策划人、数据记者/编辑、数据技术人员以及可视化角色。而技术应用主要涉及数据记者、数据技术人员和可视化角色，而涉及技术的流程主要包含四个步骤：数据抓取、数据清理、数据分析和数据可视化，因此，接下来笔者将从这四个方面分析“数字说”背后的技术支持。

1. 数据抓取

（1）数据来源

确定好选题之后最重要的就是确定数据来源，在信息爆炸发展和数据公开趋势的环境背景下，获取数据并不困难，但辨别数据的真假、选取合适的数据较为困难。而数据来源的真实性和相关性则直接决定了新闻作品的可靠性和影响力。

综观财新网的数据来源，主要分为五个类别：政府、非政府、媒体、自采、混合。其中非政府和混合来源为主要部分。其他三个数据来源占比较小。

政府来源是指各国政府及其各职能部门提供的各个领域的公共数据。如2017年1月“数字说”的《2016年什么涨价多?》，其数据来源便是国家统计局发布的《2016年居民消费价格数据》，通过将数据分类进行了一系列的分析报道。我国主要的政府数据来源则是以国家统计局为主导的国家统计局网站（http：//www.stats.gov.cn/）辅以各方面的政府职能部门的信息公开的数据公开体系。

非政府来源是指各调研机构、企业网站、研究机构以及NGO提供的数据。如依靠世界银行提供的数据发布的《数说印度经济的这半世纪》报道，从经

① 陈茂利：《财经类数据新闻生产流程研究——以财新网“数字说”为例》，2017年5月26日。

济、资本市场、人口、商业环境以及军事五个方面通过可视化的方式数说印度。其中常见的 NGO 组织主要包括：世界银行、联合国各机构、世界卫生组织、欧佩克等。

媒体来源则是除报道对象直接关联的媒体之外的其他媒体报道，通常适用于大型的新闻事件，通过对比不同的媒体报道来发现不同的视角。如 2016 年关于美国大选的《为啥投票给特朗普？因为不喜欢希拉里》的报道便是基于美国媒体对于大选报道的二次加工得出相关结论的报道。

自采是指通过众筹、众包和问卷等方式来获取一手数据来源。但这一方式因为其耗时较长、成本较高而运用较少，但通过这种方式获取的第一手资料在新闻报道中至关重要，因此，可以看到在具有重大影响力的数据新闻报道作品中自采信息较为普遍。

混合则是通过运用两种及其以上的数据来源，这是一种更为常见的数据来源，因为一般的单一的数据来源难以展现其背后的数据价值。如《爱眼日｜“眼睛大国”养成记》的数据来源于《中国卫生年鉴》《中国卫生统计年鉴》《全国学生体质与健康调研结果》，以及北京市疾病预防控制中心、世界卫生组织以及国际防盲组织，其数据来源包括政府和非政府两种。

（2）数据获取

在确定好选题以及确定好数据来源之后，就涉及数据的获取。而不同的数据来源则涉及不同的抓取方式。上面五种数据来源，除了混合以外，其他四种数据来源可以分为两类，需要用不同的抓取方式进行抓取。

政府数据以及非政府数据中的除企业网站数据的其他数据来源都可以通过网站来直接下载其统计好的相关数据的 Excel 或者 Csv 格式的数据，而这些数据可以很方便地导入 Python 等数据分析软件。如在财新网的《楼市十年》的报道中，其中的大中城市房价数据基本上来源于国家统计局每月公布的 70 个大中城市新建住宅价格指数和中国指数研究院百城新建住宅样本平均价格；城市居民人均可支配输入来源于 Wind 资讯，这些数据可以直接下载并进行处理以及可视化。

媒体来源和非政府数据中的企业网站以及网络搜索等数据来源则没有现成的整理文档供用户下载，大多通过关键词来搜索，如在《楼市十年》中，部分地区不在中国指数研究院的检测列表中，则涉及媒体搜索以及网络搜索“楼市”“十年”“搜索地区”等关键词，但此种方式会搜索到大量的词条，耗费大量的人力和时间。因此针对基于 html 网页的数据则需用到网络爬虫来进行数据获取。

所谓网络爬虫，是指按照一定规则自动进行数据获取，只要是浏览器可以访问的页面，那么就可以编写相应的程序来进行数据抓取。在媒体行业一般有三种方式来进行数据抓取：

a. 运用市面上的网络爬取软件，也就是一些比较简单容易操作的软件，比如八爪鱼等软件。他可以提供一些大众使用的软件的数据爬虫，比如微博、知乎、大众点评等常用信息，其次也可以实现部分的网络抓取，通常方式为：第一步，读取 URL 链接；第二步，设定爬取的结构和内容；第三步，进行爬取和本地化。但此种方式只适用于简单的有规律的数据爬取，且速度较慢。

b. 专业的数据爬取工具，如 Java、PHP、Python 等编程软件，其中 Python 使用最为普遍。Python 是一种强大的面向对象的程序设计语言，强大的数据抓取能力来源于强大的第三方工具库。其中最常用的工具库有以下几家：（1）Request 库，用于自动爬取 html，设计在程序的顶端，自动发起网络请求提交。（2）BeautifulSoup 库，运用于发生网络请求，进行解析 html 页面，可以通过一系列的函数、Python 语句来处理导航、搜索、修改分析树等功能，为用户抓取数据提供解析文档的功能。默认情况下，BeautifulSoup 库以 Unicode 编码传入，生成 utf-8 的输出文档，但通常需要指定一个编码方式。作为解析页面的 BeautifulSoup 包含数据抓取的四大解析库，分别享有不同的优势和劣势。（见表 2-1）（3）Re 库，正则表达式，是对字符串［包括普通字符（例如，a~z 之间的字母）和特殊字符（称为“元字符”）］操作的一种逻辑公式，就是用事先定义好的一些特定字符及这些特定字符的组合，组成一个“规则字符串”①，主要用于抓取数据时

① 刘娜：《Python 正则表达式高级特性研究》，《电脑编程技巧与维护》，2015 年第 22 期，第 12—13 页。

的关键信息位置检索设置以及数据的格式要求，为用户提供了抓取想要的数据编写不同正则表达式的方便。

表 2-1 各解析器的优劣比较

解析器	使用方法	优　势	劣　势
Python 标准解析器	BeautifulSoup（makeup，“html.parser”）	Python 的内置标准库、执行速度适中、文档容错能力强	Python2.7.3 或 3.2.2 前的版本中文容错能力差
Lxml HTML 解析器	BeautifulSoup（makeup，“lxml”）	速度快、文档容错能力强	需要安装 C 语言库
Lxml XML 解析器	BeautifulSoup（makeup，“XML”）	速度快、唯一支持 XML 的解析器	需要安装 C 语言库
Html5lib	BeautifulSoup（makeup，“html5lib”）	最好的容错性、以浏览器的方式解析文档、生成 HTML5 格式的文档	速度慢、不依赖外部扩展

c.Scrapy 爬虫结构，Scrapy 是 Scrath Python 的简称，是 Python 开发的一个高速、多层次的屏幕抓取和 Web 抓取框架，其爬取框架是一个半成品，通过模板式的方式输入命令行来帮助用户实现抓取 Web 的结构化的数据。

2. 数据清洗

无论是通过直接下载还是通过程序来获取的数据，往往都会存在一些数据重复、数据冗余、数据缺失或者数据错误，从而导致在进行数据分析之前都要进行数据清洗。一般的数据清洗包含两个步骤：格式转换，识别和纠正数据中的噪音。

（1）格式转换

一般来说，直接下载的以“数字”形式存储的数据都以 Excel、Json 或者 Csv 格式存储，一般不需要进行格式转换便可以进行处理。但是很多政府文档、表格信息以及呈现较为多样（包括图片、图表）的数据都是以 PDF 或者 Word 格式存储的，而这些存储格式都是难以用数据分析软件直接来处理的，因此需要对这类文件进行格式转换。

可以进行格式转换的软件有很多，比如基于文字识别技术的 AnyBizSoft、PDF Converter、PDFtotext、迅捷的 PDF 转换器，或者运用 Python 中的 Tabula 提取 pdf 的表格化信息并实现内容的格式转换，只有率先解决掉数据格式的问题，才可以导入数据分析软件，进行数据分析。

（2）识别和纠正数据中的噪音

当所有的数据处理为可以直接导入进行分析的格式之后，由于数据中存在可能会影响分析结果的噪音，所以应当先识别和纠正数据中的噪音。数据中的噪音主要包括不完整的数据、冗余的数据、冲突的数据和错误的数据。①

在数据去噪的过程中，对于结构化的数据，Python 的 Pandas 提供了优秀的数据清洗功能。对于缺失的数据，可以分别通过 dropna 和 fillna 方法来实现滤除缺失数据或者填充缺失数据；通过 drop_duplicates 方法来移除重复数据；利用函数或映射进行数据转换，方便为数据增加分类标签，map 方法可以实现元素级转换以及其他数据清理工作；同样根据 Pandas 的布尔索引以及花式索引可以实现检测和过滤异常值的目的；Python 中的 pivot 方法和 melt 方法对于时间序列的处理可以实现从“长格式”到“宽格式”的转换以及从“宽格式”到“长格式”的转换（长格式——通常意义上的行比列多，宽格式则相反）。

对于数据清理，工具并非只有 Python 一种，但是原则基本上是一致的，即要坚持在数据清理前进行备份，防止数据处理异常，源文件丢失，造成不必要的麻烦；其次填充缺失数据时，可能会为了方便处理数据选择数组的中位数或平均数进行填充，但填充前一定要分析填充的数据是否合理，如有疑问一定要跟数据源进行探讨，防止造成二度增加数据噪音，影响最终的分析结果。

3. 数据分析

财新数据的工程师兼设计师任远在谈到项目开发的时候建议从事数据新闻行业的人员至少基本掌握一门底层语言或面向对象语言（比如 C++和Java），会对结构化和优化代码有很大的帮助，会了解更多的关于内存管理、数据管理、面向对象、设计模式等知识。一个好的数据新闻在做好前面一系列的数据挖掘和数据清理之后，最核心的便是数据分析。如何运用相关的数据分析软件理清

① 郝爽、冯国良、冯建华、王宁：《结构化数据清洗技术综述》，《清华大学学报（自然科学版）》，2018 年 10 月 18 日。

数据之间的逻辑，运用数据分析来探究数据背后的意义是数据分析中最为关键的部分。

不同的数据类型背后代表的意义大小一般是不同的，也就是说可供数据技术人员挖掘的深浅也是不同的，因此不同的数据类型需要采用不用的数据分析方法。一般的数据分析按类型可以分为：描述性数据分析、探索性数据分析以及验证性数据分析。①

（1）描述性数据分析

a. 分析方法

对于一般的描述性数据分析一般采用简单的数据分析方法，通常来说就是进行一些简单的对比分析、平均分析，深入一些可能会采用交叉分析。重点在于用数据来描述事件本身，让读者了解事物的现状或者发展历程，但很难去探究和挖掘事件背后的原因。如财新网的《高铁三小时能到的地方，你最想去哪一个》数据新闻作品，便是基于 12306 和中国城市建设统计年鉴抓取的数据，进行简单的汇总和平均分析，通过地图的可视化方式为读者平面展示和了解高铁三小时能够到达的城市。

b. 分析工具

描述性的数据分析采用简单的数据分析方法，因此使用的工具也较为简单。对于数据量较小的工程，可以采用 Excel，灵活运用 countif、left、right、if 进行数据重组和选择，通过 vlookup、count、sum 等函数进行最后的计算分析。而对于数据量较大的工程（通常来说大于十万条），则可以选择 SQL 数据库，只要掌握数据表的基本操作、MySQL 的数据类型和运算符、MySQL 语句、查询语句等简单的数据操作和计算语句，便可以极大地提高大规模数据的处理效率。

（2）探索性和验证性数据分析

a. 分析方法

探索性和验证性数据分析相对于描述性数据则复杂一些，对于这些数据分

---

① 杨小军、王力猛、任杰：《利用 Excel 进行数据管理与分析》，《电脑编程技巧与维护》，2016 年第 18 期，第 49—50 页。

析不再停留在表面的描述和呈现，而是探究这些事件背后的意义，挖掘数据背后的深层含义，判断事件的真伪，因此在选择数据分析方法上往往会进行回归分析、因子分析以及相关分析等较为复杂和高级的分析方法。

b. 分析工具

复杂的数据分析需要运用更为复杂的数据分析软件，不同于简单的描述性分析，探索性和验证性的数据分析可能要涉及文本分析和数据分析。如财新网的《穿透安邦循环注资真相》，便可以通过文本分析对安邦集团历来公布的招股说明书、季报、年报等相关文件进行文本分析，探究出安邦注资的基本数据，之后再通过深层次的数据分析来构建出安邦循环注资的背后真相，最终通过数据导图的互动式可视化让读者可以清晰地了解安邦背后的脉络。

c. 文本分析

通常意义上的文本分析是指对文本的表示及其特征项的选取，通过对从文本中抽取出的特征词进行量化来表示文本信息。简单来说，文本分析就是一个从 Texts 到 Words 最终到 Topics 的过程。在实际运用中有许多软件提供了文本分析的功能，但最常为人使用的便是 R 语言。

R 语言中通过加载 rJava、Rwordseg 以及 wordcloud 包便可以实现基础的文本分析，文本分析中最为常见的便是分词，但一般的分词都很难符合我们的需求，这就需要我们导入更好的词库。R 语言中可以导入多种词库，如搜狗细胞词库等，从而实现更好的分词。在分词的基础上我们便可以实现词频统计、排序、过滤、输出等一系列文本分析的操作。同时在文本分析中 R 语言的机器学习以及规则制定会让文本分析更加深入。

d. 数据分析

不同于简单的求和、平均分析，探究性和验证性的数据分析需要应用回归分析等一系列较为复杂的分析方法，对数据的处理要求也较高，一般的 Excel 和 SQL 便满足不了要求。通常对于更为复杂的数据统计和分析，会选取 SPSS、Python、Hive 等一系列能实现更复杂目标的软件。如通过 Hive 的 SQL 方法 HiveQL 来汇总、查询和分析存储在 Hadoop 分布式文件系统上的大数据集合，

SPSS 通过导入问卷数据进行多层次的分析以及通过 SPSS Modeler 构建基础模型，而 Python 则可以在实现数据处理的基础上进行各种统计学算法，实现数据分析的目的。

4. 数据可视化

财新网数据新闻与可视化实验室的设计师任远在《做数据新闻的体会》一文中，谈到可视化设计师应该具备的能力：与传统的 UI 设计师、平面设计师和交互设计师不同的是，可视化设计师既要具备数据分析和程序开发的相关知识，还要掌握交互设计或视觉设计的技能。首先，需要具备一定的数据统计思想并学会分析数据，因为只有清晰了解怎样设计图形图表，使用怎样的数据结构来展示更大的系统，才能进入下一步骤的数据可视化。其次，要掌握交互设计的理论，以此来引导自己使用不同的交互设计手段实现数据结构和视觉框架的有效衔接，依据这样的理论逻辑整理出的数据有利于用户的理解和把握。再次，要掌握一些视觉设计方法，用生动形象的视觉语言展示数据。与传统平面设计相比，数据新闻的视觉设计要求更高，对比、平衡、韵律、搭配等手段的使用都有助于提升可视化作品的美感与和谐程度。最后，还要了解程序知识，只有在此基础上才能建立起关于数据结构的逻辑层次，准确理解可视化的语言。

因此，我们可以发现可视化并不是简单的平面设计上的可视化，而是基于已有数据和选题策划寻找最佳的呈现方式，是一个用同行、数据和其他可视化元素讲故事的一种方式。通常在数据新闻中的可视化包含 5 种：静态信息图、动态信息图、交互式图表、动画视频、H5。

（1）静态信息图和动态信息图

对于简单的信息呈现可以用静态的信息图表来表达，静态的信息图表主要包括柱状图、折线图、散点图、梅花图、环形图等，这些基本上都可以由 Excel 等简单的数据软件制作，较为容易。

动态的信息图主要涉及时间跨度和地区跨度的信息，通过动态变化来反映一定的趋势。这其中包括时间轴和数据地图两种形式，但这两种形式经常在交互式的图标中出现，因此在接下来的部分会详细论述。

静态和动态的信息图在财新网的作品中非常常见，如《数说印度经济这半世纪》作品总体采用动态的方式让读者可以滚动查看印度经济、资本市场、人口、商业环境、军事等数据现状，而各部分的内容则以静态的折线图来表示，使读者可以通过简单的折线图了解过去60年印度的方方面面。

（2）交互式图表

目前的数据新闻不再简单地停留在信息的呈现上，交互式的图表加强了读者在阅读中的主动性，成为目前全球媒体中最受欢迎的表现形式。

交互式图表的交互主要体现在“点击”“滑动”和“搜索”上，在《穿透安邦循环注资真相》中点击作用最为突出，在从单点到多点网状结构图上，点击图片上任何一点都可以显示出其所关联的企业和资金在安邦的循环注资方面处于一个怎么样的地位；“滑动”作用在《你的城市有多大》作品中比较明显，在全国重要城市出行半径排行的环形表里，当鼠标滑过紫色圆圈代表的点状时，紫色圆圈就会变成加深加宽的带有出行半径数据的橙色圆圈，方便读者查询和浏览；在《楼市十年》的新闻报道中，房奴计算器则直接体现了搜索的重要性，提供了所在省市以及月收入的选项，按照实际水平能够计算出不吃不喝可以多久买房的结果。

交互式图表通过上述三种方式极大地提高了读者在新闻作品中的主动性。而这三种方式基本上的实现方式大多为时间轴和数据地图。时间轴和数据地图的呈现方式都是为了避免读者因为时空问题而发生紊乱，通过“点击”“滑动”和“搜索”可以更好地理解某个事件在时间和空间上的全貌。如数字说的《移民去远方》的新闻作品，则通过呈现整个地球的形式来展现世界上移民的全貌，你可以通过滑动旋转地球来了解你想了解的大洲移民的基本情况，同时通过“点击”可以实现了解每个国家移民的状况，同时提供了“仅移出”“仅移入”以及“移出+移入”的选项，这种数字地图的交互式表现方式更容易让读者全面了解事件本身。

交互式的图表依赖于后台的编程技术，通过后台的编程技术才能实现资料、图表以及可视化的设计图在网站上的效果。这一实现技术主要基于HTML5、

CSS3 和 Javascript。HTML5 用来实现图形和动画绘制，Javascript（直译式脚本语言）完成交互设计和动画，CSS3（层叠样式表）用来对网页进行排版布局、设置字体，但在实际操作中仍然需要用到其他的工具，比如 HTML5 的 Canvas 技术构建图像等。

（3）动画视频和 H5

数据新闻并不只是通过文字和图表来呈现故事，通过动画视频也是比较常见的形式，尤其是涉及采访和讲述类新闻，动画视频的效果可能更加出色。

不同于动画和交互式图表的另一种方式便是 H5，H5 作为单独的新闻呈现较少，但 H5 的形式还是获得了众多新闻媒体的青睐。H5 也是基于 HTML5、CSS3 和 Javascript 众多技术的总和，相比于之前的技术来讲，H5 增加的元素丰富了网页上多媒体和图片内容，同时丰富了文档数据。①

① https：//zh.wikipedia.org/wiki/HTML5.

案例 2：聚合平台内容搬运模式的版权争议、发展与启示——以今日头条为例

（一）今日头条发展背景

随着大数据技术的成熟和互联网时代的来临，媒体传统的内容运作形式渐渐无法跟上新时代受众的需求，传播速度更快、渠道更丰富的内容聚合信息平台应运而生。2012 年 8 月，今日头条正式上线，截至 2018 年，今日头条 App 累计激活用户数已经超过 7 亿人，月活跃用户数高达 2.63 亿人。在这个数字高速增长的背后，一方面是今日头条以智能算法为支撑对用户的精准画像，另一方面则是它高效率的内容搬运模式。但是，今日头条“不生产内容，只做内容搬运工”的准则，给其他传统媒体带来了巨大的冲击，导致其屡屡陷入内容版权诉讼。

为了了解大数据时代下内容聚合平台带来的争议、发展和启示，本案例主要以今日头条为例，讨论以下几个问题。

（1）聚合平台的内容搬运模式和方法（包括爬虫、深度链接和转码）。

（2）今日头条运用以上内容搬运模式所遇到的版权纠纷。

（3）今日头条如何缓解和解决这些问题?

（4）今日头条的例子给内容聚合平台以及传统媒体带来了什么启示？对于传统媒体而言，内容聚合信息平台的产生是否成为转型的机遇?

（二）今日头条主要业务

1. 传播的主要内容

目前，今日头条的传播内容可以分为两大模块，分别是主观模块和客观模块，由于今日头条本身的运营策略是注重用户的个性化体验，所以主观模块排列在客观模块之前。

（1）主观模块：与用户个人相关的模块

主要包括这几个类别：关注、推荐、热点、上海（根据用户的所在地提供

的区域性消息）。

（2）客观模块

主要包括这几个类别：图片、娱乐、科技、懂车帝、财经、军事、体育、国际、健康、房产等。

根据今日头条算数中心统计的 2016 年上半年数据，阅读量最高的资讯类别分别是娱乐类资讯、汽车类资讯、健康类资讯、军事类资讯和财经类资讯；文图阅读时长排名依次是游戏类资讯、体育类资讯、科技类资讯、汽车类资讯、军事类资讯、教育类资讯、时尚类资讯、财经类资讯。

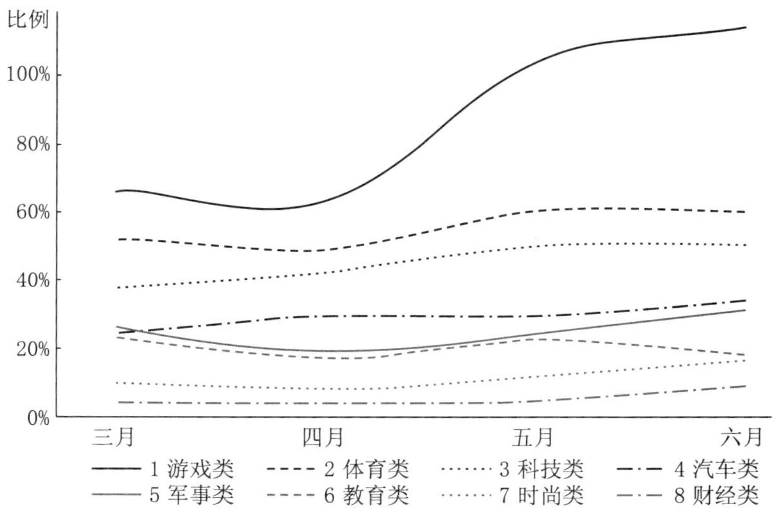

＊ 数据来源：今日头条算数中心，统计时间 2016 年 3—6 月；文图即文字+图片类；此处资讯类别未齐全

图 2-1　近一季度不同类别资讯的视频播放时长/文图阅读时长

2. 内容搬运模式的运用方法和技术支撑

（1）爬虫技术的运用

对于一个追求速度的内容聚合平台，每天搜索和收集各大媒体的新闻显然会浪费大量的人力成本。为了解决上述问题，网络爬虫技术得到了人们的关注，它能根据设置定向、实时地抓取相关网络信息。它是一个自动下载网页的

python 程序，它根据既定的抓取目标，有选择地访问所选择的网页和所需要的相关链接，实时地获取各种信息。这一技术恰好能满足今日头条的需要，因此，自 2012 年始，今日头条就开始使用爬虫技术作为内容搬运的第一步，它在发展早期主要的内容都是通过爬虫技术抓取各大新闻网站和资讯平台的最新消息，将消息链接集成到今日头条的数据后台，根据标题、关键词进行分类整理。

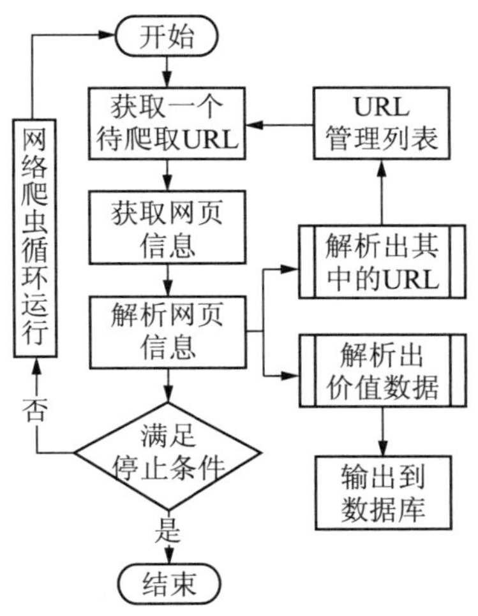

图 2-2　网络爬虫工作流程图

网络爬虫是一个能够自动提取网页链接的插件，原理类似于搜索引擎，需要技术人员开发一个后台，当运行爬虫插件时，首先需要人工输入某个新闻资讯网站或者目标企业官网 URL，爬虫运行成功后，会不断获得该网站上实时出现的新 URL（即在网页上出现的新消息的链接），并将其抽取、同步到系统后台，直到停止抓取。这时，在后台中可以看到不断更新的 URL 链接，这些链接也会显示消息的标题，对于媒体从业者而言，只需要点击链接即可直接跳转至该新闻页面；同时，爬虫技术能够通过输入关键词来直接筛选内容，根据一定的算法过滤掉与输入关键词无关的消息链接，从而精确地选择传播的内容。

（2）转码技术的运用

一般来说，转码技术是为了解决移动客户端和电脑客户端存在的差异，让网页能够在移动客户端正常显示，而今日头条运用的技术则被称为临时转码。首先，今日头条会抓取到想要转载至客户端的文章，这些文章很可能是来自网页，因此后台的技术人员就会使用 WAP 转码技术，将要转载的内容临时复制到自己的服务器上，在转码完成后自动删除复制的内容。WAP 是一项全球性的网络通信协议，为手机上网服务提供了一套通行准则，通过 WAP 转码技术实现了互联网在 PC 端 http 协议下的内容到手机 App 下 WAP 协议的转变，真正做到手机用户可以通过无线通信终端随时随地获取网上资讯。

（三）今日头条市场策略

1. 深度链接

在今日头条的手机端，我们有时候可以发现一些来自其他新闻网站的消息，这些消息的内容虽然和源网站如出一辙，但是页面显示的却是今日头条，同时还会有一些今日头条自己增加的推广内容、评论内容等。我们看到的这样一条消息，即使用了“深度链接”。深度链接是采用移动客户端内置的用户界面，嵌套显示第三方的新闻页面，也就是说，源网站的主要内容还在，但是页面框架等具有源网站页面特征的地方都被统一换成今日头条的界面，只在其移动端软件的网页上端设置原文链接地址。今日头条也在页面上增加自己的推广内容、评论内容等，这一方法虽然分发的是别的网站上的新闻，但实际上是为今日头条带去了流量。

2. 人力资源在内容分发中的作用

今日头条的团队构成基本以技术人员为主，在内容搬运这一流程中，他们的主要工作是：（1）开发爬虫软件和数据库后台；（2）在后台通过网络爬虫锁定网站超链接，从而实现更大范围的新闻内容的抓取和转载；（3）利用算法根据关键词给内容分类；（4）根据生成的用户画像分发推荐内容；（5）选择可能成为热点的新闻并通过技术手段分发。

（四）今日头条发展中存在的问题

1. 版权争议的来源：内容搬运

今日头条与其说是新媒体平台，不如说是渠道平台，对于今日头条而言，内容搬运模式一直都备受争议，在发展初期曾被多家媒体集体“声讨”，其中包括传统媒体和新媒体。比如《广州日报》就将北京字节跳动科技有限公司（今日头条的运行公司名称）起诉至北京市海淀区人民法院，除此之外，曾经起诉过的传统媒体代表还有《新京报》。

新媒体中，搜狐新闻也在2014年起诉过今日头条，称其存在侵犯著作权和不正当竞争行为，并要求今日头条赔偿经济损失1 100万元，这在当时也算是一笔巨额赔款了。搜狐公司诉称，今日头条的侵权方法有两种，都给搜狐带来了损失：第一种是直接抓取复制使用搜狐网、搜狐网手机版以及搜狐新闻客户端里的文章、图片，将内容转换成可扩展标记语言（XML）存放于自己的服务器上，用户浏览新闻时，将XML内容通过App渲染成新闻页面呈现给用户；第二种是“深度链接”形式，利用他人内容给自己的客户端带去流量。

搜狐公司提到了涉及版权的两个问题，第一个是转码，第二个是深度链接，都是今日头条内容搬运的主要手段。随后今日头条方面发布声明，称自己属于“链接搜索”，非“复制粘贴”的方式，根据《信息网络传播权保护条例》第23条规定：“网络服务提供者为服务对象提供搜索或者链接服务，在接到权利人的通知书后，根据本条例规定断开与侵权的作品、表演、录音录像制品的链接的，不承担赔偿责任。”那么今日头条的转码和深度链接究竟是否构成了内容侵权呢？

2. 版权争议的事实：相关法律条款

（1）深度链接

在深度链接这一做法上构成侵权争议的主要有两个方面，第一个是复制权。今日头条采用App内置的浏览器嵌套显示第三方的新闻页面，虽然添加了自己的推广内容，但是新闻内容仍然在源网站的服务器上，因此不构成侵犯复制权

（构成《著作权法》上的复制行为需要满足两个条件：其行为在有形的物质载体上再现了受《著作权法》保护的作品；其行为把作品固定在有形的物质载体上，且这种固定是较持久、稳定的，形成作品的有形复制件。）

第二个是信息网络传播权，《著作权法》第10条第12款以两个构成要件的形式界定了信息网络传播权，即“信息网络传播权是以有线或者无线方式向公众提供作品，使公众可以在其个人选定的时间和地点获得作品的权利”。目前现行的是“服务器标准”，即只有把受著作权法保护的内容上传到开放的、可供人阅览并下载的服务器中才有可能侵犯到该权利。今日头条深度链接的做法也并没有满足以上条件。

然而，这并不意味着今日头条利用深度链接技术就完全没有侵权行为，从新闻类其他角度上来看，根据我国目前的《著作权法》和《著作权法实施条例》，新闻主要分为时事新闻、时事性文章以及新闻作品。其中，时事新闻，是指通过报纸、期刊、广播电台、电视台等媒体报道的单纯事实消息，这一类内容不属于著作权法的保护对象，是可以被转载使用的；其次是比较有争议的时事性文章，它虽属于新闻作品，但是属合理使用的范畴，这一类文章目前受剽窃、抄袭、非法转载的次数较多，但是由于《著作权法》目前没有专门定义网络媒体下的时事性文章是否受到保护，因此也成为转载的完美“借口”和“避风港”；最后一类文章就是新闻作品，这类作品受到《著作权法》较为完善的保护，是具有原创性质的文章，在转载过程中比较容易引起侵权争议。今日头条抓取和分发的文章数量数不胜数，同时在这两个过程中人工介入的情况也比较少见，不排除抓取到大量原创性强的新闻作品。根据今日头条客户端所呈现的内容，对时事新闻和时事性文章采取深度链接的转载方法不构成侵权，但是如果抓取了原创的新闻作品，就很有可能会涉及版权的问题。

（2）WAP转码

如前文所言，WAP转码技术在应用时无法绕开的一环就是复制行为，而复制行为很有可能就会构成著作权的侵权行为（根据《著作权法》，构成著作权侵权的两个要素分别是复制行为和信息网络传播行为）。今日头条对外宣称自己的复制行为其实是临时复制，即复制源网站的新闻内容到自己的服务器上并对其进行转码，将转码后的内容发布到移动客户端中，接着服务器会自动立即删除之前复制的内容。也就是说，今日头条自己的服务器只是一个过渡性的中转站，并不储存他人的内容，这种临时复制目前是否构成侵犯著作权目前还尚有争议，如果今日头条确实是采取临时复制的话，那么未必能被算作侵犯版权，但是并不是所有内容在经过转码后都被立即删除。为了给今日头条带来更多的流量，它会将转码之后的新闻内容继续储存在自己的服务器上，用户点击阅览这些内容时，是直接从今日头条的服务器上获取信息的（即把作品固定在有形的物质载体上，且这种固定是较持久、稳定的，形成作品的有形复制件），带来的点击量和阅读量都属于今日头条，和源网站没有关系。

同时，储存源网站的新闻内容，也导致了用户可以随时随地浏览这些储存在今日头条服务器上的信息和资讯，侵犯了源网站媒体的信息网络传播权。因此，今日头条的转码行为已经背离了所宣称的“临时复制”和“临时转码”，形成了侵犯著作权的行为。

（五）对今日头条的发展建议

综上所述，今日头条的内容搬运模式容易引起版权纠纷，虽然它在资讯传播中大胆使用了各种新技术，为用户提供了许多信息接触的便利，但是也打破了现有的原创媒体对网络知识产权保护的认知，无论是深度链接还是转码，都绕过了源网站对这一行为的认可和转载授权，这也造成了它被多家媒体甚至是权威媒体起诉的情况。一些媒体，包括上文提到过的《新京报》、搜狐等媒体都要求过今日头条删除从自家网站上抓取的新闻内容。对于今日头条而言，这些诉讼和不满都带来了对企业形象的负面影响；同时，作为一家内容聚合平台，与媒体之间的不良关系对它的长远发展也有不利影响，因此，为了解决内容搬运引发的版权争议，今日头条也做出了一系列的发展规划，去规避内容搬运带来的风险。

1. 减少内容搬运模式的侵权风险

（1）与媒体互利合作

今日头条作为一个以技术为支撑的内容聚合平台，是一个非常优质的传播渠道，本质上来讲，和以内容生产为主的媒体之间的关系并不是对立的。因此，今日头条开始发展与媒体之间的合作。今日头条提供传播渠道，而缺少优质传播渠道的媒体生产内容。这一解决方法的主要实施平台就是头条号，虽然该平台在 2012 年就开始使用，但是当初并没有开发媒体合作。

目前，头条号已经成为今日头条大部分内容的生产端，移动客户端上的主要内容都来自头条号，截至 2017 年年底，头条号注册账号总数已经超过 120 万，这些平台平均每天发布 50 万条内容。今日头条为了保证信息来源的权威性，积极地和各大媒体合作，比如中央媒体、地方媒体，以及各行业媒体，这些媒体的数量已经超过 3 700 家，包括了新华社、澎湃新闻、《人民日报》、环球网、央视财经等公信度比较高的媒体。在这些媒体当中，甚至还包括了曾经与今日头条有侵权诉讼的媒体，比如《新京报》和《广州日报》。

这些媒体在头条号用自己的官方名义发布消息，缓解了版权纠纷问题。同时，权威媒体会发布更多优质的内容，这些媒体本身在过去就积累了良好的信誉和品牌，拥有成熟的内容生产方式，能提高今日头条的平台形象，也满足了一些处于金字塔中高端的用户对新闻资讯的需求。

（2）促进传统媒体转型

入驻的媒体中间，不乏一些试图转型或正在转型的传统媒体。对于这些媒体而言，今日头条侧面创造了转型的条件，它能够提供更好的技术支持和更符合现今互联网时代特征的运营方法。传统媒体在头条号上运营和分发自己生产的内容，同时还能从头条号后台上获得自己发布的内容的数据，包括阅读量、用户数量和推荐数量，后台的算法系统也会定期发布近期推送内容的报告和数据分析，让传统媒体用户能够通过直观的方式了解自己的哪些内容是受用户欢迎的、用户主要的特征是什么、哪一类用户对自己发布的内容关注度比较高等信息。从内容到渠道，今日头条和传统媒体之间的合作联动，不仅可以拓宽传播渠道、优化传播内容，还可以促进传播效果的最大化。传统媒体在以互联网和移动技术为主流的时代中，要积极地和网媒、聚合平台合作以求发展，对于传统媒体而言，聚合平台并不是对立的敌人，而是互利共赢的契机，完全可以借助这样的机会去更新自己的技术、扩展自己的传播方式和传播渠道，从而达到增强竞争力的目的。

2. 自媒体用户：保护优质原创，摆脱搬运工形象

今日头条在头条号上的内容生产者不只局限于媒体，个人用户同样也能够入驻，只要生产出了阅读量高的文章也一样享受头条号的奖励政策。通过加强资金来扶植头条号，孵化有发展潜力的自媒体，比如“千人万元”补贴计划，鼓励自媒体创作者，吸引了大量优秀的自媒体在头条号上发布自己的原创内容。

不过，和媒体不同的是，这些出于个人行为发布的新闻内容质量参差不齐，其中也不免有一些洗稿、抄袭的行为。从管理的角度上来讲，头条号虽然能够在内容发布时先行审核发布的文章，但是内容数量较多，所以采取的方法是通过内容标签关键词，另外对有版权风险的内容有一套专门的审核流程，来判断和解决是否存在洗稿和侵权风险。这一流程包括标签审核、机器识别、人工确认和用户举报，能够解决大部分不良内容，也尽可能地确保通过头条号发布出去的内容是原创的。

（六）小结

今日头条通过爬虫、深度链接和转码的技术手段在内容分发和渠道传播上有着先天的优势，但是其内容搬运模式也在一定程度上侵犯了优质内容生产者的著作权，因而引发了许多版权诉讼和纠纷。不过，这些纠纷一方面促进了今日头条内容运营模式的转变，使其发现了自己在内容生产上的劣势和不足，另一方面也给一些媒体在互联网技术不断发展的时代带来了机遇；媒体借助头条号平台扩展传播渠道，实现了内容生产者和聚合平台之间的合作、互利和共赢。

中篇：新媒体市场

第三章　新媒体市场概述

一、新媒体市场发展概况

近日，CTR发布的《2018年中国媒体市场趋势》的主题报告显示，中国拥有世界上竞争最为激烈的媒体市场：拥有出版社585家，期刊超过万种，公共广播节目超过2 800套，县级及以上的电视台2 609家，网站533万家……与此同时，互联网产业持续稳步发展。2019年2月28日，中国互联网信息中心（CNNIC）发布第43次《中国互联网络发展状况统计报告》显示，截至2018年12月30日，我国网民规模达8.29亿，互联网普及率达59.6%，较2017年年底提升3.8个百分点，全年新增网民5 653万。在普及率超过人口半数以上的互联网时代，依托互联网发展起来的新兴媒体正在形成并逐步扩大其市场规模，开创一个媒体发展的新时代。

从媒介进化的角度来看，媒介经由口头传播、文字传播进入印刷传播、电波传播、影像传播、互联网传播时代，传播形式越来越多样化。然而，互联网的出现使中国传媒产业格局快速进入了一个巨变的时代，它几乎涵盖了现下所有媒体的传播方式，因此，它不是在过去媒介发展的历史长河上的延伸，而更像是一个转折，将媒介市场拖入另一个大趋势。今天的中国传媒市场，已经从“互联网时代”过渡到了“移动时代”，并向着“内容时代”迈进。

对于新旧媒体的划分是相对而言的。如今，报纸刊物是第一媒体，广播是第二媒体，电视是第三媒体，互联网是第四媒体，移动网络是第五媒体。①随着

① 宋海龙、张晋：《探讨新旧媒体之间的竞争与融合》，《新闻知识》，2015年第6期。

互联网时代发展产生的第四、第五媒体被称为新媒体，报纸、广播、电视则被统称为传统媒体，而在媒体发展的历史长河中，电视广播也曾一度被称为新媒体。如今的新媒体，除了从技术上的革新之外，还有内容产出及传播形式的革新，业务范围及从业者数量也在逐渐扩大，首先在构成上包括两微一端的自媒体、地方媒体、企业新媒体、政务新媒体和新媒体联盟，自媒体的出现扩大了媒体从业者的范围，同时也降低了从业者门槛；其次，从媒介形态来看，新媒体包括互联网、网络广播、网络电视、手机电视、数字报刊、数字广播、手机通信软件、手机 App、移动电视、触屏媒体等；从业务类型的角度，可以将新媒体市场细分为七大板块，分别为视频网站、信息资讯平台、社交媒体、直播平台、短视频、社区论坛以及游戏娱乐等，业务板块不断扩充，传播的内容也更加多样化。从新媒体业务的角度不难看出，在新媒体市场内部，也同时存在着新兴产业；与已经取得一定用户群体与市场规模的成熟产业相比，新兴产业有待经过市场和用户的检验，从而在市场中获得良性发展，在传媒产业中取得一席之地。

二、新媒体市场分类

（一）移动视频网站

1. 市场现状

中国进入 Web2.0 时代后，视频网站开始兴起。视频极大地改变了传播方式和用户的阅读习惯。在视频网站形成了一定的市场规模后，中国媒介市场开始进入“视听时代”。中国网络视听节目服务协会完成的《2019 中国网络视听发展研究报告》显示，截至 2018 年 12 月底，中国网络视频（含短视频）用户规模达 7.25 亿，网民使用率占全体网民的 87.5%；以爱奇艺、优酷、腾讯为代表的第一梯队的市场占有率高达 80.2%；与此同时，会员不断增长，从占比 4%到 34%的网络视频成为在中国仅次于微信等即时通信的第二大互联网应用，高于搜索引擎和网络新闻，整个视频行业呈现蓬勃发展态势。

2006 年是中国网络视频发展的元年，国内视频网站纷纷模仿美国最大的视频网站 YouTube，在 2006 年末，Google 用 16.5 亿美元并购了 YouTube，这为中国的视频市场打入了一剂强心针，资本快速涌入视频市场，渴望建立中国的 YouTube。由于资本市场的投入以及早期市场占有率的影响，综合性视频网站呈现两极分化的竞争格局，从竞争优势和市场份额来看，可以将各大视频网站分为三大梯队。

表 3-1　2018 年视频网站市场格局

视频网站	
第一梯队	爱奇艺，腾讯视频，优酷视频
第二梯队	芒果 TV，乐视视频，搜狐视频，暴风影音，哔哩哔哩，聚力传媒
第三梯队	酷 6 网，风行网，56 网

资料来源：中国网络视听节目服务协会综合统计

2019 年 3 月 QuestMobile 数据显示，爱奇艺 App 月活跃用户数达到 5.38 亿人，领跑在线视频市场；腾讯视频 App 与优酷 App 分别以 5.33 亿人与 4.22 亿人的月活跃用户数位列第二和第三。排名第四的芒果 TV App 月活跃用户数为 1.11 亿人，哔哩哔哩 App 以 0.92 亿人的月活跃用户数排名第五。从代表用户活跃度的日均活跃用户数来看，2019 年 3 月，爱奇艺 App、腾讯视频 App、优酷 App 仍然稳居移动在线视频行业前三。其中，爱奇艺 App 日均活跃用户数以 1.20 亿人领跑行业，超出第二名腾讯视频 App 10.90%；腾讯视频 App 与优酷 App 分别以 1.08 亿人与 0.85 亿人的日均活跃用户数位列第二和第三。第二阵营的芒果 TV 与哔哩哔哩的日均活跃用户数与第一阵营差距明显，分别为 2 304.87 万人、2 294.86 万人。

综合来看，移动视频网站第一梯队的分化趋势加剧，行业格局保持稳定，爱奇艺、腾讯视频、优酷稳坐第一阵营，芒果 TV 与哔哩哔哩维持在第二梯队。爱奇艺凭借强大的原创内容制作实力与平台分发能力向市场不断输出爆款内容，对用户形成了持续的吸引力，在用户规模与用户黏性上持续保持行业领先，以绝对优势从三足鼎立成功突围行业“1+2”格局。爱奇艺主打娱乐至上的年轻化市场，视频布局泛娱乐化，近几年更是打造了《中国有嘻哈》《奇葩说》《偶像练习生》等现象级的爆款综艺节目，通过创新节目内容和形式，布局不同喜好的年轻群体用户，远超第一梯队的其他两大视频网站，并被各大视频网站争相模仿。优酷作为模仿 YouTube 最早且最成功的一家视频网站，虽然近几年的发展并不尽如人意，但是市场先入者优势带来的市场份额仍然使它稳稳地占据了第一梯队，在网剧领域的表现也十分抢眼，2018 年凭借独播剧《烈火如歌》《军师联盟之虎啸龙吟》等占据 2018 年度网络剧热度榜 Top10 中的一半席位。2019 年的《长安十二时辰》《九州缥缈录》等重量级产品横跨女性言情、悬疑冒险、现代都市以及科幻等多个题材的精品剧集也逐一亮相。腾讯视频网站上线较晚，2011 年才正式上线运营，虽然落后于其他第一梯队的视频网站，正赶上中国视频网站竞争激烈的时期，但背靠腾讯集团的互联网资源和雄厚的资本实力，比其他视频网站的起点高。彼时的乐视还属于第一梯队，而搜狐视频也因美剧、英剧的独家版权吸引了大批用户，而腾讯视频另辟蹊径，通过购买体育赛事转播权取得了在体育赛事上的优势，所以至今腾讯视频在体育内容板块上仍然具备竞争力。

2. 特点

（1）内容从数量向质量转变

网络视频起源于 UCG，即用户原创内容，如罗振宇的《罗辑思维》在优酷自媒体频道上线后，涌现出一大批自媒体进行内容生产，像《暴走大事件》和 2016 年爆红的 papi 酱，自媒体创作内容质量参差不齐，但更新速度快，每周甚至每天都有新内容上线，给用户连贯的新鲜感。如今的网络视频市场由爱奇艺、腾讯视频这样的大型视频平台把控，在行业标准竞争中逐渐形成一定的内容标准，质量不过关、不符合市场标准的视频逐渐被淘汰，演变成网络大电影、网络剧及网络综艺这样 PCG（专家生产内容）更加专业化的内容生产方式。网络视频的内容逐渐趋于精品化、成熟化和专业化。

（2）版权问题凸显，视频题材多元化

由于视频网站的兴起是受到国外视频网站的启发，所以大多模仿国外视频网站的平台构建和播放模式，因此在节目制作上也或多或少受到了国外节目形式的影响。随着国内网络视频市场规模的形成和影响力的扩大，版权问题开始受到关注。现今市场上的几大王牌综艺也有不少是从国外节目购买版权，引入国内进行本土化再创作的，例如购买了韩国《Running Man》版权的《奔跑吧兄弟》。为了减少从国外购买节目版权引发的版权纠纷，国内的各大视频网站开始根据平台定位进行节目形式和内容的创新，并且在近几年创作出了适合国人口味的多种类型的综艺节目和网络剧，成效显著。例如芒果TV制作出国内首档大型军旅体验真人秀《真正男子汉》，并且在第一季赢得的良好口碑下趁热打铁，接连制作到了第三季；优酷的“这就是××”系列从《这就是街舞》《这就是铁甲》到《这就是灌篮》，涵盖了中国网络视频市场上的多种题材，弥补了视频节目内容的大块空白，创造了多个“第一”，从《这就是街舞》开始，中国视频网站终于扭转了从国外购买节目版权的局面，开始向国外输出中国原创文化。

3. 与传统媒体融合创造双赢格局

在视频平台发展之初，由于传统电视台生产的电视剧规模较大，内容制作精良且演员阵容强大，视频网站往往通过购买电视台的热门剧集来积累用户。①随着网络视频精品化时代的到来，视频平台时常可以生产出网络爆款反哺卫视，多款热门剧集的发行从“先台后网”转为“先网后台”，反向输出，构建网台合作双赢的新模式。

视频的传播形态越来越被大众所接受，传统媒体也在主动适应这种趋势，我们看到，原本以文字报道为主的纸媒如《人民日报》、新华社、《新京报》等也纷纷进入了视频领域，分别推出了人民视频、CNC新华网络电视等视频项目。为了提高广电系统的平台竞争力，各大广播电视台在积极建立融合发展平台，例如央视推出的“央视新闻”客户端、“央视体育”客户端及“央视影音”客户端，其中“央视影音”客户端下载量达到5.7亿。此外，省级台与大型视

① 崔保国：《中国传媒产业发展报告（2017）》，社会科学文献出版社，2017年。

频平台合作，共同打造现象级综艺节目或形成具有一定优势的战略合作，如芒果 TV 依托湖南卫视长久积累的用户依赖及内容实力，将《快乐大本营》《天天向上》等老牌综艺节目纳入独播战略。上海东方卫视、浙江卫视等也与爱奇艺、优酷等视频平台达成综艺节目及剧集的合作，开辟新的发展空间。这些老牌电视台在寻求新媒体转型的同时，也不忘紧抓内容生产，保证节目质量，同时提高了自身和合作视频网站的用户质量可信度。从 2017 年开始，央视领头开辟了一系列传承中国文化的优秀节目，如《朗读者》《中国诗词大会》《国家宝藏》等，成为了家喻户晓、口口相传的“良心节目”。优秀节目不仅提高了主流电视媒体的传播力和影响力，同时合作的视频网站也纷纷购买其版权，争取这些优秀节目的网络转播权，并且效仿制作同类型节目，提升视频网站的口碑，响应坚定文化自信，建设文化强国的节目制作精神。

4. 创新拉动内容付费，台网联合开拓融媒市场

随着网络视频的发展和用户群体不断扩大，有关部门打击网络盗版力度也逐渐加大，对网络综艺节目及视频内容的管理也趋于严格，这为视频网站会员制度及内容付费的发展提供了坚实的基础。2019 年 6 月 22 日，爱奇艺宣布付费会员数量已经突破一亿，从此中国视频网站付费市场从此进入“亿级”会员时代。此外，这些大型视频网站相继推出的原创独播综艺节目，例如芒果 TV 的《明星大侦探》，腾讯视频的《明日之子》，爱奇艺的《中国有嘻哈》《青春有你》，优酷的“这就是××”系列，都开启了会员抢先看或会员专享版等付费栏目，因此，原创内容的成功有效提升了各大视频网站的市场占有率和品牌溢价，让用户付费成为一种习惯。直到网络自制剧的快速发展，催生了付费用户的规模化，成为视频网站的又一稳定的收益来源。同时，不可否认的是，通过付费内容吸引的付费用户可以极大地提高视频网站的忠实用户群体的稳定性，增加用户黏性，减少在非付费节目中由于其中几集节目质量下降引发的用户流失现象。因此，付费内容和会员制将成为各大视频网站的一个稳定的发展趋势，各大视频网站正在并且将会不断完善会员制规则，通过提升付费用户的福利来将付费用户规模化稳定化，形成自己稳定的客户群。

其次，创新视频内容不仅是视频网站，也是整个传媒产业的一个重点关注的发展趋势。在视频网站中由版权引发的节目创新已经初具成果，并且除了网络综艺节目之外，这种创新趋势还惠及网络自制剧，各大视频网站依靠自身的平台优势和资金实力，不断创作出优秀自制剧来抢占视频播放量和市场份额，通过拉动付费用户的增长和广告冠名等方式实现赢利。此外，由于网剧规模已经可以与电视剧比肩，大批优秀演员和流量明星也愿意加入网络剧的制作中，这将为网络剧引入明星自带的粉丝群体，有助于付费用户群体类型的扩大。

最后，台网联合打造精品化内容，不仅是视频网站的发展趋势，也将成为各大电视台的发展趋势之一。媒体融合发展对于视频网站来说，提升内容质量的同时也从电视台获取了有利的广告资源，对于传统媒体来说，扩大了业务版图的同时也拓展了内容输出的渠道。在移动互联的大趋势下，电视机无疑是一个逐渐失去优势的媒介，而视频网站通过手机、电脑等移动设备为想要获取电视机上同样内容的用户提供了便利。电视台和视频网站在各自的领域发挥优势的同时，将优势共享，可以取得“1+1>2”的传播效果。

（二）新闻资讯平台

1. 市场现状

2019 年 2 月 28 日，中国互联网信息中心（CNNIC）发布的第 43 次《中国互联网络发展状况统计报告》显示，截至 2018 年 12 月，我国网络新闻用户规模达 6.75 亿，年增长率为 4.3%，网民使用比例为 81.4%。手机网络新闻用户规模达 6.53 亿，占手机网民的 79.9%，年增长率为 5.4%。这些数据表明，中国网民中使用网络获取新闻的用户占网民总人数的近八成。受众大规模、高频次、长时间地使用网络获取新闻，充分表明互联网已经成了当代网民们信息获取的主要来源。2018 年，互联网新闻资讯市场收入规模达到 441.6 亿元，较上一年增长了 89.1%，对比 2017 年的 233.5 亿元，有 44.5%的涨幅，增势明显。①

① 比达咨询：《2018 年度中国移动资讯分发平台市场研究报告》，http：//www.bigdata-research.cn/content/201903/925.html。

移动新闻资讯行业发展至今，市场生态划分已经比较明确。目前市场上主流的新闻资讯平台可以分为两大类：门户网站新闻资讯和内容聚合 App。传统四大门户网站的新闻客户端——新浪、搜狐、腾讯和网易中，除新浪新闻外，其他三大新闻网站依然在榜单的前列，而新浪新闻的市场份额已经被今日头条抢占，但是新浪作为一个最早做起门户网站的“老大哥”，仍然保有着它的优势，它在社交媒体方面有另一巨头——微博。内容聚合类 App 以近几年风头正劲的今日头条为代表，还有一点资讯、天天快报、ZAKER 等，大多对门户网站及传统媒体等的内容进行聚合和抓取，同时应用了时下最流行的“大数据算法”对用户数据进行喜好分析和精准推送。

在移动新闻资讯市场上，2012 年才成立的“新贵”今日头条表现突出，与腾讯新闻形成了第一阵营，月均活跃用户数超 2.5 亿人，排行第一。随后，凤凰新媒体投资了个性化资讯客户端的一点资讯，瞄准智能分发这一趋势，同时崛起的今日头条也是因“大数据算法”和“精准推送”而获得影响力，均领先于其他新媒体资讯客户端，这样的瞄准市场先发制人，使得今日头条和凤凰新闻在用户满意度以及用户黏性上面具有独特的竞争优势。另外，凤凰新闻作为老牌新闻资讯媒体下的新媒体混合物，注重自身内容质量挖掘的同时又具有新媒体资讯客户端的优势特点，也是其在用户中赢得不错的口碑的原因。除此之外，各大新闻资讯平台都各有其核心优势，网易新闻注重用户互动如网友跟帖，其新闻内容页将跟帖放置于一个相当显眼的位置并且可以十分便捷地切换查看，网友的等级也由跟帖的数量和质量决定，随着积累而不断晋升，如此看重评论 UGC 内容的模式可以更容易地聚合一些忠诚用户且不易流失，这是其核心的差异化竞争优势。腾讯新闻的核心优势在于腾讯集团庞大的流量入口以及雄厚的资金支持，QQ 和微信的辅助推送帮助腾讯新闻传播到所有使用腾讯集团软件的用户。根据百度指数统计，自 2011 年以来，腾讯新闻一直就占据着搜索指数排名的第一位，直至 2016 年 7 月被今日头条超越，然而腾讯在被今日头条“反超”之后立即推出了与其功能十分相似的天天快报并且大规模地进行宣传推广，其资金实力可见一斑。新闻资讯市场的网站及 App 产品数量众多，但是由于大型门户网站及 App 都拥有自己的核心优势，在市场上形成产品或内容的差异化，因此第一梯队的优势依然十分明显。

2. 特点

（1）资讯便捷时效，内容减负

在资讯多样化的时代，用户更多地关注获取资讯的便捷性、时效性，体验是否好以及是否感兴趣，对于信息的权威性以及敏感度有所下降，而新闻资讯平台恰好契合了用户便捷性和时效性的资讯需求，这也同时解释了传统新闻媒体在移动互联网时代会被新闻资讯平台逐渐超越的原因。传统新闻媒体往往借助一定的实体媒介，如报纸、杂志等，报刊的写作、编辑和发行周期决定了其在时效性上必然无法与线上传播的资讯平台相比，其次是现代用户碎片化阅读的习惯使得大众逐渐开始抛弃纸质读物，而转向随时在手的移动客户端，可以快速阅读，填补日常的空闲时间。除此之外，用户在关于新闻资讯内容方面，严肃获取的需求越来越少，泛娱乐化以及内容较轻的资讯越来越受到青睐，报刊等通过多道编辑工序、精心制作的文章往往也只能在短时间内泛读，新闻资讯平台受互联网大背景的影响，内容往往带有娱乐性，尤其是为了吸引用户眼球的“标题党”，是在众多互联网资讯之中脱颖而出的一种方式，也是区别于传统媒体的严肃性的一大特点。

（2）技术驱动产业升级，优化内容自我革新

互联网技术日新月异，新闻资讯平台融合互联网技术也不断出现新的产业升级。新闻资讯平台先后发展了机器人写稿、VR 新闻、无人机航拍等新技术，丰富了新闻的内容和呈现形式。例如，2016 年“两会”期间，我国各家资讯平台就运用 VR 技术，对“两会”进行了全景和动态报道。①更值得一提的是，以今日头条、一点资讯为代表的内容聚合类新闻资讯平台，通过算法的大数据抓取进行内容重组与对用户精准推送，大范围地积累用户。然而以“澎湃”“凤凰新闻”“华尔街见闻”为代表的网络新闻平台则是以优质独家的内容生产吸

---

① 黄楚新、王芳：《中国网络新闻传播的现状与发展趋势》，《教育传媒研究》，2018 年第 4 期。

引目标用户群体。

“优质内容”和“智能推荐”是新闻资讯类网络媒体的两大热点。在大数据算法的基础上，如今日头条等以“智能推荐”占取大块市场份额的平台也开始通过吸引优质自媒体原创内容，与知名学者合作来优化内容建设。在“渠道为王”还是“内容为王”仍然存在较多争议的今天，信息资讯平台保持对内容不懈的专注，显示出新媒体本身的自我革新。

（3）媒体融合提高内容价值，协同发展

移动新闻资讯产业中，大多数资讯平台并没有新闻采编资质，在企业内容生产的架构中缺少记者，而更多的是“编辑”，只做写作分析，无法获取现场的第一手资料。此时作为拥有新闻采编资质并且在内容生产上具有多年积淀优势的传统新闻机构，既能通过自有渠道分发新闻，也是新闻内容的主要生产方，完美地弥补了新闻资讯平台的劣势。因此伴随着移动化进程的推进和媒介融合的发展，传统媒体除了在自有网站和客户端上分发专业编辑生产的原创新闻内容外，也会通过版权合作、账号入驻、资源互换等方式，为其他移动新闻资讯平台输送优质新闻内容。此举对于兼具新闻内容方和渠道方双重身份的传统新闻机构而言，借助其他渠道实现内容在移动端的广泛传播是其重要的媒介融合布局之一，同时也能助力其自身品牌溢价的提升。对于移动新闻资讯平台来说，优质内容能够大幅度提升平台的内容价值，吸引注重内容质量的用户，树立注重质量的平台形象，从而实现流量的收集、分发和变现。

3. 注重差异化优势，提升科技价值

从新闻资讯平台的市场规模和用户规模中我们已经可以看出，虽然中国网民人数在不断增长，但是随着新媒体业务的不断更新，层出不穷，人口红利殆尽，移动端新闻资讯市场规模增势正在放缓，在整体互联网新闻资讯市场中的占比趋于高位稳定。但是对于移动新媒体下的各大新闻资讯平台来说已经到了一个关键的时期，如何才能把握好发展方向，突破稳定的市场格局获得新的市场份额，对于不同的平台来说着实是一个考验。

首先，在消费者也是生产者的创作环境下，自媒体依然会活跃在各大新闻平台中，成为各个内容分发的中坚力量。如何控制和充分利用现有的平台自媒体资源是新闻平台的一大难题。因为自媒体的自由性，它们可以随意在各种平台上发声而不受渠道的限制，因此新闻平台想要防止平台自媒体被竞争对手挖去或者自立门户，就需要在自媒体作者重点关注的方面，如平台的流量扶持、后台技术以及物质补贴上取得差异化优势。率先把握住这种优势的平台可以通过抢夺自媒体大号资源获得价值增值。

其次，在新技术的加持下，各大平台都开始通过打造自媒体生态和富媒体内容布局提高产品壁垒，这需要不断的资本投入和用户认可，竞争程度日益激烈。如何通过创新技术实现精细化运营，将成为移动新闻资讯行业未来竞争的方向。一方面，技术升级可以使平台的内容价值显现；另一方面，技术迭代也是平台新鲜感的来源，用户选择线上的新闻资讯平台往往更加注重用户科技体验，一成不变终会被取代。

最后，新闻资讯市场上可供用户选择的平台众多，因此用户黏性是各大平台需要重点考虑的问题。今日头条的出现落后其他新闻资讯平台多年，但是用户黏性却是第一位的，甚至仅次于作为日常通信工具的微信。今日头条的发展轨迹让其他的新闻资讯平台看到了自己的一个方向所在。同时，由于用户增量已经到达瓶颈，且新闻资讯平台的同质化越发严重，如何留住用户，增强用户黏性，形成不可替代的客户群体是各个平台需要考虑的重点之一。

（三）社交媒体

1. 市场现状

网民总量突破 8 亿、互联网普及率超过半数的大背景下，凭借相对刚性的社交需求和丰富的内容与交互形式，社交媒体占据新媒体大半的用户和市场，大量挤占用户的日常使用时长。社交媒体的发展相比于其他新媒体已经相对成熟，并且成功渗透了大众的生活，腾讯作为社交媒体最有话语权的互联网集团，手握微信和 QQ 两大即时通信工具，占据了社交媒体的半壁江山，新浪微博交互性更强，其营造开放的陌生人社交环境，也成功突围社交媒体，在如今的社交媒体市场中，已形成了“两微一 Q”的三足鼎立的局面。微信占据了当前中国社交媒体的领先地位，在腾讯公布的 2019 年一季报财报中，微信月活账户数达到 11.12 亿，同比增长 6.9%；QQ 月活跃账户数 8.23 亿，同比增长 0.9%，其中年轻用户在 QQ 平台的活跃度提升，月活账户同步两位数增长。微博作为陌生人群体交互平台类的社交媒体，得益于名人、明星、网红及媒体内容生态的建设与不断强化，以及在短视频和移动直播上的深入布局，推动了用户使用率持续增长。在 2019 年一季报中，新浪微博的月活跃用户数较上年同期净增约 5 400 万，达到 4.65 亿；日活跃用户数较上年同期净增约 1 900 万，达到 2.03 亿。用户活跃度的增长也带来了不小的赢利，2019 年一季度微博的总营收达到 3.992 亿美元，同比增长 14%，净利润为 1.504 亿美元，同比增长 52%。

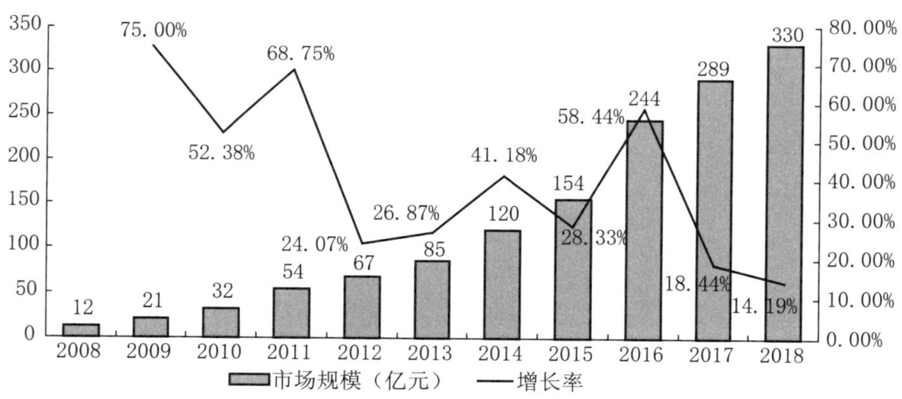

图 3-1　2008—2018 年中国社交媒体市场规模及预测（数据来源：中国产业信息网）

2. 特点

（1）内容创作私人化

大众传播媒介环境中，内容由小部分人完成，并通过严格的信息筛选和把关，再通过广泛发行由大众知晓。在社交媒体的环境下，内容的消费者即内容的创作者。社交媒体的使用渠道本身就带有着私人化的色彩，每一个账号的所有者都是有“身份”的作者，“发行人”的身份不像传统媒体一样权威且带有神秘的色彩。此外，从个人传播者的角度来讲，不管是在微博、微信还是 QQ

空间、博客，内容都是从自身的角度出发，发表感想或是传播事件，因此自媒体和个人的内容创作的私人化更加明显。

（2）社交关系私密化

社交媒体发展之初，博客和 QQ 空间尚未普及，使用者多会形成一定的“社交圈”。而如今微博、微信实名制，开启了“朋友圈”的时代，对某些人可见的功能也排除了非关注者的内容分享渠道，因此社交媒体使用者和传播者的受众开始限制在关注者和在现实关系中的朋友，在网络环境中构建新的社交关系。在社交媒体中形成的“社交圈”大致可以分为三类：第一类是现实中的朋友在社交媒体上再度建立网络关系，以便随时进行交流，同时关注好友的动态及心情，而自媒体传播者也愿意巩固自己现实中建立的关系，将日常动态分享，通过好友的评论、点赞、转发等形成有来有往的交流；第二类是基于一定的爱好所建立的组织关系，这种关系往往可以催生“意见领袖”，在有共同爱好的一个社交群体中，用自己的学识或对共同爱好更多的经验分享来影响群体里的其他人，所谓的“微博大 V”“微信公众大号”都是在日积月累的经验分享中获得受众的关注，通过关注者或“粉丝”量的增加形成流量，成为更有地位的“意见领袖”；第三类是在传统媒体融合过程中形成的，传统媒体进驻社交媒体，构筑一个新媒体区域的用户群，拓展内容传播的渠道和受众可接收的范围，形成新的影响力，如《人民日报》开发的微信公众号，每天实时的内容推送在加快信息传播的速度的同时，还可以给关注者传播更多的内容，并且在社交媒体上形成一定的媒体影响力。

（3）用户互动高黏性

社交媒体最大的特点是可以与受众进行互动，在个人化的内容创作和私密社交圈的基础上，一对一、一对多和多对多的互动稳固了传播关系，构建区别于“大众文化”的“圈子文化”。这种与受众互动无疑对社交媒体这种新媒体的发展带来了极大的好处。首先，对于第一类社交圈的用户来说，高黏性的互动有助于发展和巩固现实社交关系。我们在讨论社交媒体作为新媒体的功能时，不能忽略他们作为通信工具为大众带来的便利。社交媒体的产生极大地影响了人们的通信方式。随着微信功能的不断健全，大众逐渐抛弃了手机电话和短信的通信方式，开始使用微信文字语音聊天、微信电话和微信视频等方式作为通信最便利的手段，也由于其便利性，在作为通信工具之外，用户开始频繁使用和发布“朋友圈”，关注和阅读“公众号”。对于第一类的用户来说，社交媒体的互动不仅是作为媒介交互渠道，更是信息交流通信的手段。其次对于第二类用户来说，社交媒体的互动可以增加社交圈的关系黏性和稳固性，使相同爱好的人们之间产生亲切感，“意见领袖”也更加“亲民”，例如一些“网红博主”开放评论和私信功能，可以与关注他们的“粉丝”聊天互动，不仅可以增加粉丝黏性，也可以吸引更多用户的关注，即所谓的“圈粉”。最后，对于第三类传统媒体融合来说，社交媒体的互动特点与传统媒体的形象可以说“大相径庭”而又“相得益彰”。传统媒体如报纸、电视、广播，作为小部分专业媒体人的内容产出，鲜少与用户频繁互动，往往是关注受众意见，而无法与受众更加紧密地交流，形象权威的同时带有神秘感。而在社交媒体上的传统媒体可以卸下“高高在上”的面貌，与用户进行交流，甚至可以以“官博君”的身份与用户进行聊天，严肃媒体的可信度依然存在，但同时又多了一些用户亲近感，用户黏性大大增加。社交媒体凭借用户基数大、信息传播快、互动功能强等特点，给用户带来更加丰富真实的社交体验，显著提升了社交产品的用户规模、黏性和变现能力。

3. 拓展渠道功能，融合智能技术

对于社交媒体这样一个地位稳固、渠道成熟的新媒体来说，未来的发展无非是将现有资源扩展到更大的范围或通过其他形式的合作创造新的可能。在发展早期，大多数的新媒体都会以建立稳固的用户基础为先，再考虑利用用户资源和渠道赢利。如今社交媒体已经完成利润用户群建设，并且也向市场证明了他们的长期生存能力，接下来他们最关心的问题已经转移到了赢利模式上。下一步社交媒体将会在建立起的品牌基础上进行营销功能的拓展。

社交媒体现有的营销功能在于提供企业平台去推广产品，甚至在微博上可以通过抽奖、线上问答等互动增加热度。微信、微博和 QQ 都为合作企业提供了企业账号，合作企业也可以运用大数据对用户进行分析，从而了解用户的潜在需求，平台方更有针对性地对用户推送广告、服务等内容。接下来，社交媒体的营销功能所取得的成绩将被注意到并且纳入企业的宣传计划之中。未来用户可以直接在社交媒体上进行购物，企业在平台上可以建立如官方旗舰店一样的售卖渠道。目前，这项服务功能已经被很多社交媒体应用和推广。很多用户在通过社交媒体购买物品后，随时在社交媒体上进行分享，无疑对商品进行了二次宣传。①同样是利用社交媒体平台的自身流量带动其他企业的用户增长，2017 年微信引入“小程序”，将一些 App 产品引入微信，在微信中加入其他企业的 App 接口，用户无须下载 App 就能在微信中使用其他 App 产品的功能，拓展与其他企业对接的可能的同时，也为自身业务模式带来新的增长点。

除了拓展现有的渠道功能，社交媒体还可以在技术资源上进行进一步的融入。2012 年，Google 推出了一款“拓展现实”的眼镜——Google Glass，它承诺将 AR 带入主流，并改变我们的生活和交流方式。虽然它最终失败了，但是启发了包括 Facebook 和 Snap 在内的国外社交媒体，他们竞相进入 AR 的世界，试图将这一项新技术与社交媒体融合，为社交媒体带来新的可能性。时下，随着 VR 技术日渐成熟，很多领域都会使用 VR 设备，将产品和企业核心浸入虚拟空间中，增强用户的现实体验。我们有理由相信，在未来 VR 技术将会融入社交媒体中，在今后的社交平台中，用户的交流方式不仅仅局限于文字、图片、发送表情、实时视频语音，还可以体验更为逼真的 3D 效果，更加真切地感受到面对面、零距离的交流互动，看清楚对方脸部的细微表情，与自己的朋友进行更加全方位、立体化的交流，为社交互动提供全新的用户界面的同时，为社交媒体带来现实性的用户体验。此外，除了 VR 技术与社交媒体的融合，其他的新技术也会融入社交媒体中。未来的社交媒体就不会是单纯的即时通信工具或动态发布的平台，而是在不断的技术创新融合中，形成一个具有强大技术的社交网络平台。

---

① 苏海峰：《浅析社交媒体在我国的发展现状及其趋势》，《新闻论坛》，2017 年第 6 期。

（四）直播平台

1. 市场现状

随着5G技术的来临，在线直播行业发展持续加速。2014年下半年，直播首次大范围进入公众视野，随后资本涌入、巨头布局，直播用户规模、市场规模都呈现井喷式发展。根据CNNIC数据统计，截至2018年12月底，中国网络直播用户规模达3.97亿，网民使用率为47.9%。然而，2017年中国直播用户规模为4.22亿人，2018年跌落到4亿人大关，首次出现了负增长。在市场规模方面，根据Analysys数据，2018年全年我国在线直播市场规模达到376.5亿元，同比增长32.76%，与上一年的增长率60.59%相比也有所下降。2019年是直播市场风云变幻的一年，新玩家纷纷入场，老玩家被迫离场，使得行业格局重新洗牌。短视频的领导者抖音、快手开放直播，延续亲民路线，主打优质内容，头条旗下西瓜视频上线游戏直播版块。熊猫视频持续亏损致使资金链断裂最终倒闭，全民直播陷入公司欠薪倒闭的风波，龙珠直播因内容违规停运整改。

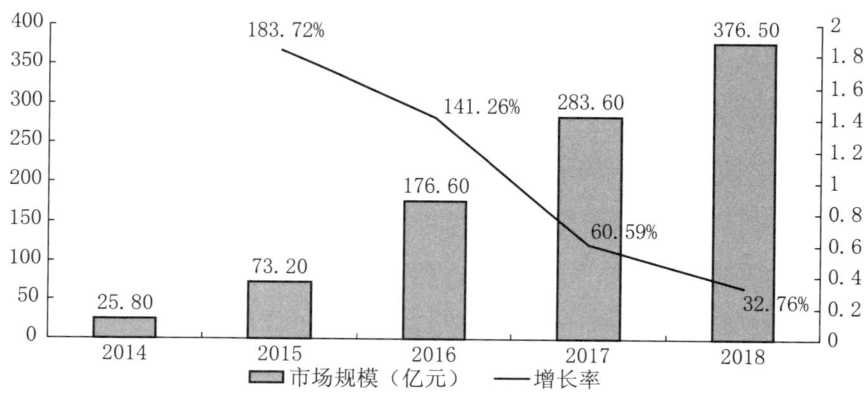

图3-2 2016—2020年中国在线直播市场规模及预测（数据来源：iMedia Research）

目前，移动直播以娱乐直播和游戏直播为主，凭借着实时化、社交化的优势，不但满足用户的参与感，而且让用户切身感受直播现场的氛围，渲染力度极强。从直播内容上可以将各大直播平台分为泛娱乐直播、游戏直播和秀场直播三大板块。

表 3-2　直播平台三大分类

分　类	直播平台
泛娱乐直播	映客，花椒直播，一直播，秀色娱乐，腾讯 NOW 直播
游戏直播	斗鱼直播，熊猫直播，虎牙直播，龙珠直播，全民直播
秀场直播	六间房，YY，陌陌直播

泛娱乐直播平台主要业务是传播泛娱乐直播内容，并为用户与主播提供实时互动功能，与其他两种类型的直播平台相比，泛娱乐直播注重互动性，具有强烈的社交色彩。映客作为第一个泛娱乐直播平台，自 2015 年上线以来，借助明星直播的广泛影响和号召，短期内迅速占领泛娱乐直播类 App 榜单前列。然而近几年，映客的发展脚步显得不够从容。2017 年映客经历了轰轰烈烈的“收购风波”，从 5 月份宣亚国际正式宣布收购映客，不到半年时间以终止收购画上句点。接着 2018 年映客匆匆赴港上市，成为港股娱乐直播第一股。相比之下，花椒直播在这场“你死我活”的市场竞争中就显得十分“沉稳”，花椒直播依旧保持明星、网络红人、普通 UGC、普通用户四大族群的用户生态结构。通过打造多品类的自制节目，来吸引和巩固用户群体，保持自身在泛娱乐类直播平台的优势地位。在移动互联网大数据监测平台 Trustdata 发布的《2019 年上半年中国移动互联网行业发展分析报告》中，2019 年上半年，花椒直播月度活跃用户达 2 400 万，在泛娱乐直播行业处于领先地位。在 2019 年整个行业不断调整和洗牌的大背景下，花椒直播的发展趋于平稳，并且在生活化和户外直播方面进一步开拓的同时，引入了明星直播的新领域，吸引一批黏性较大的明星粉丝群体。一直播作为一下科技旗下的一款娱乐直播互动 App，同样依靠着企业雄厚的资本和技术实力，自上线伊始，就与微博达成了直播战略合作伙伴关系，承担起微博直播业务的支持职能。不仅如此，一直播的发展紧紧与明星相捆绑。先是聘请了贾乃亮作为一直播的首席创意官，正式入职一下科技，随后赵丽颖也入职一下科技成为副总裁，2017 年 8 月 27 日，TFBoys 组合三人被授予一下科技未来指挥官（TFO）的职位，自此，一下科技俨然成了明星聚集的科技公

司，一直播也成了明星们独家直播平台，同时凭借其与微博的强关联性，轻松获得大量明星资源进行直播推广。在2019年直播业的洗牌之年中，一直播背靠一下科技提供的有力支持，一方面通过明星战略不断获得新用户；另一方面则对公益、政务、媒体在内的众多垂直领域进行了“直播+”模式的自主探索，使其拥有较稳定的内容输出，在吸引用户流量中占据优势地位。映客、花椒、一直播都是泛娱乐直播的头部平台，在2019年度遭遇政策和市场资本变动的大洗礼，同类型的直播平台历经了一段风雨后，留存下的直播平台要么如映客、花椒直播一样具有一定融资规模，要么像一直播、腾讯NOW直播一样有稳定集团实力作为依靠。

游戏直播平台依托网络游戏如“王者荣耀”“英雄联盟”等全民热衷的游戏构建直播联赛平台，主播大多为游戏技能超强的技术人员，通过直播打游戏吸引粉丝，获得“礼物”。游戏直播的两大平台斗鱼直播和虎牙直播之间的竞争自2018年以来进入白热化，逐渐与企鹅电竞、触手等游戏直播平台拉开差距。在虎牙直播上市一年之后，2019年7月17日，斗鱼直播正式在美国纳斯达克交易所挂牌上市，虽然比虎牙晚了一年，但是斗鱼的IPO市值毫无悬念地超过了虎牙，备受资本市场的“青睐”。斗鱼的招股书显示，2019年第一季度，斗鱼月活跃用户为1.59亿，超过了虎牙29%，较2018年同比增长25.7%。而虎牙2019年一季度，平均月活为1.10亿，相比斗鱼仍然有一定差距。与此同时，快手凭借其在短视频行业积累的用户和资本优势，一举攻入直播市场，打破了这种一山二虎的格局。2019年7月15日，斗鱼上市的前两天，快手公布数据显示，截至2019年上半年，快手站内游戏直播移动端日活跃用户破3 500万，站内游戏相关内容的发布数超过5亿，点赞数超过100亿，作品评论数超过15亿，内容分享数超过1.2亿。此举除了为斗鱼的上市增加障碍之外，也证明了快手正在借助内容原创谋求弯道超车的可能，根据快手公布的“百万游戏创作者扶持计划”，快手将加大对游戏内容创作者的资源扶持力度，给予优秀的内容创作者更多站内流量，扩大曝光；此外，快手游戏也将不断从站外引入更多优秀创作者，鼓励他们在快手进行游戏内容创作。

秀场直播则着重在网红成名及素人选秀方面投入资源。秀场直播的娱乐性是受用户欢迎的关键因素，艾瑞咨询调查数据显示，用户观看秀场直播的主要原因是“放松心情，参与互动，跟风潮流”。秀场直播中观赏性较高的个人才艺直播和旅游户外直播往往最受欢迎。陌陌直播和 YY 直播是其中收益最大的两大平台，在 2019 年 3 月 12 日，陌陌发布的 2018 年全年财报中，陌陌的营收达到 134.08 亿元，其中 107 亿元由直播业务贡献，占比近八成，直播已成为陌陌高度依赖的收入来源。同期，YY 欢聚时代的净营收达到 157.64 亿元，同比增长 36%，在 2018 年 YY 通过打造明星化的头部 IP，向外输出精品内容，同时走向海外，再通过线下带动线上，强化主播和粉丝之间的互动和黏性，这一套组合拳让 YY 在秀场直播成功保持了持续的领先。

2. 特点

（1）即时互动，用户实时体验

直播具有“视频化”平台先天的动态娱乐的优势，比文字和图片的静态表达更能满足用户娱乐需求。除此之外，直播相对于录播而言，更具有现场感，更加注重用户的实时体验。直播的内容没有经过后期剪辑加工，更能带给受众真实感。在主播直播的同时，用户可以通过评论、点赞和发弹幕的方式跟主播进行交流，也可以实时收到主播的反应，还可以根据用户的喜好为主播“送礼物”，主播往往会向“送礼物”的粉丝表达喜悦和感谢，这更加增强了用户的互动性和亲密性。对比短视频等其他新媒体，社交性和情感色彩使得直播的用户黏性更高。

（2）垂直化、娱乐化明显

从直播平台的分类来看，不同类型的直播平台承担不同的业务内容，并且彼此都会形成特定的用户群。游戏直播平台吸引大批爱好游戏的用户，泛娱乐直播平台吸引明星粉丝和有娱乐需求的群体，秀场直播大多培养网红，会吸引网红的粉丝或有观赏个人技能需求的用户。主播作为这个群体能力比较强的个体，通过直播成了这个群体中的“意见领袖”，直播的垂直化属性使得他（她）的观点和经验的分享可以更加精确地到达他（她）的特定受众群，并且得到充分的认可，因为只有真正喜爱主播或对这个主播感兴趣的人才会进入主播间，并且和主播进行互动。

（3）内容质量把控松懈

直播从进入市场开始就伴随着不良的形象，随着直播的火热，相关不良现象不断出现在大众视野中。由于直播的实时性，无法进行后期剪辑和后期审核，所以内容产出难免出现质量不高的情况，而且也有主播利用直播平台的这一特性传播不良信息，往往只是为了增加实时的粉丝数量，用极端方式吸引用户的眼球。处于发展阶段的直播平台对账号所有者并没有严格的要求，无法对内容进行事先审核，因此对内容的把控难免松懈。从 2016 年 9 月以来，国家新闻出版广电总局、网信办、文化部纷纷针对网络直播行为下发系列文件，不仅对表演者提出要求，对用户的互动行为也采取了一定的管理限制。

3. 直播出海，产业融合

在 2019 年直播行业的快速洗牌之后，经过“选择”过后的直播平台将迎来一段相对平稳的发展时期，用户流量向头部平台聚拢也成为一大趋势。接下来，直播平台不得不直面内容生产上的困惑。如何才能与当前愈加兴起的垂直领域直播展开差异化竞争，如何才能在泛娱乐内容中挖掘新的亮点，都将成为直播平台后续发展的重要议题。

首先，政策对直播活动的管理逐渐完善，通过加大审查力度，行业导向将向健康化发展，杜绝直播的不良内容传播。目前在线直播行业的用户习惯已经基本养成，各类型的直播平台应着力于差异化内容，打造优质特色栏目，寻找平台原创自制内容才有可能在对用户流量的争夺战中取胜。网络直播行业发展至今，市场格局已经逐渐清晰，移动互联网技术的持续升级进一步推动在线直播行业发展，使用户群体、主播群体和行业影响力都得到扩大。然而随着在线直播行业发展成熟，部分平台需要探索更多赢利模式。

其次，直播平台要摆脱“昙花一现”的命运，在斗鱼、虎牙等直播平台的相继上市之后，直播平台也应当寻求新的亮点，“互联网+”给了直播平台新的启发，“直播+”开始为平台创造多种赢利模式。2019 年，“直播+”领域的拓展，覆盖公益、综艺、教育、非遗、电商等。斗鱼举办“公益主播团”助力扶贫、KK 直播举办“KK 为你种一棵树”赠送树苗等活动，丰富“直播+”公益模式。花椒直播旗下爆款直播综艺栏目《料事如神》在上海“进博会”期间获得“中国网络直播行业 2018 年度创新大奖”。KK 直播通过开设《匠人与匠心》直播节目，传播紫砂壶匠人精神、青柯鸟笼技艺、黄杨木雕等非遗文化。

再次，在熊猫等平台无奈退出市场，新玩家不断涌入之后，中国直播行业存量市场已近饱和，直播平台竞争白热化，直播出海成为许多直播公司的新选择。国外发达国家的居民消费水平、网络基建为直播的产业发展打下基础，而新兴市场也有巨大的潜在用户待挖掘，国产直播平台已经布局至北美、东南亚、南亚、中东等地。在有利的融资前景下，出海直播平台一方面输出中国直播行业的经验优势，另一方面也面临本土化、正规化、商业变现模式、同质平台竞争的挑战。

最后，直播应当考虑与其他新媒体合作发展，以挖掘新的增长点。直播虽然有着即时性强、互动性强的先天优势，但长时间、高流量的消耗并不利于用户在碎片化时间进行传播，且强互动对主播的临场应变能力考验太大，容易干扰主播预先设置好的笑点、泪点、段子，不利于优质内容的输出。相比直播，能在短时间内提供精选内容的短视频，恰恰弥补了这一不足，同时，短视频为冗长的直播提供了沉淀的空间，经过剪辑、优化而产出的短视频更能集中展现直播中的精髓内容。视频作为内容承载体比图片、文章有更高的传播效率，早期电视台也会采取直播手段进行内容输送，而移动直播作为移动互联网时代迎合用户使用习惯的重要载体，与传统媒体在相互协作下，不仅可以提升直播平台的价值，也为传统媒体拓展了一条便捷的互联网渠道。

（五）短视频平台

1. 市场现状

2012 年开始，流量资费下调、Wi-Fi 普及率提高、碎片化时间消费等共同促成了短视频和小视频类 App 的兴起，各类移动端短视频产品纷纷开始试水，秒拍、美拍、快手等平台逐渐突围。伴随着 2015 年的孵化，在 2016 年，大批移动短视频应用纷纷面市，短视频内容创业者爆发式增长，短视频行业迎来快速发展期。2018 年，短视频不论在制作体量还是播放量上都实现了快速的增长，市场规模达 113.3 亿元，同比增长达 110.6%，预计 2020 年将超过 300 亿元。《2019 年中国网络视听发展研究报告》显示，截至 2018 年 12 月，我国短视频用户规模为 6.48 亿，占网络视频用户的 89.4%，在全体网民中，短视频用户占 78.2%。短视频用户规模和市场规模呈现爆发式增长态势，带动行业市场迅速增长，在整个视频内容行业市场规模中的占比迅速扩张。①不管从供给方还是需求方，短视频的急速增长都是毋庸置疑的。

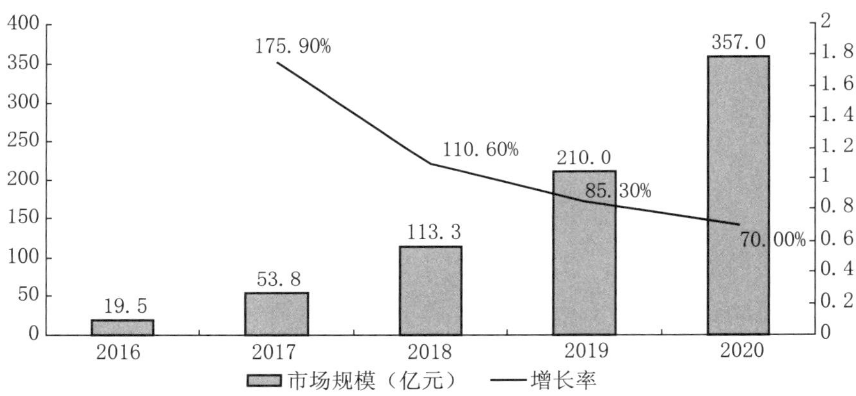

图 3-3　2016—2020 年中国短视频市场规模及预测（数据来源：艾瑞资讯）

2019 年短视频行业最值得关注的要数抖音和快手。除了抖音和快手，百度、腾讯和阿里巴巴等互联网巨头都在强化布局，百度在搜索 App 中引入信息流，借此推广好看视频；在被外界解读为“头腾大战”② 的竞争中，腾讯在复活微视、投资快手的同时，上线了超过 6 款独立短视频 App；阿里则对土豆寄予厚望，淘宝、UC 等业务都有各自短视频布局；微博在合并一直播后强化自有

① 新华网：《我国网络视频用户超 6 亿短视频用户爆发式增长》，http://www.xinhuanet.com/politics/2018-11/28/c_1210004564.htm。

② “头腾大战”：腾讯与今日头条之间的一场冲突，起始于 2018 年 6 月 1 日，腾讯公告，将“今日头条”“抖音”运营者北京字节跳动科技有限公司（下称：字节跳动）、北京微播视界科技有限公司（下称：微播视界）起诉至法院，理由是后者涉嫌不正当竞争行为，并对腾讯声誉造成严重影响。同时，腾讯还宣布暂停与上述两公司的合作。

短视频业务的同时，让一下科技聚焦在短视频业务上，希望收复失地。

表 3-3　2019 年短视频应用市场竞争格局

所属公司	短视频应用
头条系	抖音，火山小视频，西瓜视频
阿里系	土豆视频，淘宝短视频，独客，鹿刻
百度系	好看视频，全民小视频，人人视频，梨视频，伙拍小视频
腾讯系	快手（投资），微视，yoo 视频，闪咖，猫饼，腾讯云小视频，时光小视频，下饭视频，音兔，速看视频
新浪系	秒拍，小咖秀，波波视频，爱动小视频
网易系	网易戏精，网易菠萝视频
其他	美拍，快视频，快剪辑，锦视

资料来源：前瞻产业研究院

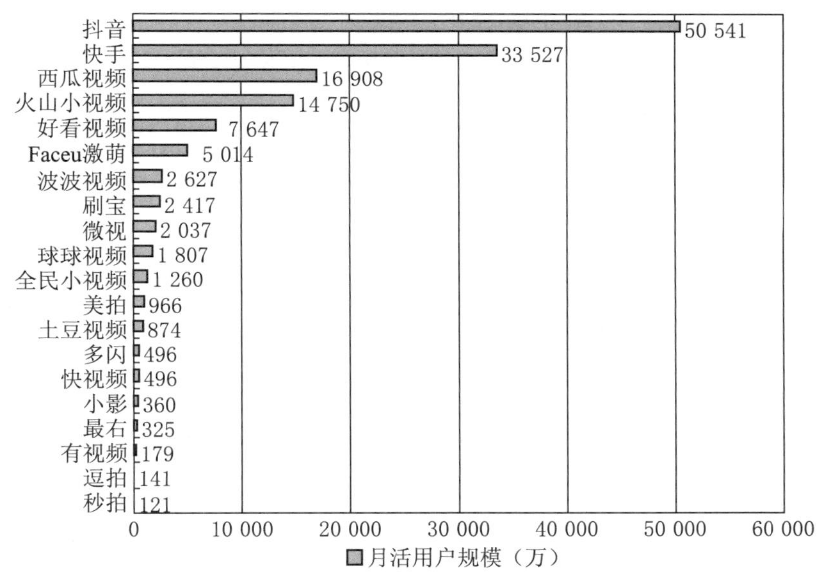

图 3-4　2019 年 6 月短视频应用月活用户规模 TOP20（资料来源：前瞻产业研究院）

在 2019 年上半年的短视频平台活跃用户数排行榜中，抖音以活跃用户数 5.05 亿位居榜首，远远领先其他短视频应用；排名第二的是快手，活跃用户数为 3.35 亿；排名第三、第四的西瓜视频和火山小视频的用户规模分别为 1.69 亿和1.48亿，仅为快手用户规模的一半。之后的短视频应用就失去了亿级用户规模的优势，与各种短视频应用瓜分剩下的短视频市场。作为在短视频应用市场遥遥领先的抖音于2016年9月上线，当时短视频正处于高热度阶段，早些年短视频积累的火爆程度，已经成了移动时代下品牌媒介传播的共识，在这个时代下成长起来的抖音，背靠今日头条这样的大平台和精准的大数据算法，以音乐舞蹈原创作品为主。一方面，抖音通过签约一批网红来保证优质内容的持续产出，且成立了服务达人的经纪团队，通过广告等变现手段进行激励，实现生产激励机制“中心化”；另一方面，则采用相对“去中心化”的机制进行内容分发，通过算法持续挖掘普通用户的爆款内容，维持用户活跃度。在2018年抖音更是邀请了大批明星入驻，开通明星个人抖音账号，并且一些热门的抖音舞蹈也开始在网络上传播，海草舞、C哩C哩、手势舞……让抖音在2018年迎来了新的数据高峰。自此，抖音用了不到两年的时间便超过了曾经的头部平台快手，毫不费力地占据了短视频市场的大半江山。同属“头条系”的火山小视频另辟蹊径，用独家炫酷礼物和大数据精准算法的特点，使其成了一款“可以赚钱”的短视频社交平台。快手在早期仅仅是一款将视频转化为GIF格式图片的工具。①快手把握市场趋势，从图片互动迅速转向视频分享社区，并且率先实现了精准化推送。美拍是厦门美图网科技公司旗下的一款产品，此前已通过美图秀秀完成大量潜在用户积累，成为目前第一大粉丝经济平台，诞生了破破、小蛮等一批草根网红。美拍在功能上延续了美图秀秀方便快捷的用户体验，一键美化功能受到用户欢迎。此外，美拍逐渐形成了“美颜+短视频+直播+社交”的运营模式，推出的广场活动“全民社会摇”打破了“最大规模的线上自创舞蹈视频集”的吉尼斯世界纪录。

2. 特点

（1）简短化

“视频化”是近几年发展异常迅猛的内容表达方式。网络提速降费以及智

---

① 北京市新闻工作者协会：《中国媒体融合发展报告（2017—2018）》，2017年。

能手机的普及，为短视频的发展提供了土壤，也让短视频成了“视频化”的最新最突出的代表。从短视频的形式来看，不同于视频网站上时长不受限的视频，短视频最大的特点在于“短”。这种短小精炼的内容表达方式受到“泛娱乐化”背景下快速阅读习惯的欢迎。如同微博发展之初“140 字微博”的字数限制，短视频往往有严格的时长限制，基本控制在一分钟以内，以十几秒为宜。在短视频平台上超过一分钟的视频播放量普遍比十几秒视频的播放量少。这一点也可以反映出短视频网站“短时高效”的用户需求。同时也对短视频的制作者提出了严格的要求——在十几秒之内完整地表达内容，并且制作出吸引用户点击量，甚至重复点击增加播放量的内容。

（2）草根化

“草根化”是短视频的另一大特点。从短视频的内容来看，娱乐化、生活化的内容比重偏大，而新闻传播类的占比较小，这也是因为受到短视频时长的限制。在几十秒甚至十几秒的短视频里，传播一个完整事件的难度较大，通常只能突出一个事件中的其中一个细节，甚至通过剪辑会放大一些细节，导致内容失真，因此这决定了这种形式无法承载传统的新闻传播内容，反而适合生活化、娱乐化的内容。因为生活化、娱乐化的内容可以通过细节吸引到用户，尤其是一些搞笑视频和热门歌曲舞蹈等，这种通俗的内容可以满足短视频用户利用闲暇时间娱乐消遣的需求，并且便于传播。另一方面，短视频平台与视频网站的区别，从创作者的层面来讲，就是为普通人赋权，让大众拥有“上镜”表达自我的权利，不论是小镇青年，还是广场舞大妈，都可以成为短视频的主角，并且观众可以通过点赞、评论等方式表达肯定，由此构建了一个普通人和普通群体展现自我、表达情绪的平台。

（3）流行化

集“简短化”及“草根化”两大特点于一身的短视频正在引领着互联网娱乐的风潮，“抖音热门舞蹈”“快手热门视频”“抖音网红”“小咖模仿秀”等，网络上不停出现同类型短视频爆火，随之受到各渠道用户更加广泛的传播，尽管只是风靡一时，但仍然会有新类型的短视频出现。短视频的内容更新快且便于传播，也是它可以引领娱乐流向的一大原因。

3. 管理趋于严格，内容亟待优化

在短视频大火的趋势之下，也潜伏着一些隐患。首先从短视频的内容来看，主要集中于泛娱乐化的领域，在“草根化”“生活化”的平台赋权之下，普通的内容创作者为争取有限的赋权资源，违反道德标准和审美原则的越轨行为频繁出现，甚至在发展初期会传播不良信息，造成负面的影响，与传统媒体的正面权威的传播方式形成鲜明对比。2016 年 12 月，国家新闻出版广电总局发布微博、微信等网络社交平台传播视听节目的管理规定，声明相关视听节目服务平台需获取 AVSP 等相关证件。2017 年 2 月，梨视频因未取得互联网视听节目服务资质等原因，被责令整改。今日头条则收购了拥有视频牌照的阳光宽频网，变相解决了视频牌照问题。短时间的整顿并不能从根本上解决行业的弊端，在网络管理的进一步强化之下，平台应该从资格审查及内容两方面加强对短视频内容的核查，对内容创作者进行身份的验证，在健康阳光的网络环境下分享平凡人的生活。

其次，短视频的形式在于用不足 15 秒的视频来满足受众碎片化的乐趣，然而这也会消耗用户的耐心，没有优质内容的支撑，这种形式既是短视频的优势，也会成为它的劣势。在视频题材方面，受到视频时长的限制，目前题材仍集中于搞笑、美食、美妆等进入门槛相对较低的领域，然而随着短视频行业进一步发展，相关内容种类应当向多元化发展，军事、体育等类型短视频内容增多，视频内容深度得到更深层次的提升。因此，内容优化也是短视频应该向传统媒体看齐的地方。

（六）论坛社区

1. 市场现状

网络论坛和社区平台是网络多人聚集的交流平台，网络论坛的类型多种多样，并且往往专业性较强，在新媒体中垂直化程度最深。因此，网络论坛和社区都是依靠垂直内容领域获得大量精准用户，在坚实用户群的基础上再根据社区特性拓展电商变现、IP 开发以及产业投资的业务。

由于受众范围小、内容领域窄，网络论坛和社区平台并没有形成一定的市场规模，但网络论坛依托专业的信息分享和精准群体依然保持着一定的用户稳固性。依托互联网巨头集团腾讯发展起来的 QQ 空间，虽然近几年随着微信朋友圈和微博的发展，已经逐渐被取代，但是作为具有庞大用户群体的 QQ 衍生产品，在 2019 年第二季度的月活跃用户数量仍然达到 5.54 亿。虎扑自 2004 年创办以来，以篮球社区积累中国篮球爱好者用户群体，目标受众是 15—35 岁的青少年男性群体。2007 年之后，虎扑开始尝试公司化运营，并从单纯的论坛开始向体育资讯门户转型，同时增加更多的运动门类和线下赛事、电子商务和游戏联运等业务。虎扑论坛是典型的通过电商变现、体育 IP 开发以及产业投资三大渠道发展的网络社区，2012 年 6 月上线的购物平台“识货”，是虎扑体育流量变现的主要载体。①2017 年，“识货”购物平台的交易规模达到 20 亿元，其中 12 月日均订单 3 万单，增速达到 100%。2017 年 8 月，虎扑旗下的上海识装信息科技推出了“毒”App，目前是国内最大的线上球鞋鉴别交易平台。“识货”和“毒”正力图占领男性电商消费市场。体育 IP 开发方面，虎扑旗下拥有原创全民篮球赛事“路人王”，赛事已经覆盖 34 个城市。

2. 特点

（1）垂直化程度深

论坛社区的专业化是它作为新媒体平台的最大特点。如虎扑论坛是中国体育爱好者自发聚集并讨论交流的一个交互平台，作为早期的篮球论坛，它更小的细分领域集中在篮球。豆瓣社区主要涉及娱乐与生活化领域，用户多交流电影评论、娱乐新闻，也有书目推荐、书评等生活化内容。小红书作为新兴美妆社区，主要提供用户交流护肤、化妆经验技巧的相关资讯，有时也涉及生活化的好物推荐等等。QQ 空间是即时通信工具 QQ 所衍生出来的社交圈的心情动态分享社区。从以上例子中可以看出，每一个论坛都有它的细分领域，而对比社

① 界面新闻：《虎扑体育完成 6.18 亿元融资数亿年轻男性用户成变现利器?》，https：//baijiahao.baidu.com/s?id=1589350338211032597&wfr=spider&for=pc。

交媒体，微博则是集中了所有领域的一个大平台，社区论坛则像是将微博根据不同的领域划分的数个小的社交平台，在这样的平台上，用户分享的内容专业化程度更深，用户在平台上可以遇到更多志同道合的人，因此用户垂直化也带来了互动的亲切感。

（2）用户群体精准

精准用户是论坛社区的一大优势。因为论坛社区的专业化和垂直化能够吸引在某一领域具有共同爱好的用户。这些用户的群体依赖性更强，因为他们需要在社区论坛中寻找相同爱好并且具有强烈方向意愿的人。虽然具有相同爱好，但只是作为普通爱好，并没有深入了解和坚持追逐的人往往只是在大众社交平台上抒发喜好，并不会在相应的论坛社区进行交流。因此这就决定了社区论坛的用户群体一定是具有强烈爱好的人，这也反映了社区论坛明显的社群性质。

（3）市场架构松散

由于社区论坛的市场细分，导致在这一细分的市场上并没有形成较为稳固的规模；也由于受众范围有限，用户规模的增长存在“天花板”，因此对比其他新媒体形态，论坛社区的发展趋势并不是欣欣向荣的，反而可能由于它的市场参与者少，无法形成一个稳定的市场结构而逐渐被其他媒体形态所取代，用户群体不断流失。

3. 赢得用户口碑，最大化垂直优势

社区论坛的专业性既有优势又有劣势，优势在于可以利用专业性开拓特定领域的业务，受众黏性较大，并且专业性不仅会赢得目标用户的口碑，也往往会获得非目标用户的信赖。劣势也在于涉及领域的狭窄导致难以形成较大的市场规模，无法与其他新媒体平台竞争。如何巧妙地利用其优势，才是论坛社区获得增长的关键。竞争战略之父迈克尔·波特的市场竞争战略中，集中化的市场竞争战略就要求对于小部分细分市场进行大规模的资源投放，以获取在细分市场上的竞争地位。社区论坛的垂直化领域恰好为集中化战略提供了实施的条件。社区论坛利用其精准的用户群体，在营销方面，重点投放相关领域的产品宣传，其宣传效果一定比无差别的整体市场更能取得明显的效果。然而，值得注意的是，垂直内容社区商业化变现和用户体验之间存在着囚徒困境：电商领域早已成为红海，加大广告比重势必会牺牲部分用户体验，导致用户流失；不进行垂直化变现，论坛社区将会逐渐从市场上消失。因此，如何利用垂直化的优势就是社区论坛未来的发展方向。

（七）游戏娱乐

1. 市场现状

随着互联网的快速发展，我国网络游戏产业发展也极为迅猛，整个游戏产业的生态逐步成形，已经成为推动我国信息产业蓬勃发展的重要动力之一。网络游戏行业产业链的主链条包括游戏开发商、游戏运营商、游戏渠道商以及游戏玩家等。产业周边的辅助链条包括 IP 内容提供商、开发技术提供商、电信运营商、广告商、支付厂商、游戏媒体、终端提供商、游戏第三方服务商等。根据终端的不同，网络游戏可分为 PC 端网络游戏和移动网络游戏两大类。2018 年国内网络游戏行业保持平稳发展。截至 2018 年 12 月，我国网络游戏用户规模达 4.84 亿，占整体网民的 58.4%，较 2017 年底增长 4 224 万。由于 2018 年 3 月起游戏版号审批的政策调整，相较于去年同期，游戏市场至少缺失了两千款获准进入市场的新游戏。因此，2018 年中国游戏市场规模为 2 464 亿元，增速

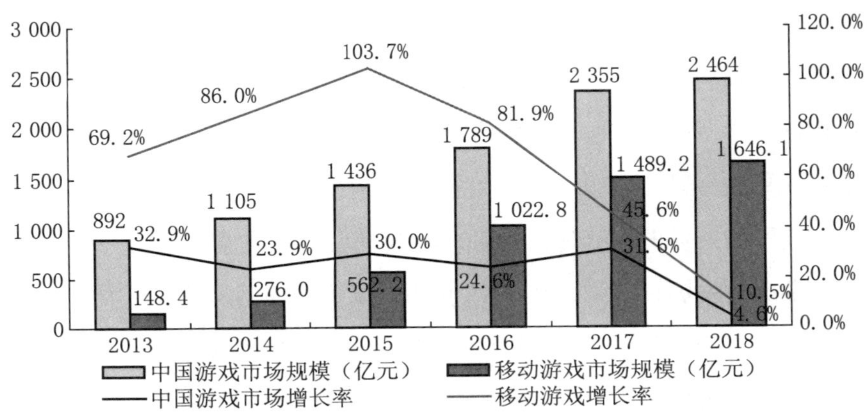

图 3-5　2013—2018 年中国游戏市场规模及增速（数据来源：艾瑞资讯）

仅为4.6%，与上一年31.6%的增速相比大幅下降，移动游戏市场规模为1 646.1亿元，占整个网络游戏市场的66.81%，增速为10.5%，高于整个网络游戏市场。

在网络游戏产品中，近几年大火的《王者荣耀》仍然占据畅销榜第一，《阴阳师》《梦幻西游》等经典游戏逐渐固定在榜单前列。2019年7月，游戏畅销榜出现了罕见的盛况，腾讯四款不同类目的游戏霸占了游戏畅销榜的前四名。《王者荣耀》《和平精英》是动作类游戏，《龙族幻想》是冒险游戏，而《跑跑卡丁车》是竞速类游戏。这些游戏产品为腾讯、网易等游戏平台聚拢了大量的用户，同时也为哔哩哔哩、抖音等短视频网站及直播平台带来了流量。2019年上半年腾讯财报公布的数据显示，腾讯网络游戏收入达到273.07亿元，同比增长8%，其中，手游收入为222亿元，同比增长26%；PC端游戏收入为117亿元，同比下降了9%。腾讯王牌游戏《王者荣耀》仍是中国iOS系统最畅销排行榜排名第一的智能手机游戏，其日活跃账户保持两位数同比增长。腾讯开发的新游戏《QQ飞车手游》成为中国iOS系统最畅销排行榜排名第二的智能手机游戏。此外腾讯在2019年一口气发布了10款游戏，包括自主研发的AR游戏《一起来捉妖》及角色扮演游戏《妖精的尾巴》《拉结尔》，等等。值得关注的是腾讯游戏在下一季度正式官宣与《超级马里奥》等经典游戏的发行者任天堂合作，将作为任天堂在中国的代理方，引进任天堂最新的游戏平台Nintendo Switch，并与任天堂旗下游戏公司宝可梦共同开发游戏软件，发力主机游戏。此外，在硬件方面，腾讯还将与华硕、高通等企业进行合作，联合开发游戏手机。作为国内网络游戏投资前两名的腾讯和网易在2019年上半年的较量中，网易在体量上似乎更胜一筹，2019年二季度网易的网络游戏营收为114亿元，然而腾讯营收增速不如网易的13.6%。同时，游戏平台业务的火热也会带动视频、资讯等相关业务的发展，例如，在2017年由热度极高的网易游戏《荒野行动》改编的综艺节目《勇敢的世界》，在芒果TV首播破1.8亿收视率，并且在爱奇艺等其他视频网站进行了广告植入和衍生品业务。《2018中国传媒投资发展报告》认为，游戏产业有望成为传媒市场新的发展引擎。

2. 特点

（1）高技术性

网络游戏是相较于单机游戏而言，依靠互联网技术传播、运行和发展的一种交流平台，在各种形态的新媒体中，网络游戏更能体现互联网的创新化特征。网络游戏就是网络创新化的一种体现形式。①网络游戏的形式和内容的创新都要依托互联网技术体现，用户对网络游戏所应用的技术的不断探索和企图征服技术规则的求知欲，使得用户在一段时间内长时间、高频率地访问同一款游戏，这对于网络游戏的研发技术有很高的要求。此外，网络游戏产品的运营技术也必不可少，主要体现在市场推广技术、游戏玩家数据分析技术、运营安全技术和客户服务技术等方面。一款游戏成为全民爆款的关键还在于营销推广技术和用户数据的分析。如何准确掌握玩家偏好、游戏难度及功能点设置合理性等信息，为游戏的优化及后续游戏的研发提供参考是游戏运营的重要技术。同时，互联网的网络安全问题也是网络游戏需要特别注意的，一款网络游戏一旦关键技术被窃取或恶意攻击，哪怕是用户数据泄露或被盗取，都会使网络游戏的运营功亏一篑，因此，互联网技术是网络游戏的核心特征。

（2）用户群体年轻化

由于网络游戏的技术性强，用户以 20—30 岁为主要群体，约占到了整个网络游戏玩家的 85%以上，其中，小于 25 岁的游戏玩家占比最大，仍是网游主力军。年轻男性占比约 72%，远远超过女性玩家的比例。在 2018 年初，一款恋爱角色扮演类游戏《恋与制作人》的火爆将年轻女性群体引入网络游戏的市场。但值得注意的是，除了《恋与制作人》这类女性向（即“针对女性玩家进行设计”）的网络游戏之外，其他如《阴阳师》之类的爆款网络游戏也逐渐受到年轻女性玩家的欢迎，并且在游戏技术和游戏中的消费实力方面女性玩家并不弱于男性玩家。除此之外，在游戏内容设计方面，一些竞技类的游戏更加适合年轻男性的特质，对于成熟或者老年用户群体而言，网络游戏的情节和功能设置

① 许君婵：《我国网络游戏产业的现状和发展趋势》，《电子技术与软件工程》，2017 年第 1 期。

并没有吸引力。因此总体而言，网络游戏市场目前为止仍然是年轻群体的市场。

（3）群体互动性强

在包含竞技类、军事类、武侠类等需要群体作战的网络游戏中，用户的互动性和协作性在无形中甚至超越了社交媒体，对比社交媒体或网络直播中的一对一、一对多的互动形式，网络游戏更强调多对多的群体互动，并且每个人在这个群体中都有自己的位置，都需要发挥自己的角色功能。网络游戏在开发之初就在游戏世界中为玩家设计了密切的社会关系，如国家、家族、婚姻、师徒等，玩家间通过共同完成游戏任务建立不同的社交关系，玩家在游戏世界中可以结识到许多志同道合的朋友，放弃某款网络游戏即意味着放弃这些社会关系，这种社区性特征使得玩家不会轻易放弃某款网络游戏；对于少数棋牌类而言，虽然单人作战模式脱离了群体作战的特征，但陌生人之间通过游戏建立的互动关系比社交媒体中的关系更加具有交互性，因为在一场游戏时间内的互动更加紧密而不松散，甚至会通过数次游戏因为喜好的相同建立长期的玩家关系。因此网络游戏的群体互动性是区别于其他平台互动性的显著特点。

3. 技术推进产业升级，竞争促进海外拓展

中国网络游戏已经拥有了一个庞大的产业群体。在国内网络游戏繁荣发展的同时，未来将会进一步向海外市场拓展。2016 年，中国首次超越美国成为全球最大的游戏市场。由中国自主研发的网络游戏在海外市场销售收入达到 82.8 亿美元。在国内市场中，腾讯和网易两家在游戏市场形成垄断竞争的格局，然而如游族网络等中小型网络公司依托出口业务在海外也开拓了市场。各体量的游戏公司都能够在海外竞争中找到自己的一席之地，不难看出中国文化的传播范围通过游戏这一媒介得以扩展，而国内游戏市场之间形成的良性竞争也成了游戏市场创新生产的巨大推动力。

随着网络游戏行业竞争深化，网络游戏产品呈现出精品化趋势。玩家面临的网络游戏产品增多的同时，对精品网络游戏产品的需求逐步提升，优质网络游戏研发企业为求在竞争中占据领先地位，需要不断提升研发技术以提供给玩家更稳定流畅的游戏体验。用户的精致化需求推动了行业技术水平的持续提升。

此外，VR、AR、AI 等新兴技术日新月异，并逐渐渗透新媒体的各个领域，为网络游戏产品提供了新的发展思路，拓宽了网络游戏产品的发展空间。利用人机交互、视觉感受等更深层次的技术为玩家提供新的游戏体验，提升网络游戏的真实感及沉浸感，是网络游戏企业需要努力的方向。

网络游戏的赢利模式正在逐渐固化，因此媒体化可以带给网络游戏新的盈利点。广告宣传是网络游戏可以运用的基础手段。网络游戏作为群体互动性强、用户基础稳固的另类社交平台，可以提供相关企业广告宣传的渠道，同时，不仅可以在自身的游戏平台和游戏内容设置中植入广告，网络游戏的对外宣传也必不可少，因此可以将广告与网络游戏巧妙地结合在一起，从而形成了以游戏为传播载体的广告宣传新形式。网络游戏的媒体化不仅对于网络平台自身来说可以获得广告营销方面的收入来源，也在与其他企业的合作中收获新资源，启发新的创意与想法。

三、总结

随着 5G 时代的到来，不仅人与人之间实现互联互通，机器、物体和终端之间也实现了互联互控。5G 时代作为信息时代的一个里程碑，视频流将成为主要信息表达形式和传播方式，消息无处不在，无人不播。作为大宽带、低时延、大连接的新一代移动通信技术，5G 将把人们的移动宽带体验推向新高度，极大地丰富人们的工作生活、娱乐体验。在 4G 时代，移动互联网短视频和直播应用的发展已经使得 UGC 内容获得了前所未有的大规模增长。5G 将会影响所有的传媒产业形式，使其都朝着“视频流”化的趋势发展，以及包括虚拟现实等类型的“超视频化”方向发展。AR、VR、超高清影视这些智能技术将推动新媒体市场进入一个全新的阶段。

5G 时代文化产业的数字化带来的不仅是速率的提升，更是媒介生态的革命，将会触发数字创意产业的业态创新与生态蜕变。智能编辑部将成为媒体机构的核心引擎，推动媒体整体转型升级。人工智能技术将在内容生产、产品形态、内容传播、内容管理等各个方面对媒体产生巨大影响。内容生产方面，机器人写稿已经不是新闻，但主要在重复性、数据性内容，而在高端、知识性综述和创新性内容的生产上还是有所局限；产品形态方面，不少传统媒体在应用人工智能技术谋求转型，往智库方面发展，新媒体更是将自己的媒介形态与人工智能结合得更加精细；内容传播方面，今日头条、一点资讯、天天快报等新闻资讯平台已经利用智能算法进行内容分发和推荐，但算法推荐仍然把受众固化在一个领域，未来的人工智能将向着抓取更多知识内容的领域发展；内容管理方面，图片图像识别等智能技术目前应用在新闻出版管理中，节省了很多人力，未来将在技术上升级得更加智能化、精准化。

传媒产业是中国市场上的朝阳产业。随着传播内容及形式的日新月异，市场也是千变万化。正如前言中所说，传统媒体与新媒体的概念是相对而言的，曾经电视、广播也作为新媒体冲击着报刊行业的发展，而如今新兴的短视频、直播等新媒体虽然发展之势迅猛且体量逐渐扩大，但其中依然存在着新媒体固有的内容缺陷。从自身的传播特性和市场格局出发，找准媒介定位，不论是如今的新媒体，还是未来的传统媒体，都会在传播市场上获得长足发展。今天的中国传媒市场，已经从“互联网时代”过渡到了“移动时代”，并向着“内容时代”和“信息时代”迈进。

第四章　新媒体市场案例

案例 1：腾讯新闻的腾飞之道

（一）腾讯新闻简介

“腾讯新闻”是腾讯公司打造的一款新闻产品，2010 年 10 月上线，属于国内上线最早的门户网站新闻客户端之一。在品牌定位上，腾讯新闻标榜“事实派”的媒体核心价值观，结合互联网数据理念，提供第一时间报道和精准的本地资讯。在功能服务上，腾讯新闻将新闻资讯作为流量的一级入口，同时将推荐与直播设置为其主要功能。其新闻资讯主要包括要闻、视频、地方、娱乐、财经、体育等版块。

中国互联网络信息中心于 2017 年 8 月 3 日发布的第 40 次《中国互联网络发展状况统计报告》显示：截至 2017 年 6 月，中国网民规模达到 7.51 亿，其中手机网民规模达 7.24 亿，占比 96.3%。手机网民较 2016 年年底增加 2 830 万人。

随着移动互联网时代的崛起，新闻资讯类客户端也不断走向辉煌。在众多资讯类客户端中，腾讯新闻蝉联榜首，成绩斐然。2014 年，腾讯新闻客户端以 4.8 亿次总下载量高居新闻客户端下载量排行榜榜首。①2015 年 6 月，腾讯新闻客户端月度数据突破“亿级大关”，以 10 764.7 万活跃用户占得新闻资讯应用榜单头名。②2017 年 8 月，Analysys 易观发布的中国资讯类 App 用户月活跃度榜

① 西晨、倩文：《2014 如何玩坏客户端》，腾讯新闻，http：//news.qq.com/a/20150421/026536.htm，2015 年 4 月 21 日。

② 易观智库：《2015 年 6 月移动 App 排行榜 TOP 200》，http：//yjy.people.com.cn/n/2015/0817/c245079-27474883.html，2015 年 8 月。

单 TOP 30 的名单中，腾讯新闻更是以月活跃度 23 058.86 万用户位居榜首。

同样萌芽生长于移动互联网时代，腾讯新闻客户端何以如此辉煌？笔者将基于大数据背景，利用 SCP 模式分析腾讯新闻的腾飞之道，并尝试为其发展提出若干建议。

（二）行业发展背景

本章拟从大数据背景出发，用数据说话，利用专业数据调查公司或机构的调研数据阐释当下新闻资讯行业发展背景。这里将主要用到艾瑞咨询公司的调研数据。

艾瑞咨询是最早进行互联网研究的第三方机构，专注于网络媒体、网络游戏、无线增值、电子商务等新经济领域，深入分析消费者行为，并向传统及网络行业客户提供市场调查研究和战略咨询服务的专业市场调研机构。艾瑞咨询至今累计发布数千份互联网行业研究报告，成为中国互联网企业 IPO 首选的第三方研究机构。①

1. 新闻资讯行业发展背景

在技术的驱动之下，新闻资讯行业也不断完成自我的革新。新闻资讯行业主要经历了三个发展阶段：传统媒体时代、PC 端媒体时代以及当下的移动端媒体时代。

艾瑞咨询公司的调查显示，当下新闻资讯行业发展背景主要呈现出两大特点。

（1）移动互联网网民规模逐步和整体网民规模持平。预计到 2017 年底，中国整体网民规模将达到 7.7 亿，移动互联网用户规模将达到 7.5 亿。

（2）新闻资讯类 App 在移动端渗透率为 55.5%，资讯用户停留在资讯 App 上的时间较长，仅略低于游戏产品。

2. 新闻资讯行业发展现状

根据艾瑞网民行为监测系统 iUserTracker 以及移动网民行为监测系统 mUserTracker 的监测数据，中国移动端新闻资讯发展主要呈现出以下特点：

从移动新闻资讯用户角度而言：移动新闻资讯增量高、渗透率低；用户黏度持续增强，使用次数和时长增速放缓。

---

① 艾瑞咨询，360 百科，https：//baike.so.com/doc/7364132-26002011.html。

从移动新闻资讯渠道和平台而言：移动综合资讯平台可分为传统转型、门户转化和新兴平台三大类，分发渠道呈多样化趋势；资讯类 App 覆盖率逐月上升，第一梯队优势明显。

（三）基于 SCP 模式的分析

SCP（Structure-Conduct-Performance Model）是由美国哈佛大学产业经济学权威乔·贝恩（Joe S.Bain）、谢勒（Scherer）等人于 20 世纪 30 年代建立的一种行业分析方法。SCP 这一产业分析框架的基本内涵是：市场结构（Structure）决定企业的市场行为（Conduct），而企业市场行为（Conduct）又决定企业在市场运行过程中各个方面的经济绩效（Performance）。①

其中，市场结构主要包括市场集中度、产品差异化、进入壁垒和规模经济四项因素；企业行为主要包括企业的定价行为、竞争行为、广告投资等；市场绩效主要包括企业产量、费用、价格、利润、产品质量和品种以及技术进步等因素。

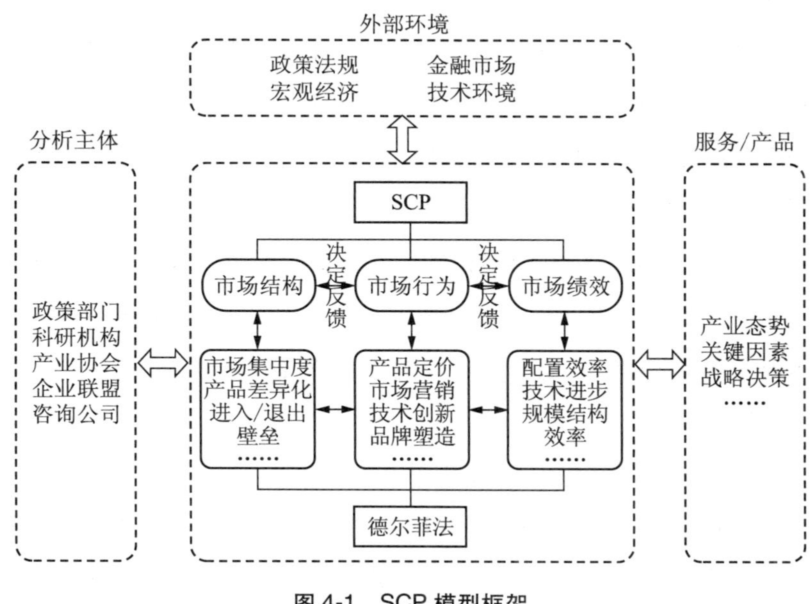

图 4-1　SCP 模型框架

① SCP，360 百科，https：//baike.so.com/doc/10037566-10515361.html。

1. 市场结构

市场结构主要从卖方角度研究，主要包括市场集中度、产品差异化、进入壁垒和规模经济四项因素。本章主要从产品差异化的角度分析腾讯新闻移动客户端，从原始资本与产品呈现两个方面论述腾讯新闻与其他移动新闻客户端的资源差异。

2. 原始资本

当下，新闻客户端的竞争已经不仅仅囿于内容的较量，而是囊括渠道和引流等能力在内的全方位竞争。开拓用户渗透渠道，抢夺网络流量，已经成为新闻客户端必不可少的竞争手段。腾讯公司以其横跨多平台的资本，在新闻客户端用户渗透过程中具有卓越优势。

腾讯是中国最大的互联网综合服务提供商之一。2017 年 6 月 6 日，全球最大的传播集团 WPP 在英国伦敦发布 2017 年 BrandZ 全球最具价值品牌百强榜：腾讯位列第八名，成为史上第一家跻身前十的中国公司。在此前发布的 2017 年 BrandZ 最具价值中国品牌百强榜单中，腾讯高居榜首，蝉联三年“最具价值中国品牌”荣誉称号。

依托于母体公司强大的资金、技术、人才等资本支持，加之承接腾讯庞大的用户基础，腾讯新闻从创建之初就抢占了移动新闻客户端的制高点。其原始资本主要包括内容生产资源、人才资本、用户资本、品牌资本等。而这正是其他移动资讯客户端所欠缺或无法匹敌的重要因素。

首先，腾讯网对地方门户布局较早，内容生产资源优势明显。2006 年腾讯网就与《重庆商报》开展合作，成立地方门户“腾讯 · 大渝网”，随后腾讯又在我国各地复制重庆模式，建立起庞大的地方资源库。这为腾讯新闻客户端的内容生产提供了有力支持。

其次，基于腾讯传统门户的媒体资源积累，腾讯新闻拥有一支庞大且成熟的媒体内容采编团队，这是腾讯新闻能源源不断提供迅捷、优质媒体内容的保障。

再次，腾讯新闻客户端与微信平台相关联，每日将重大新闻推送到手机微信内置插件中，这就大大提升了腾讯新闻的阅读量，并通过捆绑效应不断将微信产品用户转化为腾讯新闻用户。比如，用户在微信端看腾讯新闻时，热门评论必须打开腾讯新闻客户端才能浏览，这就给用户下载这一客户端提供了可能空间。手机 QQ 也是如此。值得一提的是，腾讯还推出了应用下载商店应用宝，成为腾讯新闻又一有力的用户渗透渠道。这些社交入口和渠道赋予了腾讯新闻强大的社交属性，同时也带来了庞大的流量资源。

最后，腾讯这一品牌标识也给腾讯新闻客户端进入市场奠定了价值基础。品牌是指消费者对产品及产品系列的认知程度，它的载体是用以和其他竞争者的产品或劳务相区分的名称、术语、象征、记号或者设计及其组合。腾讯已经成了人们所熟识的品牌符号，腾讯新闻在门户网站时期就秉持的“事实派”价值理念也广为传播，这都增强了用户对腾讯新闻的认可与倾向性。

3. 产品呈现

民政部于 2017 年 8 月 3 日发布的《2016 年社会服务发展统计公报》显示：截至 2016 年底，全年共接收社会捐赠款 827.0 亿元，比上年增长 26.4%，其中民政部门直接接收社会各界捐款 40.3 亿元，各类社会组织接收捐款 786.7 亿元。全年有 931.0 万人次在社会服务领域提供了 2 522.6 万小时的志愿服务。①大众参与慈善事业的积极性高涨。

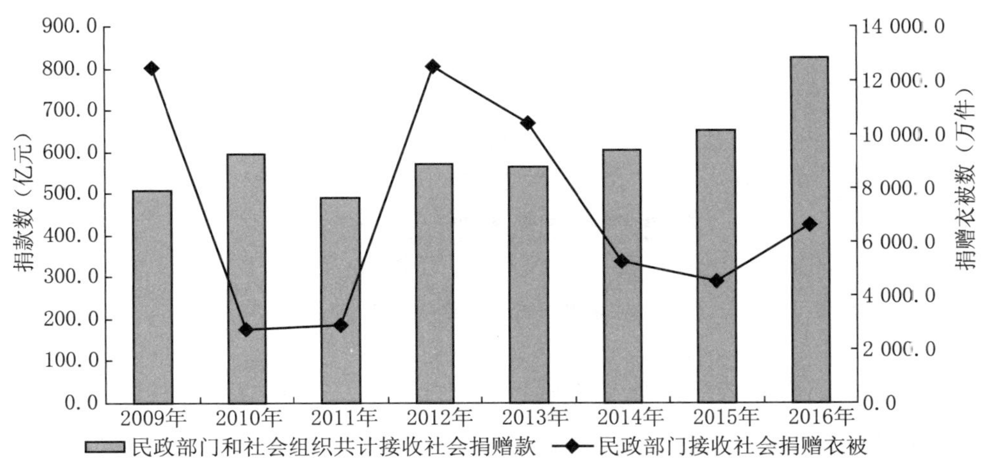

图 4-2　2009—2016 年民政部门和社会组织接收社会捐赠款及衣被情况

① 《2016 年社会服务发展统计公报》，中国政府网，http：//www.gov.cn/xinwen/2017-08/03/content_5215805.htm。

与公众滚烫的热情不相符合的是，“伪慈善”“骗捐事件”屡屡发生。如2016年快手平台上的“四川凉山伪慈善直播事件”、2016年11月微信平台上的“罗一笑事件”等等，不仅浇凉了捐献者的一片爱心，也压缩了真正需要帮助的人们接收社会慈善的空间。

公众的爱心被辜负，困难者还在等待救援，如何搭建起社会慈善的桥梁？腾讯新闻构建的“新闻+公益”模式直戳人心。

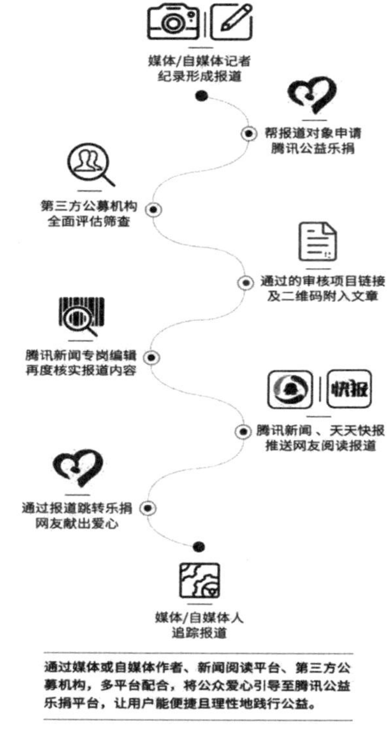

图4-3 腾讯新闻“新闻+公益”模式

在具体操作上，腾讯集合了企鹅号广大自媒体人，使之成为腾讯新闻的千眼和千手，辐射更多领域，深入更远地区，连接更多社会资源，触及更广公益角度和公益领域。这不仅是腾讯新闻的探索，也是其实力的体现：多平台覆盖和数以亿计的用户基础，使其在新闻传播和行动引导方面优势显著。

腾讯新闻的“新闻+慈善”模式，建立起慈善项目的严格审核机制。

① 报道内容多重审核：设立新闻专岗编辑对文章中有疑问的细节提出质疑并进行核实；每个上线频道设立相应的运营人员再度审核，确认无误后才会推送。

② 作者审核：企鹅媒体平台的作者必须经过腾讯新闻的资质审核，并设有严格的评级标准。一旦发布不实信息或被举报，腾讯新闻平台会立即对其进行扣分处置乃至封号。

③ 后续追踪：鼓励企鹅号作者在公益新闻发布后继续追踪，实时反馈，建立起与报道对象和公众的长期互动。

④“搜新闻辨公益真伪”小程序：使公众通过腾讯新闻大数据亲身参与到对判断捐助项目的真实性这一过程中来。

腾讯数据显示，腾讯新闻 2017 年上半年共审核了 344 篇共近 50 万字的求助内容，帮助了 344 个家庭和群体，累计阅读量超过 15 亿，筹款 3 062 万元，网友参与人次超过 120 万。其推出的《男子医院借口买食物消失　丢下 20 岁妻子和 9 个月大病儿》和《6 岁女孩给爸爸擦眼泪：我给 4 岁弟弟捐骨髓》尤为成功，真正契合了其口号“有事实，让你放心去善良；有高效，让救助少一些等待”。

从社会角度出发，这一模式在让爱心流向真正需要的地方、让公众放心去爱的同时，也唤起了更多公众心中的善念。从腾讯新闻自身角度出发，这一模式不仅体现了腾讯新闻平台传播思维的创新，更凸显了媒体的社会责任理念。而正是这一理念，引发了公众的共鸣。

4. 市场行为

企业行为主要包括企业的定价行为、竞争行为、广告投资等。本章主要从人才投资和技术投资方面论述腾讯新闻客户端的市场行为。

（1）人才投资

内容付费时代来临，企鹅号、头条号、UC 号、百家号等展开了一场自媒体人才争夺之战，纷纷启动各项计划网罗优质自媒体入驻，引入新鲜血脉以提高自身内容的可持续性与多元性。

2016 年 3 月 1 日，腾讯以“种之芒种，万物生长”为主题，正式启动了

“芒种计划”，其具体内容是：腾讯全年将拿出 2 亿元补贴，给 1 500—2 000 个媒体合作伙伴每月 1 万元的奖励，同时，内容本身吸引的广告，其分成 100%归内容生产者所有。2017 年 2 月 28 日，腾讯启动芒种计划 2.0，继去年 2 亿元补贴后，再次向自媒体内容创作者投入 12 亿元，其中包括现金补贴 10 亿元和首期内容投资资金 2 亿元。据腾讯网媒体拓展总经理介绍，今年 10 亿元现金将集中补贴到原创、短视频和直播类内容生产上，预期将有 4 000 个企鹅号月收入过万元，30 000 个企鹅号月收入过千元。①

除此之外，腾讯还推出了创业孵化、内容生产、账号运营、粉丝管理、学习分享平台等一系列自媒体扶持策略。

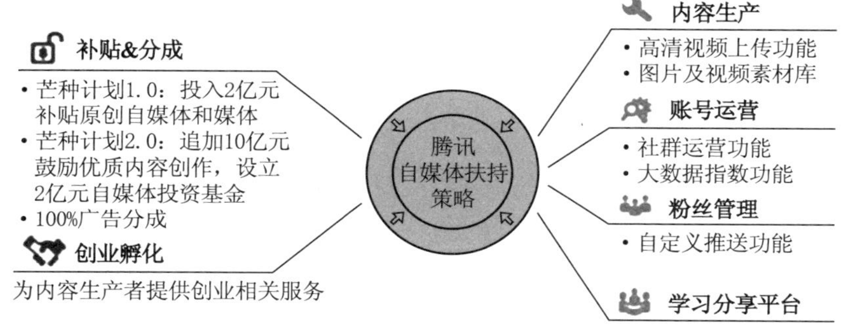

图 4-4　腾讯自媒体扶持策略梳理

（2）技术投资

在 AI 不断被各大互联网和科技巨头热捧之时，腾讯摒弃了“ALL IN”（全力投入）与“AI FIRST”（AI 优先）的思想，提出“MAKE IT EVERYWHERE”（让 AI 无处不在）的理念，致力于将 AI 应用到各类产品之中，精准定向技术，提升用户服务。腾讯在人工智能上的投资主要体现在两个方面：腾讯优图实验室与腾讯 AI Lab。

腾讯优图实验室是腾讯旗下顶级的机器学习研发团队，专注于机器学习、

① 全媒派：《腾讯“芒种计划”又撒出 2 亿，不做自媒体人都觉得在辜负这时代丨现场》，https：//mp.weixin.qq.com/s/utP32MTgLxY8OBhKchT_ cw。

模式识别、认知技术的研究。目前优图实验室在人脸识别、图像识别、声音识别三大领域拥有数十项业界领先的技术，均在国际比赛中创造了世界纪录。

腾讯 AI Lab 是腾讯 2016 年在深圳成立的人工智能实验室，由机器学习和大数据专家张潼博士领导，50 余位 AI 科学家与 200 多位应用工程师参与其中。AI Lab 主要专注于研究计算机视觉、语音识别、自然语言处理和机器学习四大领域，并结合腾讯独有场景和业务优势提出内容、游戏、社交和平台工具型 AI 四大应用探索。其 AI 技术被广泛应用于包括腾讯新闻客户端在内的上百款腾讯产品之中。①

5. 市场绩效

市场绩效主要包括企业产量、费用、价格、利润、产品质量和品种以及技术进步等因素。本章主要从腾讯公司财务报表以及腾讯新闻客户端市场份额两方面呈现腾讯新闻的市场绩效。

（1）财务报表

2017 年 8 月 16 日腾讯公布的 2017 年第二季度及中期业绩分析提出：媒体广告收入增长 48%至人民币 40.77 亿元，主要来源于腾讯视频服务以及腾讯新闻的信息流广告的流量增长推动，两者是第二季度收入同比增长的主要驱动。②

（2）市场占有

2016 年 10 月到 12 月，腾讯新闻客户端在全网客户端中排名分别为：10 月第 19 名，11 月第 19 名，12 月第 15 名。三个月中，腾讯新闻客户端在客户端一级领域（资讯领域）内排名以及二级领域（综合资讯领域）排名均为第一名。③

2017 年 8 月，Analysys 易观基于自身平台大数据收集与整理，发布中国资讯类 App 用户月活跃度榜单。前 30 名的名单中，腾讯新闻仍以月活跃度 23 058.86 万用户位居榜首。

---

① 腾讯—业务体系，https：//www.tencent.com/zh-cn/system.html。

② 腾讯—公司信息，https：//www.tencent.com/zh-cn/company.html。

③ 易观千帆：腾讯新闻应用详情，http：//qianfan.analysys.cn/view/app/detail.html?appIds = 2028057&categoryIds = 1101095。

（四）问题与建议

基于 SCP 模式的分析，我们可以看到腾讯新闻客户端在市场结构、市场行为、市场绩效中突出的发展优势和实力。但是，任何一款产品都不是无懈可击的，正是在不断地探索和试错中，腾讯新闻才有了今日的成就。笔者拟从“新闻资讯类用户偏好和使用行为分析”“新闻资讯类客户端对比分析”“腾讯客户端自身分析”三个维度，由面及点，尝试拓宽腾讯新闻客户端的发展空间，使其在崛起中更加辉煌。

1. 新闻资讯类用户偏好和使用行为分析

根据艾瑞咨询 2017 年 8 月发布的报告，新闻资讯类用户偏好和使用行为主要有以下特点。

（1）内容更新速度

约占 52.7%的新闻资讯用户认为资讯类客户端最重要的特征是内容更新快速；其次是对内容专业、权威和深度性的要求，约占 38.9%；约占 37.9%的用户希望内容能够符合自身兴趣；约占 34.3%的用户则希望内容覆盖面广泛。

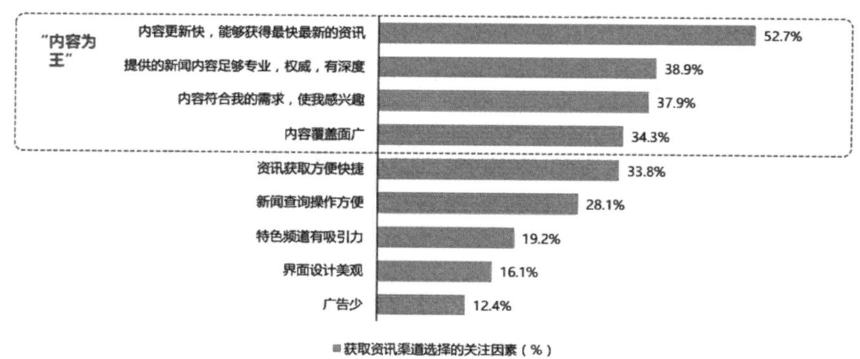

图 4-5　2017 年中国资讯用户选择资讯渠道时的关注因素

（2）新闻头条和新闻时事评论

新闻资讯用户最关心的资讯形式是新闻头条和新闻时事评论，分别占比

76.8%和59.2%，而对新闻连载专题和长文关注度较低。

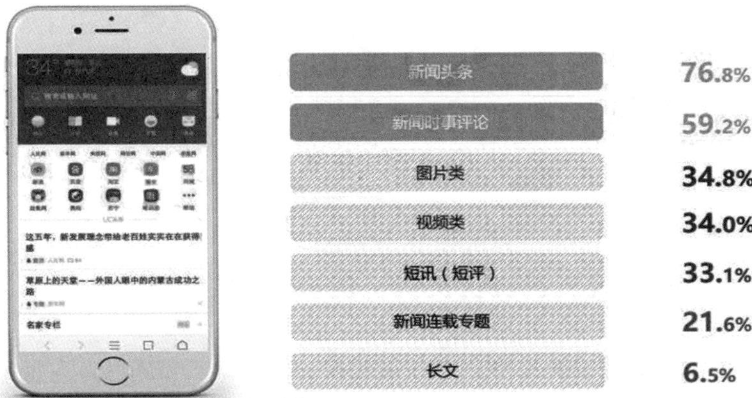

图4-6　2017年中国资讯用户偏好的新闻资讯形式

（3）时事新闻与财经资讯

新闻资讯用户最关注的新闻版块为时事新闻，约占78.1%；其次为财经资讯，约占46.3%；体育和旅游等则属于小众版块，用户关注度偏低。

图4-7　2017年中国资讯用户最关注的新闻内容

（4）用户使用时间

用户使用新闻资讯App的时间总体而言比较分散，相对而言集中在三个时间段：早上 9 点以前、上午 11 点到下午 1 点、晚上 7 点到 9 点。

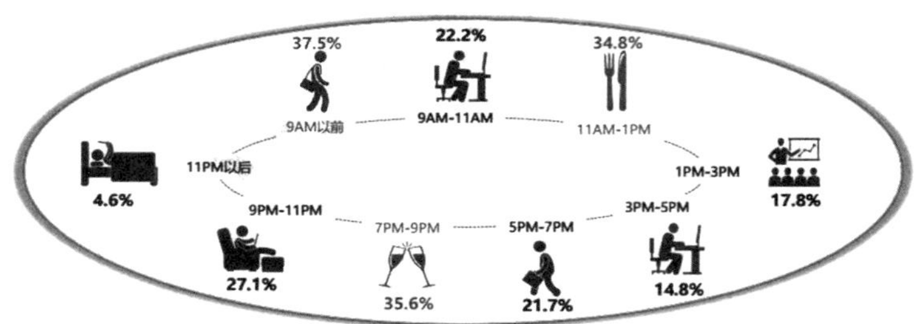

图 4-8　2017 年中国资讯类用户使用新闻资讯 App 的时间分布

综上而言，笔者主要提出以下几点建议：

在用户资讯渠道选择上，用户认为内容的重要性大于形式，排在前四位的全部围绕内容本身展开。这就要求腾讯新闻客户端在资源分配和管理上投入更大部分到内容生产上，在保证真实性的基础上不断提高内容更新的速度。

在新闻资讯形式上，加重新闻头条和时事新闻评论的占比并将其放入界面显要位置。同时，由于新闻资讯客户端用户的阅读方式多为碎片化阅读，时事评论应尽可能短小精悍。

在内容类别上，以时事新闻为主，加强对财经资讯版块的建设。用户对于投资理财的意识很强，腾讯新闻客户端在投资理财方面资讯和解读的投入比例也应增加，如增加采访知名专家学者或为其开辟专栏等方面的投入，同时也可以通过引导用户分享互动，达到基于社会知识盈余的信息共建共享。

在发布时机上，则可以将重要新闻或个性化信息在用户使用较为集中的三个时间段推送。

2. 新闻资讯客户端对比分析

由于无法查阅到最新资料，笔者拟截取 2016 年 12 月份 Analysys 易观数据网站的数据资料对腾讯新闻、今日头条、网易新闻和凤凰新闻客户端进行比较。根据 2017 年 8 月 Analysys 易观发布的中国资讯类 App 用户月活跃度榜单，这四

类客户端分别排名第一名、第二名、第四名、第五名。（由于天天快报新闻客户端与腾讯新闻客户端同属腾讯系，故这里略去）

这里的客户端比较主要从 App 规模分析、基础运营分析、用户黏性分析和用户竞争分析四个方面展开。其中 App 规模分析包括规模排名分析、日均规模分析和渗透率分析，基础运营分析包括用户行为分析和人均行为分析。

APP 排名	腾讯新闻	今日头条	网易新闻	凤凰新闻
全网排名	15	22	36	37
一级领域排名	1	2	4	5
二级领域排名	1	2	4	5

图 4-9　规模排名分析

日均活跃人数（月度）		
腾讯新闻	7,199.05	14.71%
今日头条	5,615.66	9.84%
凤凰新闻	1,686.88	-3.93%
网易新闻	1,488.63	-20.52%

单位：(万)

日均启动次数（月度）		
今日头条	48,903.10	10.39%
腾讯新闻	33,037.50	13.28%
网易新闻	8,481.24	-23.40%
凤凰新闻	6,702.46	-4.06%

单位：(万次)

日均使用时长（月度）		
今日头条	13,690.60	7.71%
腾讯新闻	6,122.13	15.68%
凤凰新闻	2,806.22	-7.20%
网易新闻	2,167.42	-22.54%

单位：(万小[illegible]

注：日均活跃人数：在所选时间段内，App 平均每天的活跃用户数；其间用户主观打开过至少一次 App，即算活跃用户。数据维度：周/月/季。计算公式：sum（周期第一天至最后一天的活跃人数）/周期内天数。

图 4-10　日均规模分析

活跃用户	
腾讯新闻	15,036.10
今日头条	12,128.30
网易新闻	5,398.28
凤凰新闻	5,279.04

单位：(万)

相对活跃用户渗透率	
腾讯新闻	38.46%
今日头条	31.02%
网易新闻	13.81%
凤凰新闻	13.50%

单位：(%)

绝对活跃用户渗透率	
腾讯新闻	16.68%
今日头条	13.46%
网易新闻	5.99%
凤凰新闻	5.86%

单位：([illegible]

注：绝对活跃用户渗透率：在所选时间段内，App 的活跃用户占全网网民的比例。数据维度：月/季。计算公式：App 的活跃人数/全网网民的活跃人数。

注：相对活跃渗透率：在所选时间段内，App 的活跃用户占该 App 所属领域活跃用户的比例。数据维度：月/季。计算公式：App 的活跃人数/App 所属领域的活跃人数。

图 4-11　渗透率分析

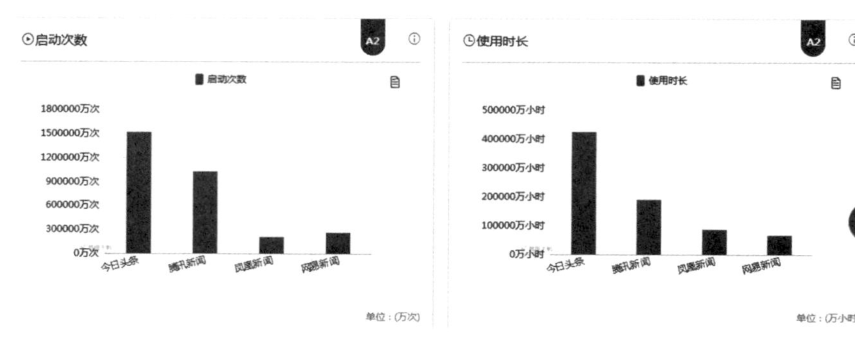

图 4-12　用户行为分析

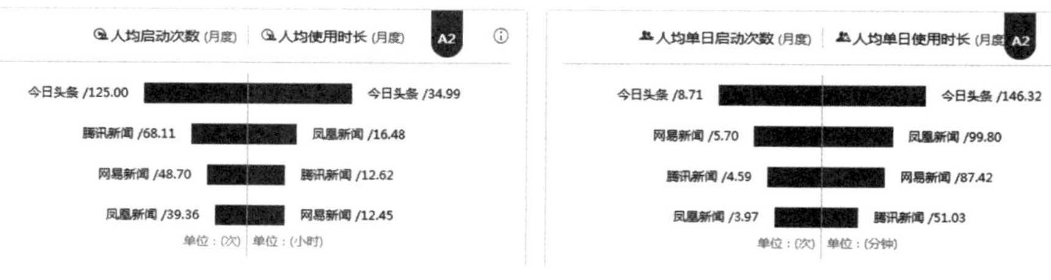

图 4-13　人均行为分析

图 4-14　用户黏性分析

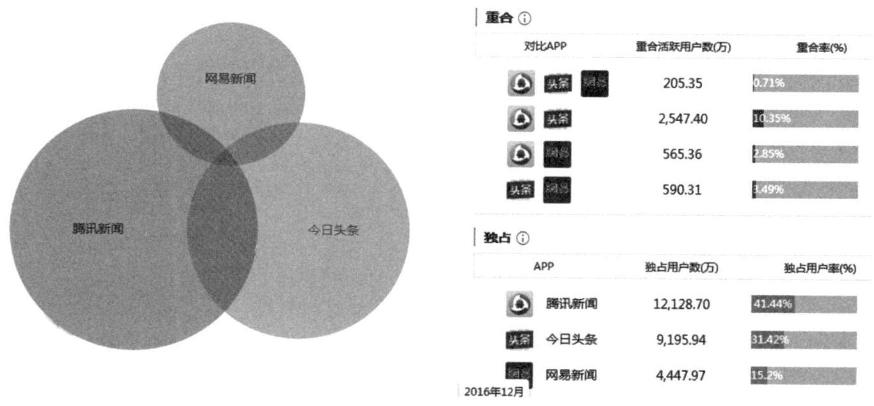

图 4-15　用户竞争分析

综上而言，在 App 规模、基础运营和用户黏度三个方面，腾讯新闻客户端的劣势主要体现在用户黏度方面。腾讯新闻在用户黏度的“人均单日启动次数”“人均单日使用时长”“用户活跃度”三个维度中均排名靠后，与其市场份额不相匹配。这也在一定程度上反映出腾讯新闻内容在深度和吸引力上发力不够，亟待调整。

从这个角度出发，腾讯新闻可以突出直播和视频栏目，这类新闻具备了文字新闻和图片新闻无法匹敌的感染力和沉浸力，在吸引用户停留上效果显著。加之在 Wi-Fi 覆盖范围越来越大的今天，流量已经不足以成为用户观看视频的制约因素，重点打造视频和直播栏目也具备很强的可行性。

此外，拓宽客户端使用场景，对提升用户点击次数、使用时长和活跃度也有所助益。腾讯在即时通信、游戏、广告、电子商务、音乐、云安全、移动支付行业具备完善的商业布局，而目前的客户端内仅仅打通了腾讯游戏和即时通信的入口，其流量价值的发挥余地非常大。如澎湃新闻的问吧栏目、网易新闻的话题菜单、人民日报的政务频道等，都是丰富客户端在生活服务、电子商务、移动支付等领域的使用场景，达到用户黏性的增加。

3. 腾讯新闻客户端自身分析

根据艾瑞咨询 2016 年 12 月发布的报告，腾讯新闻客户端用户主要呈现以下特点：

（1）用户属性分布

在性别分布上，男性明显多于女性；在年龄分布上，31—35 岁和 41 岁以上用户占多数；在消费能力上，中低消费者占据高位，高消费者比例偏低；在地域分布上，一线城市占比最高。

（2）活跃用户渠道分布和设备分布

腾讯新闻客户端活跃用户占比最高的渠道为腾讯系 App 应用宝，为 27.65%；在设备品牌分布上，苹果占比最高，约为 32.19%；在运营商分布上，移动超过半数，约为 59.05%。

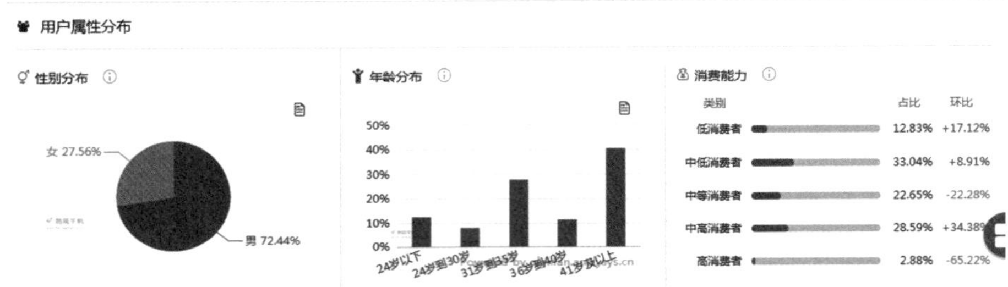

图 4-16　用户属性分布

图 4-17　用户地域分布

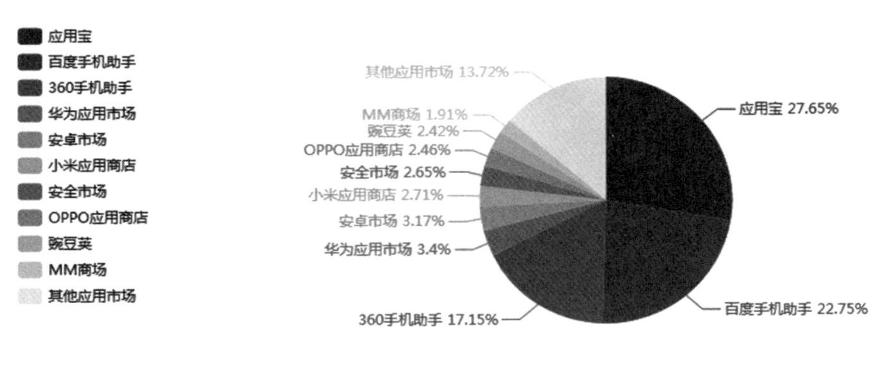

图 4-18　用户渠道分析

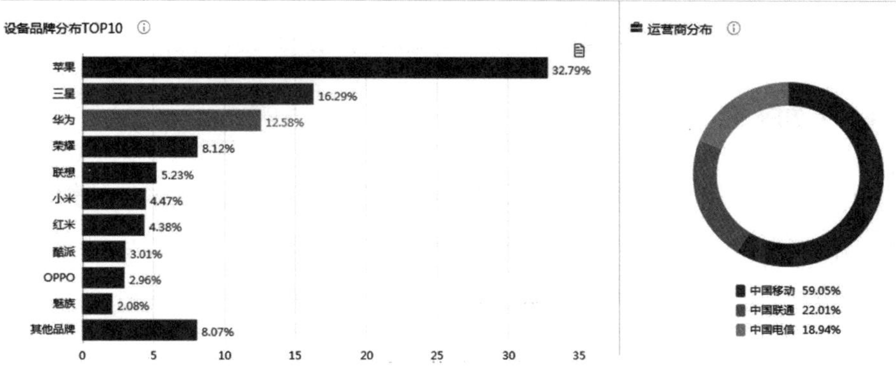

图 4-19　用户设备及运营商分布

综上所述，笔者认为，腾讯新闻客户端可以借鉴微博在渠道上的拓宽策略，下沉二、三、四线城市，增加各品牌设备使用量。具体而言，即在 IOS 和 Android 系统方面，同智能手机厂商达成良好的合作，通过在手机出厂设置中预装腾讯手机客户端实现对用户的渗透。小米、OPPO、魅族等品牌在二、三、四线城市的畅销，可以让腾讯新闻客户端用户迅速下沉，拓宽地域空间。

案例 2：知乎的运营模式及其发展中存在的问题

（一）知乎简介

知乎，作为社会化问答平台，是将网络问答与社交网站相结合的知识问答社区。用户通过平台，相互分享彼此的知识、经验和见解。准确地讲，知乎更像一个论坛：用户围绕着某一感兴趣的话题进行相关的讨论，同时可以关注兴趣一致的人。

对于概念的解释，网络百科等问答平台可以提供很详细的回答，即解决“是什么”的问题；但是对于发散思维的整合，却是知乎的一大特色。不同于通过搜索引擎搜索关键词获取的信息，网络问答提供了一种用户可以用自然语言提问，其他回答者阅读完问题后提供更加个性化、量身定做的回答方式，更好地解决了“为什么”“怎么办”的问题。充分发挥用户生成内容（UGC）这一发展趋势，让用户充分发挥自身的主动性，而平台则退居于服务的位置。

随着人们通过网络获取知识、寻求信息的活动发生了显著的变化，不再是最初单纯地去追求某一问题的精确度，而是对更加专业话题的探讨、更多发散性思维的回答等方面产生了更为迫切的需求。知乎便应运而生。知乎自创立以来，其目标便是知识分享，其首页即以“与世界分享你的知识、经验和见解”为口号。不同于百度知道、雅虎问答这类传统的问答网站，知乎对于用户来说是一个社区的网络，联系彼此的是知识，在社区网络里通过关注和解答来帮助用户寻找知识和解决问题，用户通过提问或回答抑或参与话题的讨论，共同生产出优质内容。知乎在创立之初便致力于追求高质量知识问答平台的定位，其早期采用邀请制的实名注册方式，在保证用户质量的同时，吸引了一大批各个行业的精英，从而也提升了答案的质量和回答的可信度，为其实现打造高质量的平台目标打下了坚实的基础。

（二）知乎运营模式

1. 知乎高质量平台定位赖以维系的运营机制

相比于百度知道等问答平台利用悬赏、积分等激励机制来完成问答这一过程，知乎则更加强调用户的能动性，让用户自发地维持平台的高质量。

知乎网引入了维基百科的社区精神，采用“公共编辑”机制，每个用户都可以对提问进行完善。最大限度调动用户的力量剔除劣质问题，以便优质问题的提出。知乎先前的版本支持多人协同编辑，从而形成从不同回答中沉淀出来的知识总结，使得最终呈现出来的答案更加完整、理性和优质。

如何获取优质答案？知乎采用了当前市场上最为受欢迎的点赞模式，但不同于点赞模式的是其独特的“没有帮助”按钮，就是分为“赞成”“反对”和“没有帮助”。其中“赞成”也就意味着“点赞”，通过目前最为流行的算法，点赞高的一批答案会优先被推送，相对来说反对票多的话，也就意味在系统内部此类答案会被认定为垃圾答案，从而在回答排序和推送上都处于后面的地位。具有创造性的便是“没有帮助”，也就是通过巨大的社群网络帮你来筛选有用的信息，没有帮助的答案自动被折叠。

知乎联合创始人黄继新说：“百度知道表面在回答，其实还是搜索；知乎上的一问一答，其实是社交。”也就是说，知乎在本质上是一个知识社区，但是不局限于原有的社区网站，知乎建立在一定的“权威”“质量”的圈子下形成的关系，用户不仅可以在你的提问下通过邮件或者邀请别人的方式来求助，“知乎”还为此推荐一大批质量优秀的相关领域的用户来为你提供答案。“认真你就赢了”的运营机制在知乎是极为提倡的，乐于让高质量的用户发挥他们的作用，让他们分享知识、见解和观点，从而将社区人群高效地连接起来，同时也利用这种人际交流的传播方式，进一步激励用户自觉维系平台的高质量性，从而形成一个理性、认真、积极的社区氛围。

2. 知乎高质量平台定位赖以维系的用户心理逻辑

（1）社会认同心理

知乎模式赖以维系的首先是用户的社会认同心理，即从众心理。当我们看到一个地方很干净整洁，便会很自觉地去保持卫生；相反，面对脏乱差的环境，人们对于维持卫生的动机与欲望就会大大降低。而对于知乎这种社交问答平台而言，社会认同心理同样适用。知乎在最初的发展中，其高质量的平台定位很明晰，同时早期知乎用户的高质量性也为其后续的发展奠定了良好的基础，为知乎营造了一种积极的、理智的、高质量的问答氛围。知乎用户谌斌一句“谈笑有鸿儒，往来无白丁，无微博之乱耳，无 SNS 之劳形”形象地描绘了知乎的社区氛围。在这样的氛围下，后来的用户会愿意自发地去维系这种环境，存有敬畏，用理智的态度回答问题，使得低质量无用的回答变成了平台的异端，进而保证了平台问题答案的质量。

（2）用户满足心理

虽然知乎没有积分、悬赏、等级提升等激励机制，但仍旧有数量可观的用户愿意积极地回答问题，保持活跃。这种高参与度主要来源于用户的需求心理的满足。这种需求心理的满足主要表现在两个角度：一方面，满足了用户的分享欲望；另一方面，满足了用户个人建立威望的人性需求。

一方面，知乎抓住了人性中乐于分享的特点。人是渴望分享的生物。人们通过分享获得知识，从帮助他人中感受快乐和满足。通过对知乎社区的观察可以发现，正是乐于分享的意见领袖构建了知乎社区的舆论生态。相比于外界的激励刺激，这种源于用户自身的利他心理和内在分享需求得以满足的成就感可更好地帮助知乎维系着高质量用户的黏性和活跃度。

另一方面，平台中高质量问题的存在刺激着用户的分享知识的欲望，同时，这种分享还是有回馈的，高质量的回答分享还能帮助建立威望。知乎的“关注+邀请”与其投票机制都在鼓励用户以积极、认真、负责的态度进行问题的回答。关注和点赞推动用户在回答问题时更加关注自己的回答方式、答案质量，不同的表达方式会收到完全不同的读者反馈，决定答题者是否能在社区内塑造一个有丰富阅历和知识储备以及优美文笔的网络形象。正如 Keso 在知乎社区被其粉丝评价为“重剑无锋，大巧不工，不花哨，不抖机灵，扎实，沉稳，有力度，有深度”。其文章被评价为“语言简洁，观点犀利，一针见血”。也就是说，回答的质量越高，收获的赞同数量、粉丝数量等指标就会越高，也就更能体现个人知识的渊博。收获点赞和粉丝数量的多少也就影响着你在这个社区的地位，尤其是这种基础是建立在“知识”层面上，也就是高点赞数、高粉丝数量用户可能会成为该社区的意见领袖。这恰好满足了马斯洛的需求金字塔中最高层次的需求——尊重（社会承认）和自我实现的需求。在这样一个知识社区中，这种激励和推进比任何方式都更起作用。

（三）知乎发展中产生的问题

知乎以其自身的高质量性的定位特色在新媒体时代取得了巨大的发展。前期严格控制用户质量给知乎带来了良好的声誉，也就吸引着知乎朝更多的人开放，而这一开放也随着用户数量的不断增多（即 40 万用户不到一年扩展到 400 万用户）控制质量也变得更加困难。随着不断开放和用户规模的迅速增长，虽然知乎的社会影响力大大提升了，但同时，庞大的用户数量也给知乎带来了一系列的问题。

1. 内容质量

知乎的规模化发展势必会对其高质量定位产生冲击。首先，知乎模式赖以存在的用户心理逻辑之一在于用户的社会认同心理，人们在高质量的问答环境中，会更加谨慎地提出问题，尽量避免重复和无用问题的提出；也会更加理性、高质量地回答问题，从而自发维护平台的积极氛围。但社会认同不是万能的，也要面临“破窗效应”的危机，即一旦有人进行灌水，就会引发一连串的连锁反应。虽然知乎已经采取了一系列措施，例如，采用严格的邀请制度、对提问类型进行限制、允许用户举报重复低质量的问题、隐藏“没有帮助”的答案等来减缓“破窗效应”的威胁，但随着用户的井喷式增长，这种威胁势必越来越值得被关注，平台内容的高质量性也面临着越来越大的挑战。

其次，这种规模化的发展也带来了“公地悲剧”的问题。开放社区加匿名化的使用使得知乎也存在“公地悲剧”的问题。也就是说，在知乎上跟在现实生活中是一样的，即使大家都是知道社会公约的，也会存在一些人因为某些原因或者私利进行一些恶意的行为。那这种行为具体化到知乎的话，就是大家虽然都了解知乎公约以及其运营的模式，但就是会有部分人出于某些原因或私利违反规则，也就是表现为恶意地回答一些质量非常低甚至没有什么意义的答案，但由于开放性、匿名性以及不追责性，导致做出该类行为的人并不会因为回答而受到什么惩罚，也就是说这种恶意行为是毫无风险的。而“公地悲剧”最难解决的问题便是如果有一个人破坏了，那么也就会有人用同样的破坏方式来回击，同时这样的事件随着用户群体的扩大也会变得更为泛滥，这样一来，答案质量也受到了一定的冲击。

知乎用户数量的迅速扩张，势必很难再像最初一样能对用户质量进行保证，而用户素质的参差不齐也就意味着平台内容的高质量性亦难保证。知乎受众的广泛化意味着它也不可避免地走向平民化，变得不再“高高在上”。而若要继续维系平台的规则以及自身对于内容的高质量地位，就需要平台对自身的管理提出更高的要求，也即需要进行更多琐碎与繁杂信息的分辨。一方面，用户数量和质量的变化则对这项工作提出了双倍的要求和挑战；另一方面，庞大且未经分辨的用户和信息的迅速涌入，打破了平台原有的生态平衡，甚至流失了一部分最初的核心用户，而这些核心用户却恰恰是知乎能够维持其自身特色的最重要的用户基础。在知乎社区，10%左右的活跃用户贡献了平台绝大部分的内容，而其余90%的用户则主要为信息的浏览者，而非生产者，承担信息的辨识功能，对活跃用户的回答进行反馈，进而激励其继续贡献内容，分享知识。而一旦这些最初的核心用户的黏性降低，那么知乎便很容易沦为普通的问答平台。

2. 技术

用户规模的迅速扩大，在技术上主要提出了两方面的挑战。首先，来自对其后台技术服务器的挑战。知乎的后台技术未能很好地适应其用户规模的变化，仍存在着缺陷。服务器是每一个迎接广大用户应用最先受到挑战的地方，2016年9月7日，知乎由于用户量的极速提升，首次出现了问题，移动端无法登录且可能存在账号串号的情况，随后知乎发布公告说明原因，即由第三方防火墙出现故障所导致，并立即进行处理。同时更新的要求也导致其出现了一定的问题，即要求对数据展示错乱进行重新筛选和排查，导致该时段的用户需要重新登录，同时，有大量用户反映登录知乎的界面有时会出现大面积白屏的情况，只能看到搜索框和按钮。如果需要点击其他地方，刷新一下才能恢复。而这些问题在一定程度上都会影响用户的体验感受。

还有来自纷繁复杂的信息的挑战。随着用户以及内容生产的质量的难以保证和数量的大量涌入，若想继续保持高质量性的平台特色和地位，就势必需要更加精准的算法程序和更加完善的信息辨识系统来进行过滤和筛选。在这个时候，如果还是仅仅依赖用户群体自身的维系作用已经远远不够了。虽然在当今以用户为核心的信息分享和传播模式下，应充分发挥用户的能动性，但这并不意味着平台就可以“不作为”，相反，在用户失去最初的“理性”的时候，平台则应反客为主，做好信息的分辨和引导工作，维系平台的生态平衡。归根结底，技术的补充亦是对平台内容质量的维系。

3. 激励制度

知乎模式赖以存在的一大用户心理逻辑就在于其满足了用户的社会承认和自我实现的需求。用户在回答问题时基本上都是凭借人类喜欢帮助别人，顺便炫耀自己知识储备丰富的天性，但是我们不可能要求大家天天都有这个心情。在知乎上经常出现的一种现象便是，当具有一定声誉或粉丝的用户发声时，几乎都是一呼百应，然而，很多普通用户不仅没有人关注，其提出的问题有时即使很精彩也无人解答，回答得很优质也无人问津。久而久之，有影响力的用户倍受瞩目，而普通用户则渐生去意。这种现象正是“马太效应”的应验。

马太效应，也就是我们常说的强者越强，弱者越弱的原理，应用在知乎上就是说某些收到高同意的回答会逐渐累积人气和声望，引得更多的人关注，也就是形成名望的累积，从而形成了一定的“社会地位”，以后的社区效应就变成了你的答案并不决定你的同意数量，而是你这个人决定了你的同意数量，形成了一定的“垄断效应”。随着时间的推移，社区的其他地位的人群便不再想要回答问题，从而导致这两个趋势发展成两个极端，导致了用户的活跃度大大降低。

建立新的更加完善的激励制度，在维持住核心用户以保有平台的内容质量基础上，提高普通用户的使用感受，使其在平台中找寻到自身参与的价值和存在感以及知识社交的乐趣，从而增加用户参与的活跃度。这些都是知乎目前迫切需要改进的地方，不能仅仅是提供一个社交平台，而其他全凭用户之间关系网的自发建立与约束了。

4. 政策管理

随着用户群体的扩大以及信息越发纷繁复杂，加之平台的信息分辨技术并未与之相对应地取得发展，平台内容的规范化也在面临着管理的压力。2018 年 3 月 2 日，“知乎”平台因管理不严，传播违法违规信息，根据相关法律法规，各应用商店下架“知乎”App 七天；2018 年 8 月，公安部公布了 9 起打击整治网络乱象典型案例，其中包括：北京查处“知乎”网络问答社区传播违法信息案；2018 年 5 月，北京市公安局有关部门调查发现，“知乎”网络问答社区中以提出问题或自问自答等方式传播违法信息问题突出，涉及求购枪支、非法代开发票、网络招嫖、贩卖公民个人信息、制贩假证、兜售考试作弊工具等七类违法信息。公安机关依法对该网站予以行政处罚，责令其限期改正，全面清理违法信息。而这些，都对这个尚不完全成熟的问答平台产生着冲击。

（四）总结及建议

虽然知乎的发展中面临着多方面的问题，但归根结底，内容质量仍是所有问题的核心。所有问题的落脚点都在平台内容高质量的维系上。可谓“成也内容，败也内容”。只有真正解决好内容这一核心关键，知乎才有未来发展的出路。

在这个强调互联网的时代，虽然其背后隐藏的是潜在的平均主义，但是由于目前社会知识的分层，也导致了知乎上一部分话语权的垄断。也就是知乎的算法导致信息发布和实际结果的吸引力不平衡，从而导致知乎上的主导者变成了获利者，其比起普通用户更能获得大众的名声、信任、人际关系等，而其他的用户则依靠于此类主导者来进行交流。

从这个方向出发，知乎更应该关注核心成员与普通成员的协作关系，如何发挥核心成员的示范作用从而带动普通成员的积极性和活跃度，这是形成知乎良好的激励和管理模式的关键。同时，需要防止核心成员利用其积攒的人气和粉丝把社区变成自己的自媒体传播平台，这种模式长此以往会导致社区的互动性降低，不利于知乎构建的社区定位的发展。

而且，知乎还需在技术上不断改进与更新，使其更好地适应用户规模快速增长的现实，维系用户体验；同时，还应加强管理，关注政策要求与变动，对平台的内容进行管理与评估，保持内容的合法合规性，规范自身运营，从而真正找到适合自身发展、保有特色、持续运营的出路。

案例3：哔哩哔哩经营策略分析

（一）哔哩哔哩简介

哔哩哔哩（简称B站）是以二次元文化和弹幕为特色的视频网站，同时也是一个基于弹幕视频分享的互联网社区。其视频内容主要由用户原创内容和由B站购买版权的动漫番剧及其他影视作品组成，具体分为动画、音乐、生活、娱乐、科技、时尚、舞蹈、游戏等版块。目前B站主要依靠手游、直播及增值服务、广告获得收入。

（二）哔哩哔哩发展历程

B站创立于2009年6月，并将目标用户定位在对二次元文化感兴趣的年轻人。根据其招股说明书，约82%的B站用户是90后和00后，这部分人群被称为“Z时代”。这一代人几乎是中国最早接触日本动漫的一代人，也是受二次元文化影响最深的一代人。他们大多是独生子女，出生在大城市，受过良好的教育，对新奇的事物有着较高的接受度，但在B站之前，AcFun（A站）是最早瞄准国内这一完全空白的市场的视频网站，可惜由于管理上的不成熟、技术问题以及政策上的限制，A站最终没能发展壮大，因此这块市场随即被B站占有。

目前，B站成了国内最大的二次元文化交流社区，并在2018年3月成功上市。作为一个小众文化交流社区，B站不仅突破了赢利的困境存活下来，还在如今竞争激烈的新媒体市场中走出了一条独特的道路。

（三）哔哩哔哩主要业务

1. 收入主要依赖手游

从业务拆分来看，哔哩哔哩最大的收入来源是手游，占比近七成；其次是直播和增值业务；而作为一般视频网站主要收入来源的广告仅占哔哩哔哩总收入的一成左右。

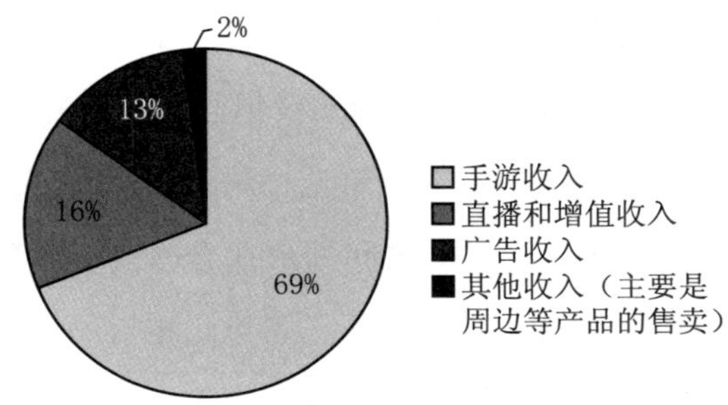

图 4-20　哔哩哔哩 2018 年 3 季度收入构成

2. 内容以 PUGV 为主

哔哩哔哩的视频内容以 PUGV（专业用户创作视频）为主，还包括购买版权的动漫番剧和其他影视作品等。根据哔哩哔哩的招股说明书，PUGV 目前已占哔哩哔哩整体视频播放量的 85.5%，成为哔哩哔哩吸引流量的主力。这些上传视频作品的 UP 主们拥有大量忠实且活跃的粉丝。截至 2018 年 11 月 4 日，哔哩哔哩上粉丝最多的 UP 主是敖厂长（游戏解说），粉丝数达到 428.98 万，视频的总播放量达到 5 亿次，紧随其后的是 papi 酱（生活吐槽）和 LexBurner（动漫杂谈和吐槽）。内容几乎都是 10 分钟以内的短视频。

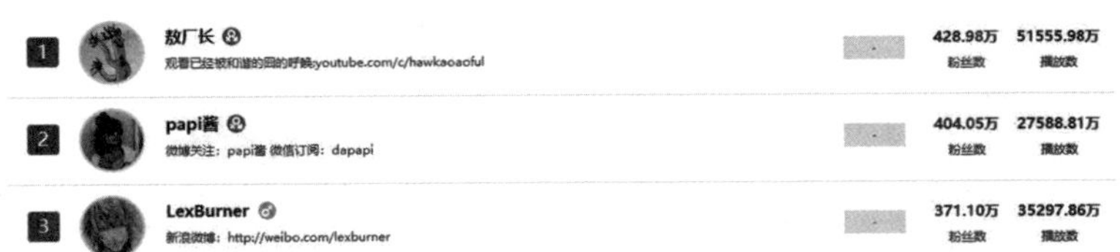

图 4-21　哔哩哔哩 UP 榜

（四）哔哩哔哩市场策略

哔哩哔哩由于其定位和市场细分的特殊性，和其他视频网站相比有很大不同，特别是在商业化和社区经营上都面临着特殊的困境，也需要特殊的策略来实现发展。

哔哩哔哩有着独特的市场细分。众所周知，哔哩哔哩是国内二次元文化爱好者的圣地。哔哩哔哩也为“御宅族”们量身打造了整个二次元生态圈，涉及动画、漫画、游戏、鬼畜等等。根据艾媒北极星监测发布的2018年3月综合视频TOP15指数榜单显示，哔哩哔哩和爱奇艺、腾讯、优酷等主流视频网站用户重合率较低，而爱奇艺、腾讯、优酷之间用户重合率高，竞争也更加激烈，可见独特的市场细分为其避免了一定的竞争。但与此相对的，独特的市场细分也会牺牲用户规模。榜单显示哔哩哔哩的独立用户率非常低，仅为3.44%，位于这几个视频网站之末，这说明每100台安装了视频类App的独立设备中仅有3.44台设备安装了哔哩哔哩，说明B站的目标受众非常窄。不过B站在这一细分市场内保持着引领者的地位和稳固的高市场份额，甚至被称为“二次元霸主”。

表4-1　哔哩哔哩、爱奇艺、腾讯视频、B站用户重合率及独立用户率

重合	
对比App	重合率（%）
爱奇艺、腾讯视频、B站	3.51
爱奇艺、腾讯视频	40.99
爱奇艺、B站	7.5
腾讯视频、B站	6.64

独立	
App	独立用户率（%）
爱奇艺	8.07
腾讯视频	54.43
B站	3.44

表4-2　爱奇艺、腾讯视频、优酷用户重合率及独立用户率

重合	
对比App	重合率（%）
爱奇艺、腾讯视频、优酷	21.57
爱奇艺、腾讯视频	40.99
爱奇艺、优酷	40.57
腾讯视频、优酷	34.97

（续　表）

独　立	
App	独立用户率（%）
爱奇艺	6.56
腾讯视频	38.47
优酷	5.23

资料来自艾媒北极星监测（数据截至 2018 年 3 月）

1. 市场开拓策略

哔哩哔哩早期的市场开拓策略可以概括为“第二个吃螃蟹的人”。

哔哩哔哩在 2009 年成立之时便瞄准了当时还相对空白的中国二次元市场，将当时数量不多但潜力巨大的二次元爱好者们作为目标受众。

但实际上 B 站并非市场的最先进入者，在它之前最早在这片市场开拓疆土的是成立于 2007 年的弹幕视频网 AcFun（也称 A 站）。

公认最早的弹幕视频网站是创立于 2006 年的日本的 niconico，最开始它的内容源于 YouTube 上的视频，并没有自己原创的内容或是用户自己上传的内容，但它是最早具有弹幕功能的视频网站，并且取得了巨大的成功，早在 2011 年 niconico 就已经有了 2 500 万用户，并且成了当时少数赢利的视频网站。

它的成功自然也吸引了国内御宅族的注意，在 niconico 成立的第二年，国内的第一家弹幕视频网站 A 站诞生了。它的内容和如今 B 站的内容非常相近，继承了 niconico 的御宅族文化，也支持用户投稿，一度成为国内最大二次元文化爱好者聚集地。

作为一个市场的开创者，A 站拥有不小的优势。首先是能够迅速获取规模经济效应，提高市场的进入壁垒；其次是率先吸引了大量用户，潜移默化地影响着他们的使用习惯，增加用户的转换成本；最后，一家独大的形式能够使得 A 站优先获得更多资源，例如动画版权等。但市场的开创者往往在问题出现时没有前人的经验能够借鉴，面临着巨大的风险。而 A 站也确实在随后的发展过程中出现了一系列的问题，使得它最终陨落。

首先是最致命的技术问题。自 2009 年开始，A 站出现了多次网站无法访问的情况，最长达一个月，2018 年还出现了用户数据泄露的问题。网站维护的不稳定使得 A 站的用户流失严重。官方称原因是无证导致的联网净网行动攻击以及恶意的黑客攻击。除此之外，A 站也经常出现视频播放失败、系统崩溃等小问题，其原因是用户爆发式增长使得 A 站的服务器不堪重负，同时缺乏资金进行大规模升级。

其次是政策问题。A 站缺少《信息网络传播视听节目许可证》，经常被管理人员要求整改、罚款，几乎可以说是在夹缝中艰难生存。

再次是发展战略单一，A 站的内容高度集中于传统的二次元文化上，即 ACG（动画、漫画、游戏），更像一个同好网站，商业化困难，变现能力不足。

最后是随着用户数量急剧增加，用户素质降低，社区运营难度增大。随着 AcFun 的一些视频素材的爆红，大量新用户涌入 A 站，但随之而来的是用户素质降低，社区风气恶化，老用户的社区体验下降，原本的忠实用户逐渐流失。

因此 A 站损失了不少流量，特别是 B 站成立后，更是被 B 站分流不少。如今 A 站已经完全不比当年，2018 年年初更是停摆 11 天，被媒体报道称拖欠员工工资，在被快手收购之后才略有好转。

B 站在 A 站之后成立，虽然失去了市场开拓者的优势，但作为后来者的优势它都充分利用了。早期它跟在 A 站后面观察市场的反应，模仿 A 站的设计、内容生产等模式，从 A 站的错误中学习，吸取 A 站的经验教训，顺利地在这个特殊的市场中存活了下来。并且 B 站进入市场的时机仍然属于早期，市场空间还非常大，加上 A 站的经营不利，B 站便顺利取代 A 站成了二次元市场的“霸主”。

但成为行业的“龙头老大”之后，就没有前人可供借鉴了，许多问题的解决方案需要自己摸索。B 站也在随后的发展中摸索出了一条独特的道路。

2. 内容经营策略

（1）内容定位策略

B 站的内容逐渐由二次元向泛二次元拓展。

众所周知，哔哩哔哩最初是因为丰富的日本动漫资源吸引了众多的二次元文化爱好者，B 站的内容也集中于 ACG 相关内容，但二次元文化在中国属于亚文化，相对小众。根据艾瑞咨询的数据，直到 2017 年中国核心二次元用户也仅有 9 100 万人。据哔哩哔哩 2018 年一季度财报显示，其月活跃用户达到 7 200 万，说明 B 站对于核心二次元用户的吸收已经在 90%左右，快触及天花板。而在国内视频网站市场趋于饱和、竞争逐渐加剧的情形下，B 站的用户增长将无疑遭遇瓶颈。

而根据艾瑞咨询的数据，2017 年中国泛二次元用户达到了 3.4 亿，B 站对其吸收仅 20%左右，仍然有很大的空间，因此，B 站需要逐渐拓展自己的市场，由二次元向泛二次元扩张，这一策略也吸取了 A 站内容定位过于狭窄的教训。

具体来看，B 站的内容不再集中于 ACG，时尚、生活、舞蹈、萌宠等相关内容也在逐渐增加。根据 2019 年 1 月 1 日的哔哩哔哩月刊，当月播放量最高的 10 个视频中，ACG 相关仅有 3 个，生活类占 5 个，鬼畜占 1 个，热门综艺占 1 个。占比最多的生活类视频多是搞笑的短视频。而在 2019 年 2 月 22 日更新的 UP 榜中，最受欢迎的十个 UP 主中，ACG 相关的有 5 个，生活类的有 3 个，鬼畜占了 1 个，娱乐占了 1 个，可见 B 站的内容大部分仍然与 ACG 相关，但其他内容也在逐渐丰富，并已经能够扛起很大一部分的流量。

值得一提的是，B 站早期集中打造日本 ACG 相关的内容引起了许多国人的不满，认为 B 站是“精日”的乐园。B 站显然注意到了这一点，在不断发展走向大众的过程中，“精日”的标签需要洗掉。因此 B 站开始大力推广国产动漫，同时也为推动中国传统文化助力。

2015 年 B 站联合新浪微博推出“国产动画月”活动。2016 年 B 站出品了纪录片《我在故宫修文物》，一经播出反响热烈，随后 CCTV9 纪录片频道入驻 B 站。2017 年 B 站开设了国产专区，进一步推广国产动画。这些举措不仅为 B 站贴上了“爱国”的标签，也为 B 站带来了更多非二次元文化圈的流量。

（2）内容生产策略

B 站采取了一系列政策支持 UP 主们生产原创内容。

B 站原本的内容主要由购买版权的动画番剧、影视资源以及 UP 主们上传的内容组成。但在最初，原创内容较少，许多 UP 主上传的视频多是未经过授权的搬运视频，虽然这使得 B 站拥有丰富的动漫资源，为其吸引了不少流量，甚至成了 B 站当时的核心竞争优势，但这也同时给哔哩哔哩带来了不少版权诉讼。2014 年，以“侵害作品信息网络传播权”的缘由，B 站被北京奇艺、北京爱奇艺、广州斗鱼网及华视网等提起诉讼。2015 年，B 站因未经乐视网授权向公众提供《男人帮》《甄嬛传》《刁蛮新娘》等多部影视作品的在线播放，被法院判决赔偿原告 24.6 万元。在管理力度不断加大、国人版权意识不断加强的环境下，哔哩哔哩的内容整顿刻不容缓。2014 年起，哔哩哔哩上未经授权被用户投稿的大量的影视作品下架。如果其他视频网站巨头买断动漫版权、国人的版权意识逐渐加强，B 站也就会失去这一竞争优势。因此 B 站需要培养其他核心竞争优势以维持它的市场地位。

因此 B 站开始有意识地培养 PUGV 成为其内容的核心，鼓励 UP 主们创作原创内容，并维护和 UP 主的关系。除了从 2010 年开始每年邀请 UP 主们参加拜年祭（相当于 B 站的春晚），2016 年 B 站还上线了充电计划，实质是打赏制作原创视频的 UP 主，使 UP 主们能够直接获得收益；2017 年 3 月 3 日，B 站在官博发表了《为了保护原创 UP 主的权益，我们启动了一项维权计划》，公开协助原创 UP 主维权，保护 UP 主的原创；在 2018 年 2 月 1 日上线了创作激励计划，根据内容流行度、用户喜好度和内容垂直度等方面对 UP 主的原创作品进行考量和奖励，并且 UP 主能够从中获得收益。除此之外，哔哩哔哩为 UP 主提供了系统化的培养和全面的支持和服务。例如为新人 UP 主开设了“创作学院”专栏，在拍摄、取材、视频制作、个人运营等方面提供详细的教程，帮助 UP 主进行粉丝、稿件、互动管理，甚至帮助 UP 主在视频下方开设专区投放广告。并且在激励计划中，哔哩哔哩相对更注重原创视频内容的质量而非流量，它采用的激励标准以内容质量而非流量作为依据，只要用户认为这是优秀的作品，B 站就会对创作者进行奖励，哪怕创作者不出名，没有很多粉丝。

图 4-22　哔哩哔哩在创作学院中提供了许多浅显易懂的教学视频

图 4-23　哔哩哔哩在创作中心中提供商业化的变现管理

图 4-24　哔哩哔哩开设了广告专区“UP 主推荐广告”，并且点击进去后是对应的电商界面

这一政策的效果非常好。前文中提到，PUGV 目前已占哔哩哔哩整体视频播放量的 85.5%，成为哔哩哔哩吸引流量的主力。并且从 2018 年的财报数据来看，广告业务的超预期增长很可能依托于此。其所培育的 PUGV 的创作土壤已

经形成一个良性循环，好的作品和活跃的流量吸引着越来越多的用户成为 UP 主，生产优秀的原创作品，进而推动 B 站的视频质量的提高。

这一模式看似对其他视频网站也具有参考价值，具有可复制性。但 PUGV 的成功以哔哩哔哩的社区运营为基础。极强的用户黏性、良好的社区风气、较高的用户素质才能提供培育 PUGV 的良好土壤，而且这样的社区运营势必会对其商业化造成阻碍。同时哔哩哔哩的内容生态已经非常成熟和健康，本身良好的社区运营以及对 UP 主的体系化的培养和多方面的支持都使得 B 站上的内容创作者越来越多，创作的视频内容也越来越多，进一步吸引更多的内容创作者来到这个平台，形成一个良性循环，能够自行产生推动力。对于其他平台来说，在原创视频制作方面如果照搬 B 站的培养模式不仅难以有同样的效果，还容易阻碍商业变现。因此 B 站的这一核心竞争优势具有不可替代性，能够帮助 B 站进行可持续的发展。

（3）内容赢利策略

B 站尝试“新番承包计划”和“大会员”制度进行收费。

作为一个视频网站最常见的赢利方式便是广告和付费会员，但 B 站在创立之初和 A 站一样标榜自己是因兴趣而生的“小站”，自诞生起便和商业化格格不入，因此传统的赢利方式对于 B 站来说无法照搬，B 站需要摸索出独特的变现方式。

2012 年，B 站创始人徐逸曾发帖称在投放广告的情况下依然亏损近 7 位数，此举引发了 B 站用户们的热烈讨论，旨在给习惯了免费、无广告的用户们打预防针。

2014 年 9 月，B 站在微博上发起问卷调查，向用户询问在新番中能接受多少秒的广告，结果显示大多数的用户选择了 15 秒和 30 秒。用户们都猜测 B 站要给新番投放贴片广告。

但实际上两天后创始人陈睿发公告称承诺 B 站的正版新番永远不加广告，但与此相对的，需要用户众筹来购买新番版权，也就是“新番承包计划”。实质是先由 B 站购买版权，再由用户自愿出钱补贴，甚至出多少钱都由用户自己决定。

这是 B 站探索赢利模式的第一步，众筹的策略比直接加广告的普通做法更加巧妙。

首先，杜绝了贴片广告，保障了用户的看番体验，看番没有广告这一竞争优势得以保留。

其次，这种做法虽然比直接加广告的短期效益更低，但留给用户更多的自主权，维护了 B 站在用户心中“兴趣小站”的形象，同时公告以二次元爱好者自居，将自己划分在用户的阵营，在感情上和用户尽可能接近。作为付费的首次尝试再合适不过。因此，众筹的做法将会带来长期的效益，但这同时也为后续加贴片广告设了障碍。

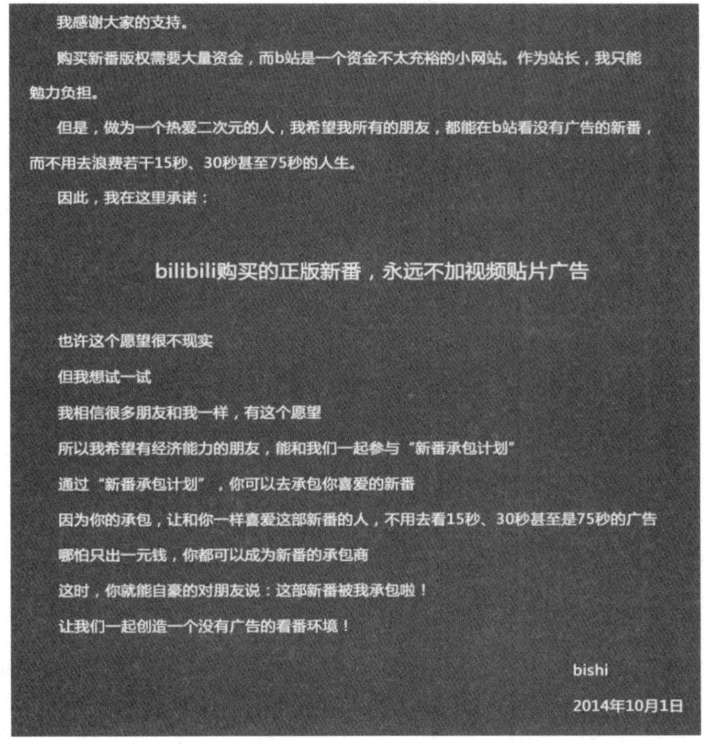

我感谢大家的支持。

购买新番版权需要大量资金，而b站是一个资金不太充裕的小网站。作为站长，我只能勉力负担。

但是，做为一个热爱二次元的人，我希望我所有的朋友，都能在b站看没有广告的新番，而不用去浪费若干15秒、30秒甚至75秒的人生。

因此，我在这里承诺：

bilibili购买的正版新番，永远不加视频贴片广告

也许这个愿望很不现实
但我想试一试
我相信很多朋友和我一样，有这个愿望
所以我希望有经济能力的朋友，能和我们一起参与“新番承包计划”
通过“新番承包计划”，你可以去承包你喜爱的新番
因为你的承包，让和你一样喜爱这部新番的人，不用去看15秒、30秒甚至是75秒的广告
哪怕只出一元钱，你都可以成为新番的承包商
这时，你就能自豪的对朋友说：这部新番被我承包啦！
让我们一起创造一个没有广告的看番环境！

bishi
2014年10月1日

图 4-25　B 站公告[①]

① 图片来自哔哩哔哩官网公告。

但B站随后应版权方要求还是在新番中加入贴片广告，违反了此前2014年做出的承诺，争议颇多。B站道歉后将贴片广告尽量放在不影响用户体验的位置，勉强挽回了局面。

“新番承包计划”虽然没有带来直接的效益，但这一策略在保障了B站在用户心中的形象不崩塌的前提下委婉地给习惯了“吃白食”的用户们提了醒，为后续的付费模式铺路。

随后在2016年B站又推出了“大会员”制度，取名为“大会员”也是因为和之前只需要答题就能成为的普通会员相区分，“大会员”更接近普通视频网站的付费会员，在已经成为普通会员的基础上按月、季、年缴费，同时在番剧资源、游戏礼包、音乐下载等方面都面向“大会员”提供了福利。这也是B站首次尝试推行付费会员制度。

图4-26　B站“大会员”权益

根据招股说明书的财务数据来看，2015和2016年B站的亏损非常严重，毛利都是负的，净亏损更是达到了惊人的3.73亿元和9.11亿元，可以看出在2016年前后B站都处于非常艰难的状态，商业化到了不得不推进的地步。之前的新番承包计划以及少量的广告无法为B站带来多少收入，最大的收入还是来自手游。因此哔哩哔哩在毫无预兆的情况下推出大会员制度也并不奇怪了。

但233元一年的会费比爱奇艺、腾讯、优酷的都要贵，本就不够丰富的影视剧资源使得免费看、抢先看等福利显得非常“鸡肋”，同时太过“赤裸裸”

的商业化也违背了 B 站作为兴趣小站成立的“初心”。因此“大会员”一经推出就遇冷，推出一个月后便下架。随后增加了积分制，通过积分来兑换大会员的时长，而“大会员”的价格也由 233 元降为 148 元，比爱奇艺、腾讯、优酷都要低。“大会员”的尝试几经波折，只能说是商业化道路上的又一次不太成功的试水。

哔哩哔哩的用户们仍然需要一段时间来适应和接受哔哩哔哩的商业化，更需要哔哩哔哩用适合的方式来进行变现。

3. 竞争策略

B 站坚持并完善会员答题制度以维护社区风气，提高用户黏性。

如今视频网站层出不穷，市场饱和使得竞争加剧。弹幕功能以及二次元文化确实使得 B 站在早期的竞争中存活了下来，但在弹幕逐渐为人所熟知，被其他视频网站竞相模仿以后，几乎所有知名的视频网站都有弹幕这一功能。当 B 站的弹幕不再是特色，它就需要挖掘、开发其他的竞争优势。

B 站在创立之初就实行了会员答题制，并一直延续至今。成为哔哩哔哩的正式会员不需要付费，但需要经过考试或是获得邀请码。最初的考试由 100 多道题组成，考试范围主要以二次元知识为主，混有历史、遗传学、计算机、化学等学科的知识，题目涉猎范围非常广，其难度之高被网友封为“中国御宅学高考”。很好地筛选出了真正的“御宅族”们，保证了 B 站社区的纯净。

但题目难度太高势必会限制流量，再加上 B 站的内容逐渐不再局限于 ACG 领域。因此会员答题经历了改版。新的答题由 20 道弹幕礼仪题和 30 道自选题组成，其中，弹幕礼仪题必须全部做对才能进入后续的自选题，自选题为答题者自主选择 3—10 个科目进行回答，并不局限于 ACG 领域，还包括娱乐明星、影视等领域，最终弹幕礼仪题和自选题加起来超过 60 分则通过答题测试。

这一答题制大大降低了难度，但仍然很大程度上保证了 B 站用户的整体素质，对 B 站社区的经营起到促进作用。其中弹幕礼仪题为 B 站的新用户普及了弹幕用语的各种规则，引导用户用举报而不是在弹幕中争吵的方式来应对不友好的发言，并且B站社区中的原有会员会自发地维护社区风气，防止社区环境被污染，形成良性循环，规避了先前A站社区乌烟瘴气的问题。

社区的纯净、弹幕互动的和谐幽默使得用户在B站看动漫能够享受到极佳的观看体验，即使其他像优酷、腾讯等经济实力更为雄厚的视频网站买断了优秀的动漫番剧，同时也开发了弹幕功能，用户也极少会放弃B站。这也成为B站的核心竞争优势。

（五）哔哩哔哩市场经营绩效

目前视频网站市场的发展已经开始趋缓，根据中国产业信息网发布的《2018年中国视频网站行业发展现状及未来发展趋势分析》，中国网络视频用户的增速自2015年的16%左右迅速下降到2017年的4%不到，留给视频网站的市场空间并不多。

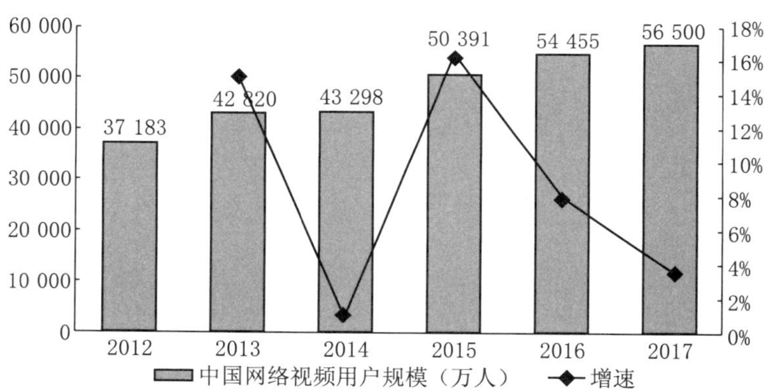

图4-27　2012—2017年中国网络视频用户规模（万人）

而哔哩哔哩所处的二次元文化产业虽然增长率高于视频网站行业，但其市场增长率依然逐渐趋缓，根据艾媒咨询发布的《2018上半年中国二次元市场监测与发展趋势专题研究报告》，二次元行业的增长率从2016年的22%左右预计下降到2019年的18%左右，目前看来市场前景依然广阔，但未来留给新进入者的空间将越来越少。

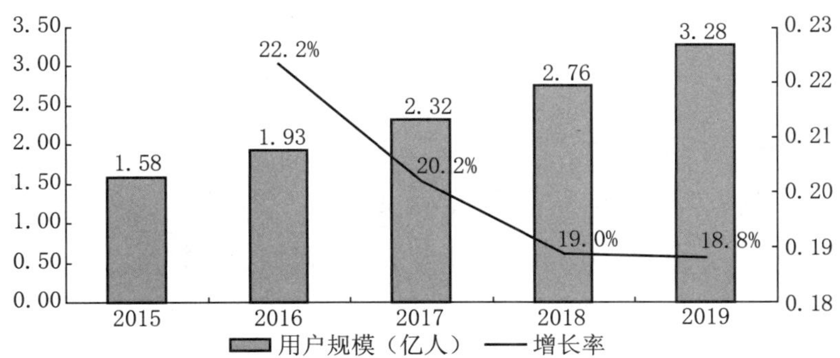

图 4-28　2015—2019 年中国二次元用户规模及预测

同时处于这两个市场的哔哩哔哩面临着复杂且特殊的市场环境，它在目前表现出了以下特点。

1. 收入增速趋缓

根据哔哩哔哩近三年的财务数据显示，哔哩哔哩的营业收入一直保持着非常快速的增长，几乎是每年 50%左右的增速，说明其业务在宽度和深度上的扩张都非常快。同时其毛利率到 2017 年为止都保持着一个高速的增长，但进入 2017 年第二季度后开始逐渐放缓甚至下滑。

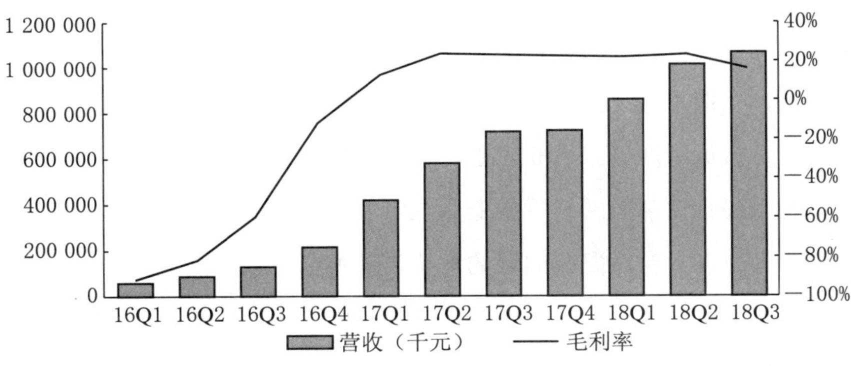

图 4-29　哔哩哔哩近 3 年营收及毛利情况

2. 用户规模小但黏性强、活跃度高

根据哔哩哔哩 2018 年三季报，其月活用户已达到 9 270 万，而根据 Quest-Mobile3 月的市场数据，视频网站巨头爱奇艺的月活用户达到近 5 亿，哔哩哔哩

与之相比还有很大差距，排在行业内第十左右的位置，并且前文中也提到 B 站的独立用户率非常低，可见哔哩哔哩的流量并不是其优势所在。

但根据哔哩哔哩的招股说明书，2017 年其正式会员的第十二个月的留存率达到了 79%，这说明哔哩哔哩的用户忠诚度较高。在 2017 年，B 站的用户平均日使用时长达到 76 分钟，超过了今日头条，而根据极光数据发布的《2017 年移动互联网行业盘点 App 榜单》报告，中国移动网民日均使用网络视频的时长仅为 28 分钟。

这说明了哔哩哔哩虽然受众并不广泛但在社区运营方面有着过人之处。

（六）哔哩哔哩发展存在的问题

1. 收入过度依赖游戏，内容赢利模式仍需探索

在第二部分中提到 B 站的收入近七成来自游戏，而这主要依赖玩家在游戏中的付费，俗称“氪金”，这一模式有疲软的风险，可持续性不强，风险较大。因此 B 站需要探索更多内容赢利模式，提高广告和增值服务的收入，以支撑起较为健康、可持续的收入构成。

目前看来，B 站的收入仅三成来源于广告。虽然其占比已经有超预期的增长，但比起其他的视频网站远远不足，B 站投放广告的空间还非常大，如何在维持用户黏性、保障用户体验的同时投放广告是 B 站需要探索的问题。

同时付费会员制度仍需不断完善，不仅需要制定更合理的价格和对应的福利，还需要警惕其他视频网站播放盗版视频的问题，盗版的猖獗也是付费会员无法成功一大原因。虽然盗版问题的解决需要漫长的过程，但适当的强硬手段能够培养用户的版权意识，为推动内容付费起到一定的作用。

此外，周边产品的售卖也存在很大的利润空间。其推广和营销应适当加强，例如和动漫番剧绑定，动漫的粉丝看到相关周边的广告会有更大的消费可能。

2. 小视频行业的崛起所带来的竞争隐患

诸如抖音、火山小视频、快手等小视频 App 的崛起使 B 站面临的竞争风险逐渐加剧。

根据搜狐的《短视频行业调研分析报告》，截至 2018 年 3 月，短视频月活跃用户达 4.6 亿，大约平均每两个移动网民中就有一个短视频用户。月使用总时长达 67.3 亿小时，人均单日启动次数有 9.26 次，行业用户黏性远高于其他行业平均值。而抖音和快手的日活都在 2 亿左右，远超 B 站。

虽然目前抖音、快手这一类小视频应用的用户和 B 站的用户重合度不高，但这一格局势必对 B 站在流量扩张上造成阻碍。

B 站在首页上会用算法根据用户喜好推送视频，大多是短视频。B 站的视频质量比抖音、快手要高，并没有必要为了流量模仿抖音、快手放任视频低俗化、恶俗化。因此，B 站需要进一步提高视频内容和质量，将市场和受众与抖音、快手的区分开来，巩固自身已有的流量。

需要警惕的是，B 站有不少来自快手的视频播放量都非常高，虽然相对低俗，但对于 B 站的用户仍然具有不小的吸引力。因此 B 站需要不断挖掘自身竞争优势以应对小视频的猛烈冲击。

案例 4：短视频平台抖音的运营分析

（一）概述

国内外短视频发展现状

移动短视频应用最早发端于美国。2011 年，Viddy 于美国上线，这款应用打破了受众对传统长视频载体应用的认知，其可以拍摄 15 秒的动态视频。因为经营不佳，Viddy 很快被 Fullsgreen 所收购，但是短视频这一应用新模式却迅速在海外市场火了起来。继 Viddy 之后，2013 年，Twitter 推出了移动短视频社交平台 vine，其特别之处是在用户进行 6 秒的视频拍摄之后，可以将内容一键分享至 Twitter，自此，短视频应用社交属性开始凸显。图片类社交平台 Instagram 也不甘落后，在应用内内置了 15 秒的短视频功能入口，基于 Instagram 强大的用户基础，短视频这一传播方式很快在人群中流行起来。随着信息技术的不断发展和成熟，目前海外尤其是美国，短视频应用的市场不断成熟，已经渐渐呈细分之势。其中，抖音最初就是借鉴 Musical.ly 在国内推出的。Facebook 的运营主管曾公开表示："讲故事最好方式其实是视频。"

我国短视频的发展大概分为三个时期。

第一个阶段，萌芽期：2011—2014 年。这是短视频从无到有，从零到一的开创时期。我国最早开始出现的是分享类移动短视频应用，例如微视、秒拍、快手等。这些应用的共同特点是功能比较单一，视频质量也相对低劣。加上当时由于移动网络支持有限，流量资费较高，微信和微博都还处于运营初期，没有坚实庞大的互联网受众基础，所以在短视频开疆辟土的战略初期，并没有达到理想的市场反馈。

第二个阶段，发展期：2014—2016 年。这个阶段，我国的 4G 网络基础建设加强，通信技术迅猛发展，并且提速降费、流量不清零等举措有序落实。这些互联网惠民政策为移动客户端的发展提供了肥沃的土壤，短视频市场环境微光初现。这段时期的短视频应用开始由原来的工具型过渡到社交型。例如小咖秀、美拍等。受众逐渐接受短视频应用，但总体来说并未出现现象级爆款。

第三个阶段，爆发期：2016—2018 年。短视频行业迎来大爆发，各路资本纷纷入局，短视频应用因为资本的支撑和市场的催逼，呈现出内容制作方式愈加简单、功能愈加多样细化的特点，短视频流量达到鼎盛，南抖音北快手格局初定。尤其是抖音，据极光大数据数据显示，从 2017 年 3 月到 7 月，抖音的用户迅速从 29 万飙升到了 173 万，可以说是短视频领域当之无愧的一匹黑马。根据 QuestMobile 统计，截至 2018 年 6 月，短视频用户总使用时长同比增长 471.1%，为 7 276 亿分钟，长视频则为 7 671 亿分钟，同比增速仅为 9.1%，两者已经十分接近。报告还显示，其中抖音以 2 亿日活数在短视频平台榜单中位居第二。目前短视频行业开始进入健康稳健发展阶段，其增势已经超过直播，直逼长视频。

（二）5W 模式介绍

美国学者 H. 拉斯维尔于 1948 年在《传播在社会中的结构与功能》论文中首次提出了构成传播过程的五种基本要素，并按照一定结构顺序将它们排列，形成了后来人们称之“5W 模式”或“拉斯维尔程式”的过程模式。这五个 W 分别是英语中五个疑问代词的第一个字母，即：Who（谁），Says What（说了什么），In Which Channel（通过什么渠道），To Whom（向谁说），With What Effect（有什么效果）。五 W 模式表明传播过程是一个目的性行为过程，具有企图影响受众的目的。因此说传播过程是一种说服过程，其间的五个环节正是传播活动得以发生的精髓。本文通过 5W 模式对抖音传播过程中的各个环节加以分析，希望可以厘清抖音是如何利用传播实现了用户的快速增长。

（三）以 5W 模式分析抖音

抖音 App 是一款以拍短视频为主，帮助用户表达自我，秀出个性的创意类社交软件，最早于 2016 年 3 月上线，属于今日头条旗下产品。具体用法是用户可以选择平台给定的歌曲或者配乐，然后根据 15 秒的音乐配以合适的动作、表情或者以对口型的方式完成创作。2017 年 11 月，今日头条完成了对海外音乐短视频平台 Musical.ly 的收购，自此，抖音完成了技术运营团队的壮大。

1. 抖音的传播主体

（1）明星达人

抖音自上线之初采用的便是从上到下的产品渗透策略，头部效应明显，推大 V、明星和关键意见领袖（KOL）。这种由“名人效应”带动的流量要远远大于原生态的素人创作。抖音平台不仅邀请了如迪丽热巴、杨颖、易烊千玺等很多流量明星，同时也创造出了很多抖音红人，比如费启鸣、温婉、摩登兄弟、代古拉、高火火等。抖音网红的背后是庞大的粉丝群和想要通过抖音而成为网红的生产者们。抖音红人和爆款的涌现不断刺激用户生产内容，它打破了明星和素人之间的樊篱，为每个人提供了一种简单的“造梦”途径，抖音已经成为一个快速生产网红的社区。

抖音高调邀请明星入驻，培养了大批网络红人，通过流量的迅速聚集加快了内容和品牌传播速度。这种“急攻”型抖音发展模式的致命缺点在于其成功路径的可复制性太强，即抖音并没有太强的专业壁垒，只要有足够的资本和资源投入，抖音就有可能面临被取代的威胁。2018 年 4 月，腾讯在 4 月重启微视，用高额补贴抢夺红人，不仅尝试将微视接入微信、腾讯视频等软件进行一系列联动，而且在内部赛马，相继推出 10 多个短视频 App，用于制造短视频爆款，“头腾大战”一触即发。其次抖音的音乐属性和平台达人等迅速给自己贴上了“潮”“酷”“年轻”的标签。这种由平台主导和构建的生态图景，削弱了用户陪伴应用成长的“切身感”和“紧密感”。

（2）素人

除了本身具有很强流量吸附能力的明星或红人，抖音的长尾生产端则是千千万万的普通人，他们既是用户又是生产者。长尾端的生产者发布短视频的原因有以下几点：第一，追随潮流模仿。期待在社交群体中获得身份认同，建立共同沟通空间，取得某种心理安慰。第二，朴素的兴趣爱好。一些用户只是单纯地基于兴趣和热情分享生活片段。第三，成名之诱。抖音平台在某种程度上是培养网红的器皿，很多素人想通过制作短视频爆款一举成名，但是由于素人背后缺少专门运营的团队和持续输出创意的能力，加上抖音平台本身对于明星和品牌的流量倾斜，使得素人在爆款之外的其他作品无人问津或点赞寥寥，大多数普通用户生产的作品只能淹没在茫茫的流量之海中。在头部达人的挤压之下，素人只有制作出更加博人眼球和哗众取宠的视频，才有可能突出重围，被更多的用户看到。

抖音自进入市场便开始了强运营化、高度中心化的发展策略。它以目标和高效双向驱动。对比来看，快手真正做到了“素人”的社区，它的内容更多是三四线城市里小人物的生活写照，没有明星和 KOL 的空降，没有过于花哨和烦琐的动作和特效，用户只是在快手上分享生活状态、互相评论、转发、寻找情感的共鸣。快手的首席运营执行官坦言“快手里，每个内容，每个用户都是平等的，无须平台去帮忙添加标签，内容本身和算法会自动提供选择，这是快手不输出价值观，要做一面镜子的原则”。快手通过不断优化算法对用户实现了最大程度的保护，在规则允许的情况下，尽可能让用户在平台自由生长。数据显示，快手的互动率（评论+私信/总播放量）的比例远远大于 5%，抖音相关比例不足 2%。很显然前者的用户黏性会更强。

2. 抖音的传播内容

抖音在成立之时，主要的内容生产形式以拍摄舞蹈、对口型、换装等短视频为主。其中，一些技术流的用户还会根据情境创作出酷炫的转场和特效，增加视频感染力和趣味性。随着市场竞争的激烈，抖音于 2018 年 3 月推出了全新的口号：记录美好生活。平台开始鼓励大家分享生活片段。此举旨在把抖音打造成有关美好体验和想象的产品，使平台的主题更加正能量。从目前来看，抖音不仅局限于音乐属性类内容，还有很多泛生活化的用户作品，比如彩妆、美食、军训、母婴、街拍等。据海马云大数据提供的《2018 抖音数据研究报告》显示，抖音平台发布的按点赞数排列的 TOP100 分类中，首位便是美好生活类的分享，平均播放次数 1.2 亿次，平均点赞数超过 655 万个，平均互动数超过 65 万次，接下来按照排名依次排列为好玩类、猎奇类、技巧类。可见内容的倾斜让抖音成功转型为短视频娱乐综合性平台，抖音正在弱化原有的音乐属性，扩大用户边界。观察抖音上点赞评论超过万级的短视频，可以发现，受到用户疯狂追捧的爆款产品，通常内容具有如下特点：

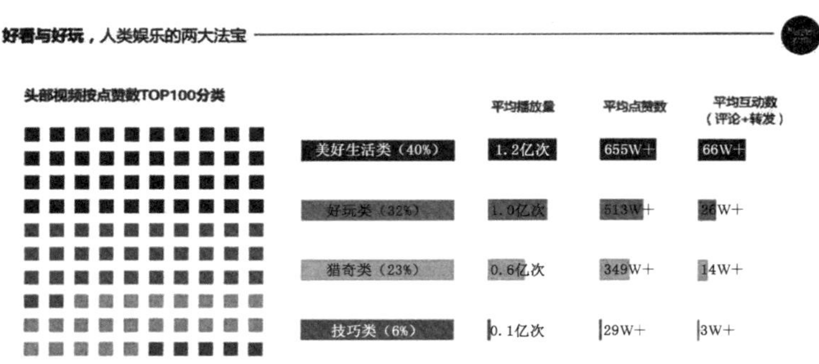

图 4-30　2018 年抖音数据报告

（1）新奇有趣，紧跟热点

“内容新奇有趣、直入主题，能够快速抓住用户注意力”是赢得受众好感，打开视频看完的第一步。例如抖音上风靡的答案茶，短短两个月，就有 3 000 家加盟商竞相加入，不仅因为它是一款新鲜的产品，更重要的是这种“你问我答”的玩法，触发了人们内心私密又跃动的情绪。“我的他在哪儿”“今年我会结婚吗”“2018 年，运势怎么样”这些问题触发了当代年轻人的孤独、寂寞、不安全感等种种复杂的情绪。一杯奶茶，在某种程度上成为人们情感的承载地，给人以片刻的治愈和欢愉。其次，热点本身具有吸附流量的特质，短视频结合当下热点或者某些热搜人物加以创作运用，可以加速引流。例如在 2017 年夏天，随着综艺《中国有嘻哈》的不断升温，抖音迅速抓住机会，邀请当时人气颇高的吴亦凡等当红流量小生入驻抖音，刺激了抖音下载量的猛增。

（2）创意反转，段子不断

在短视频语境中，用户与作者可以实现平等对话，因此具有更加强烈的参与感和代入感。而爆款要具备的特点之一就是满足或超出用户的心理预期。例如一些制作巧妙的反转剧、段子秀、美食秀等，诙谐搞笑类的内容往往更容易激发用户的模仿欲望。例如前段时间唯品会在抖音上投放的脑洞广告，视频开始时烘托出男女主一见钟情的气氛，背景音乐是林俊杰的“确认过眼神，我遇见对的人”，结果吸引女主的是唯品会的广告，造成了男主自作多情的尴尬场景，达到了剧情反转的效果。这条广告获得了37.8万的点赞以及3 000多条的转发和评论。

（3）硬标准过关

除了内容创作要大胆出新，抖音爆款对视频的完整度、清晰度、标题、封面以及配乐都有相对严苛的要求。爆款需要叙事合理，标题吸人眼球，配乐符合场景，视频截图呼应主题，观看体验高清流畅。例如在歌曲的选择上，专业的MCN机构（MCN机构就是类似于网红和视频博主的经纪公司，原本是视频达人和平台、广告主之间的纽带和桥梁）会根据旗下达人的前期短视频的制作风格，精心挑选与主题相符合的配乐，其选择是有严格标准的，比如传唱度、上口程度等。

（4）准确定位，持续输出

首先，对于不同的目标受众来说，视频语言的表达方式会有相应的差异。比如美妆类的目标群体为年轻的学生和上班族，视频风格偏向活泼有趣；母婴类的主要用户群为待业在家的宝妈，节奏就会适度舒缓放松。其次，要保证视频的连贯性，短视频平台充满了太多的同质化竞争者，一旦内容生产出现断裂，受众就会很迅速地寻找类似的替代品。再者，要拥有自己的风格特色，保持独特的调性。例如2018年拥有粉丝数量1 910万的费启鸣，其拍摄的视频素材多出自校园，配上轻快活泼的富有青春气息的配乐，加之本身帅气阳光的外形条件，成功营造出了一个暖心、治愈的大男孩形象。而粉丝数量超过3 000万的摩登兄弟，则更多的是将音乐和生活嫁接起来的轻搞笑风格，是“潮”“酷”的标签。由此可见，只有将风格固定在某一维度，才能牢固粉丝的黏度。

3. 受众分析

（1）用户数量

2018年6月12日下午，抖音官方首次对外公布了自己的用户数据：截至目前，抖音国内的日活用户突破 1.5 亿，月活用户超过 3 亿。尤其是 2018 年春节期间，抖音的每日活跃用户数经历了一轮“暴涨”，由不到 4 000 万上升到了接近 7 000 万。从数量来看，抖音依然保持稳定的用户数量增长趋势。“如何继续稳定用户群，防止用户流失，开发其他层次的人群”是处于“拐点”的抖音必须要解决的问题之一。

（2）用户使用场景

从易观智库提供的数据来看，抖音的每日人均使用时长 31.23 分钟。用户的使用高峰时段集中在中午 12 点到 13 点之间和晚上 18 点以后，并在 21 点左右达到第二次高峰期。从中可以看出，抖音的使用场景大都是集中在下班之后用于休闲娱乐的时间段。这段时间也是各大移动应用纷纷要抢夺的“黄金时间”，因此，抖音在维持用户使用习惯的同时，应开发出更多与场景适配的短视频体验或者话题。争取在上下班途中、用餐时间、去卫生间的间隙等碎片化时间段牢牢抓住用户。

（3）用户分布情况

第一，性别比例。抖音在成立之初的目标群体是 95 后、00 后。因此在刚刚成立之初邀请了很多新生偶像明星代言，这一系列操作使得抖音很快演变成了年轻人聚集的娱乐工厂。抖音官方披露的最新用户画像显示：发展至今，用户最大的变化体现在年龄结构上。2017 年 3 月，用户以 18 岁到 24 岁为主，到了 2018 年 6 月，则是以 24 岁到 30 岁为主。抖音的用户年龄已经开始向外慢慢辐射，这种记录日常生活的创意社交内容，正在被越来越多的人所接受和认同。

第二，年龄分布。在海马云大数据发布的《2018 抖音数据研究报告》中，抖音的用户从 2017 年女性占比 63%、男性占比 37%，变化为女性占比 59%、男性占比 41%。比例的升降反映了抖音在男性用户群体中的使用率越来越高，性别偏好上逐渐实现均衡。再者，在 2017 年，用户在一二线城市的占有率为 47%，到了 2018 年一二线城市的用户占比仅为 35%。由此可见，抖音用户城市分布下沉，三四线城市成为用户增长主力军。

与去年同期对比，男性用户占比增加，且向26岁以上人群下沉

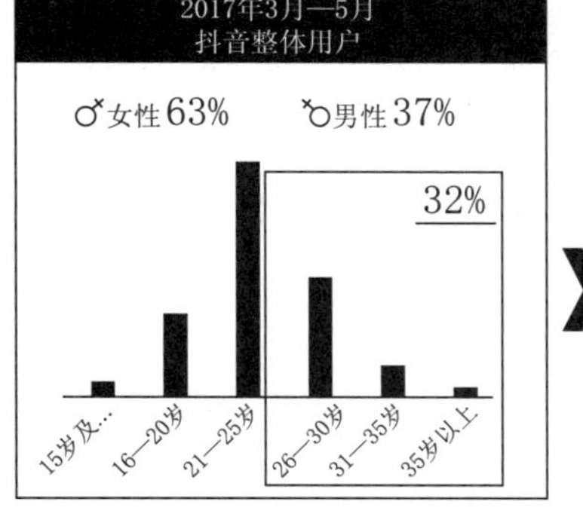

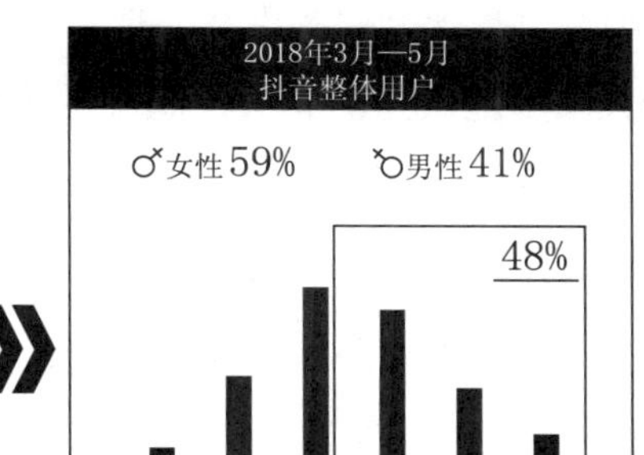

图 4-31　2018 年抖音数据分析报告（1）

用户城市分布下沉，下线城市人群成为增长生力军

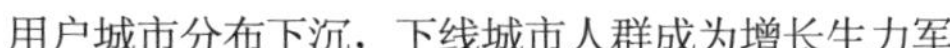

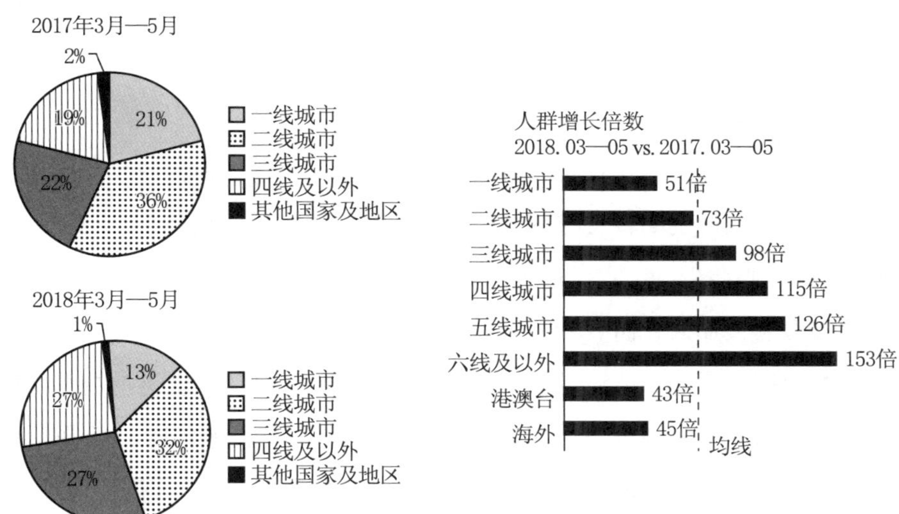

图 4-32　2018 年抖音数据分析报告（2）

4. 抖音的传播渠道

（1）播放渠道

抖音属于头条系产品，背后有强大的技术支撑，其借助头条强大的用户流量和社交网络资源实现二次传播。同时依靠精确的算法分发机制（根据用户的

浏览记录，后台分析用户观看某一类视频的频率，画出用户行为图像，根据喜好和兴趣进行短视频内容推送，使得用户能够不浪费时间找到自己感兴趣的话题）最大限度地做到“私人定制”的内容推送。作为一款移动终端 App，用户只要拥有网络和一部手机，就可以随时随地参与到内容创作和互动中来。除此之外，用户还可以通过实时保存视频将视频分享到各大社交平台，如微信、微博等，多渠道的视频分享加速了抖音的裂变式传播，便利的视频转发提高了抖音的曝光率。

（2）推广渠道

第一，冠名综艺。综艺节目历来属于人气集中的超级流量池，是各大品牌打破头颅也要抢夺的“必争之地”。目前，抖音赞助了很多爆热的综艺节目，如《演员的诞生》《中国有嘻哈》《快乐大本营》《我是歌手》《这就是街舞》《明星大侦探》等。品牌的推广方式通常有：在节目开头中出现的“本节目由抖音赞助播出”的口播+标示版、综艺节目中间品牌的巧妙植入、嘉宾主持人的花式口播等等。

第二，明星引流。抖音花费高价邀请了很多明星作为平台的长期合作艺人。这些明星会在微博定期转发与抖音相关的推送。例如抖音在 2017 年发起的话题“抖音校园新唱将”，就是首先通过明星大 V 引爆的热度。平台首先引入白举纲、耳帝等名人加入。而后，马丽、艾力、吴映洁等在平台继续发力，随着粉丝的不断追捧，话题的持续讨论，抖音因高曝光率和高话题度迅速被受众接受。

第三，新闻的密集宣传。抖音借助当红流量明星和爆款产品的强话题性，在各大新闻聚合平台上做了大量的新闻推广，如“迪丽热巴录抖音视频，嘟嘟嘴卖萌心情好”“2017 最新抖音神曲盘点”“抖音洗脑神曲舞蹈介绍”等，这些以伪新闻方式出现的宣传，皆是抓住当下粉丝关注量较多、微博话题指数较高的艺人，对用户进行高密度轰炸。

5. 抖音的负面效应

（1）强大的官能渗透

洋葱集团联合创始人聂阳德认为：“目前的抖音也好，还是其他一些竖屏的

App，它们这种全屏沉浸式体验，很容易让观看者兴奋，多巴胺分泌上升，也很容易产生上瘾的行为。”观众在使用抖音观看短视频的同时，手机界面的时间显示被“隐秘”地藏了起来，这种无时间概念的视频流使得用户不知不觉就花费了大量的精力在抖音上。“洗脑的音乐，酷炫的特效，滑稽的表演，帅哥美女”的官能化刺激，让用户在潜意识里被浮躁浅薄的娱乐化内容所侵蚀，刺激有趣、色彩丰富的短视频就像兴奋剂，很容易在人群中实现病毒式蔓延。

（2）不良的社会影响

抖音上的用户良莠不齐，很多人为了博眼球、蹭热度，故意拍摄一些哗众取宠、挑战道德底线的视频内容。例如有网友因为模仿抖音一度爆火的后空翻动作，全然不顾自己 2 岁女儿的安全，冒险去做翻转的动作，结果不小心手滑，导致 2 岁的女儿脊髓受伤，四肢不能正常活动。有些用户则模仿视频中偷盗车标的行为，录制视频上传，公然挑战法律的底线。还有传播错误的生活常识，侮辱革命先烈等恶劣行为。这些未经核实便发布的视频内容很容易影响年龄较小的用户，他们因为缺乏基本的价值观判断，常被错误的价值观误导，且一定程度上助长了社会的浮躁虚荣之风。

（四）抖音目前存在的问题

1. 娱乐至死

赫胥黎在科幻小说《美丽新世界》中描写他眼中的未来世界是这样的，人们获取信息不费吹灰之力，沉迷在欲望、无规则游戏和感官刺激的海洋里。显然，互联网时代催生的文本内容越来越短，越来越注重官能化。人们享受着指尖滑过后闪现的有趣的内容和短暂的视觉快感，看过了什么内容早已不重要，但它却像鸦片一样，让人上瘾，欲罢不能。抖音便是移动时代催生出来的“数字鸦片”。很多人惊呼，本来只是打算随便看看，没想到一打开界面便停不下来，有时候整整一个下午都浪费在抖音上还浑然不觉。但是，人们总觉得越刷越空虚，越刷越无聊。事实是当大脑长期被这种“高刺激阈值”的动态视频所刺激，这种快乐的感觉就会越来越肤浅，甚至会退化。对“娱乐”的过度追求将会导致精神世界的极度空虚。无论是青少年还是成年人，都会渐渐失去独立思考和判断的能力，丧失对生活的细腻感知，丧失对系统深度知识的渴求……不同于以往的“单向度的人”，现在越来越多的人有了选择内容的权利，但是结果似乎并没有什么不同，人们只是找到了自己喜欢的话题，而在这个用机器重新筛选出来的世界，人们依然乐此不疲地等着被投食。抖音内容的泛娱乐化在某些程度上消解了社会对于严肃议题的讨论和对精神世界的深度探寻。

2. 内容同质化、低俗化

商业竞争的普遍规律是，当一个市场出现较高利润空间时，潜在竞争者会接连涌入，直到这个市场能够发生自然垄断。在抖音迅速崛起后，各大资本集团纷纷挤进短视频领域，企图画圈占地，分得流量红利的一杯羹。从目前的情况来看，无论是抖音还是其他的短视频平台，都存在着内容严重同质化、低俗化，创新度不高的情况。当某款视频爆火之后，同类型的题材便层出不穷，内容也常常是换汤不换药。例如腾讯最近推出的 Yoo 视频，其在 Vlog、Vstory 版块，突出了鲜明的平台属性——时尚潮流社区，并且在创办后采用的宣传策略也与抖音如出一辙，如在公交站、地铁上等人流较多的地方投放广告等。同时存在着用户因为想要吸引流量而全然不顾道德底线，发布一些挑战社会伦理、藐视自然科学、泛色情的内容。这些不合规范，与主流价值相违背的短视频的泛滥不仅会对整个抖音的内容生态产生不利影响，甚至会对社会的生产运行产生干扰。

（五）结论

2018 年依然是短视频领域风起云涌的一年，这一年，短视频格局初步形成，抖音、快手两家独大，后有微视虎视眈眈。2018 年 3 月，自抖音起量以后，包括腾讯微视、百度 NANI、阿里鹿刻、微博爱幼小视频等接连上线，还有老牌的秒拍、美拍、小咖秀等，各类短视频平台聚集在一起，蚕食着流量不再充沛的市场。可以说，抖音现在承受着巨大的市场压力。“爆款”和“网红”的生命周期都很短，仅靠团队运营和头部流量来吸引用户不是长久之计。只有让用户对平台产生归属感和依赖感，才能保证用户的黏性和忠诚度。抖音若要获得用户长久的留存率，必须建造一种属于用户自己的社区环境，而社区文化的形成离不开积极的社交。除了转变运营思路以外，平台还需激发更多 UGC 用户的自主创作以及长尾内容的分发，回到内容为王的核心战略。此外，抖音在探索商业可能性的同时，也要兼顾对于社会伦理价值的守候，决定一个企业是否长久的指标不是市场份额，而是产品背后的价值观。抖音势必要在内容的管理上作出努力；如何传播更符合主流意识形态的内容，如何正确引导青少年的价值观，也是抖音必须要考虑的问题。

案例5：钛媒体和36氪的运营模式分析

（一）平台及相关理论简介

1. 36氪简介

2010年12月，36氪以科技创投媒体的身份正式成立。其旨在提供覆盖全球一级市场的宏观数据分析、政策解读、行业预测、投融资分析等资讯，聚焦全球创业，挖掘其投资价值。

36氪App分为“首页”“开氪”“发现”“创投”“我的”五大版块。在下载后登录App的时候，就已经弹出了选项让用户选择其职业角色，选择感兴趣的话题，以此增强用户标签的精准度，实现差异化用户体验，提高内容分发推荐的精准度，增强用户黏性；也提升App打开率，便于后期创投项目对接。

“首页”下分为18个子栏目，包括“关注”“推荐”“热榜”“快讯”“科技”“生活”“职场”“创投”“出行”等。打开App之后首页为“推荐”版块，主要以图文信息流的方式呈现，中间间断地插入大图专题栏目，用户阅读交互体验较钛媒体而言更为流畅。

以下针对36氪较为具有特色的内容版块进行简述：

“关注”：相较于钛媒体的6个版块内容而言，由于在打开App之时就选择了感兴趣的话题内容以及用户职业角色，话题下聚合的内容会出现在“关注”栏目下方，因而36氪更能做到精准兴趣推荐；

“热榜”：类似微博热搜榜，按照浏览量降序排列文章，有利于优质文章扩大曝光和影响力，激励平台入驻作者持续产出优质内容；

“快讯”：互联网行业新闻实时动态更新；

“视频”：海量科技类第三方创作者视频内容进驻，以横屏信息流的形式呈现；

“音频”：36氪官方及第三方音频媒体入驻，产出科技互联网相关内容。

2. 钛媒体简介

钛媒体成立于 2012 年，又名 TMTpost，是 TMT 领域最大的信息入口和交流平台。从最初的国内 TMT 公司人社群媒体，最有钛度的一人一媒体平台，已发展成为中国最主流的财经科技信息服务提供商。钛媒体集团一直以“技术信仰、专业主义、全球影响”为宗旨，通过高质量的内容、专业数据服务、线下活动、社群运营和精品电商运营，形成了“内容消费、生活消费、产业消费”三大业务格局，也承担了重要的科技成果孵化与产业对接平台的使命，现已成为中国最大也是最具影响力的科技消费生态服务商、中国最具代表性的新媒体标杆之一。

钛媒体集团旗下的媒体业务，以 App 为核心，并在微博、微信公众平台、今日头条等社交渠道上积累了近千万粉丝，每月独立访问用户过亿，已成为 TMT 泛科技和创投领域原创内容和用户的第一入口。

钛媒体集团旗下的数据业务，以“潜在投资”和全球创投数据库 TMTBase 为核心，平台汇聚了数万名高净值投资者和企业高管用户，为这些市场决策者搭建最具活力的一级市场信息、人际网络和投融资服务，推动一代创业、创新、创造的社会中坚力量成长。以数据业务为基础，钛媒体集团旗下还形成了中国最大的技术高管社群 ITValue、技术投资者社群“潜在投资家”和 T-EDGE 前沿创新领袖社群等多个顶尖创新者社群组织，覆盖上百万中国最顶尖的创新先锋人群。

钛媒体集团旗下的生活方式业务，以线上“钛空”内容电商和线下场景体验“钛空舱”为核心，打造了中国第一个也是最具特色和影响力的科技与创意产品的选品、荐品电商平台，成为科技爱好者们的购物首选；同时，通过线下科技场景运营，已形成了钛媒体 T-EDGE“科技生活节”“科技音乐节”“科技马拉松 SmartRun”等多个极具影响力的大型线下 IP，每年有超过五万人参与钛媒体各类线下科技嘉年华。

3. AARRR 理论

AARRR 理论出自范冰 2015 年的新书《增长黑客》，该书最早提出了 Growth hacking 的基本概念，引进了 AARRR 的基本模型。作为营销学中最为新锐的理论之一，AARRR模型的出现打破了传统营销的桎梏，而专注于用户增长（Growth）。

AARRR分别对应的是获取用户（Acquisition）、激活用户（Activation）、提高留存（Retention）、增加收入（Revenue）、自传播（Referral）。需要注意的是，这五个概念并不是相互独立的，他们属于同一个生命周期中的5个环节，并循环往返，参见图4-33。

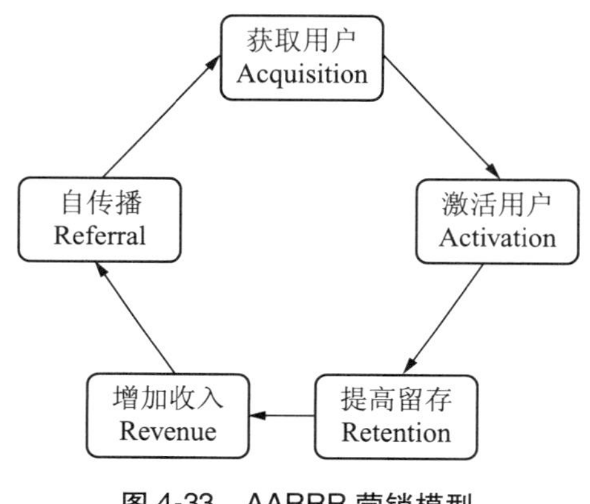

图4-33　AARRR营销模型

获取用户（Acquisition）

对于任何运营来说，用户都是一切的基础，没有用户就不存在运营。因此第一步自然是获取用户。通过提升App下载量、增加微信公众号关注量等方式，实现营销的冷启动。

激活用户（Activation）

当下市场对于活跃度的标准，一般都是指DAU（日活跃用户）、MAU（月活跃用户），这两个指标基本上可以代表一款应用的用户规模。同时这两个标准也是时下运营从业人员奉为圭臬的指标。当然需要注意的是，DAU/MAU的计算标准都是以启动应用为准，但其实存在周期内启动但时长较短的情况，也就是说启动并不等于活跃。因此我们还需要注意另外两个标准：周期内启动使用时长和周期内启动次数。如果这两个标准也在处于同步上涨的趋势，那么用户活跃度必然是增长的。

提高留存（Retention）

在实际运营中，获取用户其实并不难，合理的宣传和让利往往都能带来大幅的用户新增，但是如何留住用户才是真正的难题。一般来说，保留老用户的成本是低于获取一个新用户的，因此如何留住用户比如何获取用户的性价比是更高的；但在市场实际运营中运营者并没有办法监测用户流失时间，因此一边努力开拓新用户一边大量流失用户是现有运营中的常态事件。目前来说，如何解决留存率的问题主要是依靠对日留存率、周留存率、月留存率的数据监控，根据实际数据分析在流失产生之前采取应对措施，提升用户使用率。

增加收入（Revenue）

严格意义上来说，获取收入才是运营的绝对核心，当然不排除有极少数人群是在进行着不以赢利为目的的应用开发运作，但对于绝大部分开发者来说收入才是他们最为在意的。退一步而言，即便是免费应用也应该具备赢利模式。就目前的市场机制来看，运营收入来源较为多样，主流方式包含：应用内充值、付费应用、广告三类。但无论是哪种方式，最终的基础都是用户群的规模，足够的用户群是收入上升的必要条件。

自传播（Referral）

对于传统运营模型来说，自传播其实并不存在。由于近年来社交的兴起才使得运营模式中增加了这个概念。也就是说自传播本身是建立在社交的基础之上的。自传播又翻译为病毒传播，是用户自发进行的再传播，也是 AARRR 理论模型的基础。当下有非常多优秀的应用有效地应用了这点不断扩大自身用户群体量级。这一方式成本较低，效果显著，性价比高，对于品质较高的应用具有较强的营销效用。

（二）36 氪：重视“AAR”，强调平台运营

1. Acquisition——以多渠道布局获取用户

微信和微博作为国内月度活跃用户量最大的社交媒体，是两家媒体除自身 App 之外内容布局力度最大的外部平台。

表 4-3　36 氪和钛媒体的媒体平台布局及运营力度（除媒体自有平台外）

	微信（公众号/小程序）	微博	头条号	百度	网易新闻
钛媒体	★★★★★	★★★★★	★★★	★★	★★★
36 氪	★★★★★	★★★★★	★★★★	★★★	★★★
	新浪新闻	搜狐新闻	一点资讯	ZAKER	
钛媒体	★★	★★	★★★	★★★	
36 氪	★★★	★★★	★★	★★	

宏观上来看，36 氪和钛媒体同时都有覆盖主流社交媒体渠道；但相对而言，36 氪更强调全媒体渠道布局：无论是在社交平台，还是新闻媒体，又或是音频媒体，36 氪都已入驻，且进行了不同程度的内容多平台运营。

相对于钛媒体而言，36 氪所拥有的资源更多更广泛，更能实现全渠道平台的覆盖，而钛媒体的资本扩张相对更弱，目标人群市场定位更细分，其媒体平台运营力度相对更小。

2. Activation——以“激励机制+场景覆盖”提高活跃度

36 氪近期开始以阅读奖励金的制度来激励用户阅读新闻，将平台上的受众注意力作为流量来进行售卖，期待以这样一种类似“广告费用分成”的机制作为主要营收途径；这样一种机制，用户“拉新”较为简单，在同质化竞争激烈的媒体市场，“促活”依靠奖励金的力度、依靠资本拥有海量用户体量，吸引用户下载 App，形成阅读习惯；当资本逐渐退出，带来阅读收益的下降，这样一种收入落差会让一部分“羊毛党”退出，必然带来活跃用户量的急速下降；此时，平台对内容的筛选推荐机制决定了什么样的用户会继续留在平台，更强调内容竞争。此时以内容作为评判平台好坏的标准，有利于打造较为健康的市场竞争环境。

除此之外，36 氪的经典栏目每日早间新闻“8 点 1 氪”自 2013 年上线以来，由于其资讯的时效性和内容的优质性，已逐渐成为广大互联网人每日获取 TMT 资讯的主要平台；其文内陆续推出的 8 点 1 氪音频，完善了早间新闻的服务；以及 2019 年开始推出的每日商业精选，以“图表+文字”的形式解构最新市场报告洞察，持续向外输出36氪的商业服务和数据洞察高专业度的讯息，也印证了其“打造互联网领先新商业媒体”的平台愿景，以广泛多元的场景覆盖，提升了其用户活跃度。

3. Retention——注重搜索引擎优化，提高留存率

针对36氪和钛媒体这两个媒体的官网而言，其很大一部分流量来自搜索引擎。反链数就是指从别的网站导入某网站的链接数量。根据Alexa官网数据，36氪钛媒体反链数为3 461条，钛媒体为1 024条；而根据艾瑞iResearch数据显示，钛媒体的用户平均停留时长为19分钟，高于36氪12分钟，这表明，36氪相对于钛媒体而言能够获得更多的搜索引擎曝光机会，网站流量也更大，但钛媒体更具有内容运营优势。加上近期36氪传媒获得了百度视频的融资，36氪内容在百度搜索结果中的权重将会越发提升，优质搜索引擎优化也能够提升用户黏性，提高用户留存率。

（三）钛媒体：强调“ARR”，侧重内容运营

1. Acquisition——以深度内容获取用户

钛媒体的内容总体可分为四个部分。

（1）“钛媒体深度”“钛媒体独家”“钛度评论”“钛媒体专访”：深度剖析用户TMT行业动向。

（2）“钛媒体影像”“钛媒体视频”“图集”：以图片专题或视频专题的形式报道的专题内容。

（3）“钛度实验室”“钛极客”：前沿流行科技专题评测和推荐。

（4）“瞬眼（快讯）”：实时更新互联网科技行业最新动态。

在App版位设计上，相较于36氪将其“深度”版块放置在倒数第六位的位置，钛媒体将深度版块放置在第二位，这表明钛媒体更重视以自身的深度内容为核心；除此之外，2015年，钛媒体整合纸媒《商业价值》，开启了集团化运作之路，也成为业内首起新媒体反向整合传统杂志的经典案例，表明钛媒体更加重视以更加优质的洞察抓住核心用户群体。

2. Retention——以内容国际化和垂直化提高留存率

钛媒体更具备全球视野，内容国际化程度相对较高，它的“ENGLISH”栏目可链接至钛媒体英文版官网，表现了其海外全球化扩张的野心，正契合了其“打造 TMT 领域的全球性平台”的平台愿景。钛媒体 App 分为“阅读”“瞬眼”“72 问”“发现”和“我的”五个大版块，其中居于首页的“阅读”版块下，又有“推荐”“深度”“影像”“出行”“评测”和“ENGLISH”六大内容栏目，其中的“推荐”栏目则是包括付费课程推荐在内的全 App 内容的精选整合；第二版块“瞬眼”为新闻快讯实时更新播报信息流；第三版块“72 问”则是 2017 年新增的付费课程内容；而“发现”版块更类似于一个专题集合页面，可以找到区块链、AI 等相关内容专题。

从 Alexa 排名来看，钛媒体重视其国际化内容布局，国外检索量高于 36 氪；ENGLISH 版块从 2012 年上线开始，其就因为犀利的互联网商业评论亮点不断，吸粉无数。以上内容均表明，钛媒体更加注重内容的国际化视野，注重其 TMT 商业内容的垂直化布局以提升用户留存。

3. Referral——以热点内容引导自传播

对于绝大部分运营体系来说，Referral 这一运营模型实际上是并不具备战略参考价值的，在社交网络空前发达的今天，病毒扩散已经不是一个新鲜的词汇了，从当年的“贾君鹏，你妈喊你回家吃饭”开始就证明了病毒式自传播有着极大的偶然性和不可控性。但即便如此，谁都无法否认的是自传播是获取新用户的绝佳运营模式。然而这种模式的前提是媒体自身口碑和内容较为优质。

一直以来，钛媒体作为一家在内容层面上精耕细作的科技媒体，其原创内容无论是热度还是深度都能在一定程度上吸引广大受众。就 2016 年几乎霸屏科技媒体全面焦点版面的贾跃亭案而言，钛媒体在以热点内容引发自传播的运营上堪称典范。

2016 年 11 月在乐视风头正盛之时，钛媒体冒大不韪地发文提出质疑，一篇《乐视会像当年德隆一样大崩盘吗?》将钛媒体推到风口浪尖。下面截取了一些当时钛媒体的报道内容。

“我需要去每一个角落，没有去的地方都代表不存在，不能说‘没有让你看到而已’。”

“为了我的人身安全和保证调研可靠性，我会在美国当地雇佣一名保镖。”

其后钛媒体创始人赵何娟回复一封硬气声明，可以说无论是对于热点新闻的理性内容把握还是理性之外的情感信息的表达上，钛媒体独特的风格对于广大用户都有着不可忽视的吸引力，因此在Refer自传播这一运营模型上，钛媒体在当下科技媒体圈堪称经典。

（四）Revenue——资本运营模式差异

1. 36氪资本运营模式

36氪在2009年初创时名为“Tech crunch中文网”，靠翻译Tech crunch的文章起家，后由于版权诉讼问题转型做国内创业项目报道。2011年，36氪将自己的定位不局限于做一个“媒体”，而是作为服务创投产业链的创业服务平台。

在科技媒体发展初期，以极客公园、爱范儿等为主的科技新媒体被资本争相追逐，而其赢利模式尚不成熟却成了其持续发展的桎梏；而此时的36氪对外的模式仅仅只有股权众筹而已；但即便如此，由于科技媒体整体都属于一个新兴行业，对外宣传股权众筹的36氪也到2015年才正式上线了其融资平台，发布公司投资指数的专业工具36氪指数。次年，随着今日头条、一点资讯等资讯内容分发平台逐渐受到资本市场追捧，36氪App全新改版为对标今日头条的内容分发平台，将创投和金融业务从传媒业务中剥离分拆，重拾以媒体为核心的定位；同年，还上线创投助手App，举办WISE独角兽大会、投资人峰会等。

同期随着创投助手升级为“鲸准”，并成为一级市场领先的数据平台和系统提供商，36氪上线了付费专栏“开氪”。旗下的传媒平台更是获得来自分众、百度视频等媒体的3亿融资。36氪顺势推出线下互动广告设备“肚肚机”，布局户外广告市场，欲打造互动广告中的“分众”。

36氪传媒在独立分拆运营后，拉来《第一财经周刊》冯大刚坐镇，对标今日头条，打造垂直内容分发平台，现已对外宣称连续两年持续赢利。就36氪传媒而言，其资本运营模式可大致主要分为三部分：

（1）内容引流，实现流量变现，主要变现途径是广告；

（2）知识变现，主要收入是付费课程开氪以及营销策划收入；

（3）IP 变现，主要收入来源是各类专题峰会，城市合伙人计划等。

2. 钛媒体资本运营模式

与 36 氪不同的是，钛媒体在 2012 年由《第一财经日报》记者赵何娟创立，上线之初，即以优质深度内容引发海量关注；两年之后才参股成立钛资本，介入一级市场专业数据服务；次年，钛媒体通过整合并购了《商业价值》杂志，开启了集团化运作，通过优质内容、专业数据服务、线下活动、社群运营和精品电商运营，形成了“内容消费、生活消费、产业消费”三大业务格局，至此钛媒体的资本运营才初具规模。

直到时隔 4 年之后的 2016 年，钛媒体上线专业股权投资金融信息平台“潜在投资”，开始逐渐启动资本运作，其中战略投资“方橙创投”，并将其改名为“钛易投”，这一举动标志着钛媒体进一步完善了其一级市场金融数据服务生态。钛媒体在资本运营方面并非进攻型的战略部署，整体发展较为缓慢；即便是 2018 年 2 月投资区块链媒体“链得得”，看似垂直深耕区块链行业资讯，但本质上还是没脱出媒体行业资讯业务本身的束缚，这可能与其创始人出身媒体有着不可忽视的关联。钛媒体资本运营模式可大致主要分为四部分：

（1）媒体：App 官网等多渠道的广告收入；

（2）社群：高端创投付费社群；

（3）数据：TMT 市场数据库和报告服务；

（4）内容电商：科技产品自营电商（钛空舱）。

3. 36 氪和钛媒体资本运营模式差异

36 氪由于获得了海量融资，得到了资本市场的持续关注和有关政府的扶持，其创始人刘成城为中科院数据挖掘方向硕士，奠定了 36 氪以技术为支撑、媒体平台化特征、注重资源高效整合和创投产业链多维布局的发展方向。

钛媒体在其资本运营上，更加注重即时变现，更强调以稳健的资本运作的方式，通过稳步培育自身赢利能力来达到赢利目标。在其微信公众号下的栏目，“专业服务”版块，销售其999元的钛媒体PRO专业版高端一级市场数据报告服务；“课程”版块，则可以直接转到知识付费页面。

钛媒体和36氪都在自己的App上更注重服务创投人，而在微信公众号上更倾向于面对互联网从业大众，彰显更强的媒体属性。这是因为媒体本身的限制：微信体系内不能获取用户完整的浏览偏好行为，而App无论是在用户UI交互体验的流畅度，还是在人群监测定向推送上，都能够做到更加精准的触达。

（五）36氪和钛媒体运营模式差异成因

1. 36氪：强技术支撑，重资本运作

（1）36氪SWOT分析

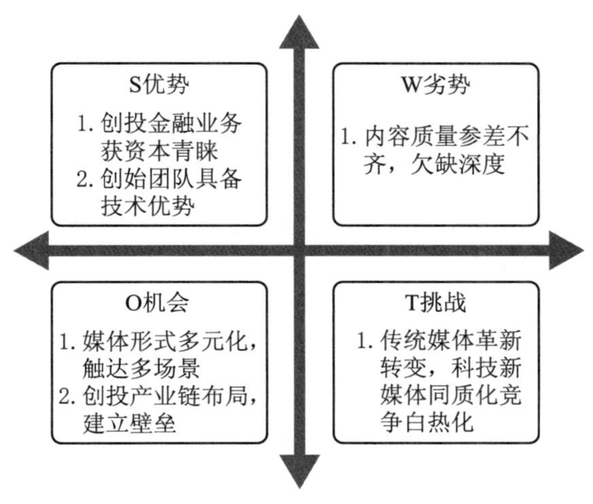

图4-34　36氪SWOT战略分析

① Strength优势

a. 创投金融业务获资本青睐

蚂蚁金服牵手36氪，为36氪的D轮融资，蚂蚁金服领投，华泰瑞麟经纬中国跟投。融资金额1.5亿美元，意味着36氪估值超过10亿美元，位列“独角兽”。除此之外，蚂蚁金服还与36氪在股权众筹方向达成深度战略合作。

b. 创始团队具备技术优势

其创始人刘成城为中科院数据挖掘方向硕士，奠定了36氪以技术为支撑、媒体平台化特征、注重资源高效整合和创投产业链多维布局的发展方向。

② Weakness 劣势

a. 内容质量参差不齐，深度欠缺

36氪在2016年转向对标今日头条，主攻垂直内容分发之后，其在平台引入了多元主体的内容，企业方、媒体、内容创作者都能发布和分发内容；这也使得36氪内容在提高量级的基础之上，缺乏了对深度的挖掘。在App版位设计上，36氪将其“深度”版块放置在倒数第六位的位置，而反观钛媒体将深度版块放置在第二位，表明钛媒体更重视以自身的内容深度；除此之外，2015年，钛媒体整合纸媒《商业价值》，新媒体反向整合传统杂志，也表明钛媒体相对更加重视以更加优质的洞察深度内容吸引受众。

③ Opportunity 机会

a. 媒体形式多元化，触达多场景

36氪特色早报8点1氪推出音频新闻，使得用户在不方便阅读内容的场景中能够收听新闻资讯；同时，还在喜马拉雅音频App中同步上线多元内容音频，触达用户音频学习使用场景。另外，36氪开始布局视频内容信息流，以触达用户娱乐视频休闲场景。

b. 创投产业链布局，建立壁垒

经过七年发展，36氪已发展为一家科技创业综合服务集团，由中国影响力较大的新商业媒体——36氪传媒、中国规模较大且入驻率较高的联合办公空间——氪空间、一级市场数据较权威的新时代金融数据提供商——鲸准三部分组成。其基于科技创业的全产业链布局战略，奠定了其在市场竞争中的独特品牌壁垒。

④ Threat 挑战

a. 传统媒体革新转变，科技新媒体同质化竞争白热化

2019年年初，在上海报业集团“媒体融合向纵深发展”动员大会暨2019年度工作会议上，上报集团党委书记、社长裘新发表讲话，指出了上海报业集

团新媒体改革的方向和目标。旗下的澎湃新闻、界面新闻实现年收入亿元，为传统媒体创新改革的优秀先锋。传统媒体频频发力，科技新媒体不仅要面对来自传统门户网站、党媒等的竞争压力，更需要同企业化经营的科技自媒体新媒体相抗衡。科技新媒体自 2012 年起就如雨后春笋般兴起，随着虎嗅网、爱范儿等科技自媒体走向上市之路，科技新媒体的同质化竞争也开始呈现出白热化的状态。

36 氪作为科技新媒体行业的领导者，一直在资本的裹挟中尝试以各种不同的运营方向来获得赢利：例如通过全创投产业链布局，以股权众筹作为赢利方式，以 36 氪媒体内容、鲸准数据服务、氪空间创业孵化为辅助服务；2016 年又转变方向，重拾媒体为核心定位，将 36 氪传媒核心业务分拆运营，从做“大而全”的创投服务商道打造多个“小而美”的轻量化内容分发平台，对科技新媒体市场而言，36 氪可以说是科技新媒体行业中的资源集大势者，也是科技新媒体赢利模式的探路者。

因而，就 36 氪对于科技新媒体市场而言，具备了统一联系的市场功能，以媒体平台出发，整合了创投产业链上下游，综合运用资本的力量，为科技新媒体的发展提供了参考。

（2）跳脱媒体框架，搭建创投金融平台

36 氪近期开始以阅读奖励金的制度来激励用户阅读新闻，将平台上的受众注意力作为流量来进行售卖，期待以这样一种类似“广告费用分成”的机制作为主要营收途径；这样一种机制，用户“拉新”较为简单，而在同质化竞争激烈的媒体市场，“促活”一方面依靠奖励金的力度，依靠资本来拥有海量的用户体量，吸引用户下载 App，形成阅读习惯；当资本逐渐退出，带来阅读收益的下降，这样一种收入落差会让一部分“羊毛党”退出，必然带来活跃用户量的急速下降；此时，平台对内容的筛选推荐机制决定了什么样的用户会继续留在平台，更强调内容竞争。此时以内容作为评判平台好坏的标准，有利于打造较为健康的市场竞争环境。

而 36 氪作为垂直内容媒体，对标的是像今日头条这类的综合内容媒体，细分垂直的市场定位必然导致更狭窄的受众群体；科技类内容阅读的受众相对而言更为优质，消费力更强；但综合类广告平台由于其强大的人群标签精准数据定向技术，基于其海量的用户基数，同样能够筛选优质受众，且流量库存更为充足，有更大的流量筛选优化空间；36 氪在体量上难以同内容更大众化的综合新闻平台竞争，在新闻资讯类媒体中的排名靠后，广告商选择该平台的概率也相应减小。如果 36 氪 App 本身也成为一个综合内容平台，并学习综合媒体平台增加受众广告精准定向筛选技术，则失去了其本身的优势；由此可见，现阶段 36 氪通过内容引流，以广告实现流量变现的模式，从长远来看能否持续下去维持赢利，还是一个问号。

36 氪作为垂直科技新媒体中的前行者，其资本运营模式经过了几重变化：从媒体到金融平台，再回归媒体。其不断探索着科技新媒体的运营模式，也赋予了其特有的深度创投资讯平台特征。其最终得出的市场反馈结论，将会成为指引科技新媒体市场发展的重要信息引导。

2. 钛媒体：深耕深度内容，多维度服务 TMT 圈层人群

（1）钛媒体 SWOT 分析

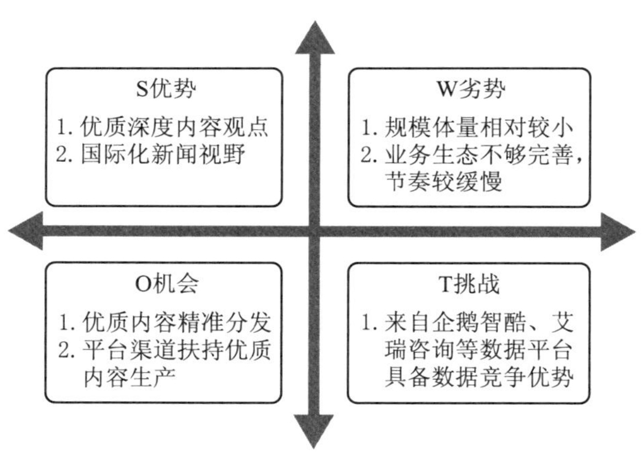

图 4-35　钛媒体 SWOT 战略分析

① Strength 优势

优质深度内容观点+国际化新闻视野

2015 年，钛媒体整合纸媒《商业价值》，新媒体反向整合传统杂志，也表明钛媒体相对更加重视以更加优质的洞察深度内容吸引受众。加之钛媒体创始人赵何娟的财经媒体记者背景，注重 TMT 科技内容垂直深耕，注重国际化内容布局，是其区别于其他科技新媒体的主要内容优势。

② Weakness 劣势

a. 规模体量相对较小

近年来，钛媒体在资本运作上努力保持其独立，以维持内容运营上相对独立的话语权。钛媒体极具个人特色的客观媒体立场令人钦佩，其内容输出始终极具观点性甚至对行业有了舆论监督和道德批判的作用；但科技媒体并非纯粹的媒体，多方树敌实则是对媒体本身优势的消耗。而其核心媒体业务略显单薄，在整体资本市场并不被看好，最终导致其体量无法进一步扩大，成为其发展的劣势之一。

b. 业务生态不够完善，节奏较缓慢

钛媒体无论是其 TMT 市场数据库和报告服务，还是其科技产品自营内容电商（钛空舱），又或者其创始之初的高端创投付费社群，其营销规模、运营规模相对都稍显弱势。虽然已有初步布局的方向，但由于不像 36 氪有着雄厚的资本支撑，其项目的进展节奏较为缓慢。

③ Opportunity 机会

a. 优质内容精准分发

钛媒体可以基于 Zaker 一类的偏高端的财经新闻媒体平台重点展开运营，精准选择内容分发渠道，触达高端圈层用户；在 App 内，钛媒体可以学习 36 氪，在用户注册时给出兴趣选择，利用用户实时阅读交互数据，优化内容分发，基于用户兴趣推荐内容。

b. 平台渠道扶持优质内容生产

提升内容生产积极性，增加优质内容体量，以多元激励方式刺激平台内优质内容生产，建立良性优质内容扶持激励机制。

④ Threat 挑战

a. 来自企鹅智酷、艾瑞咨询等数据平台具备数据竞争优势

钛媒体对外销售其 TMT 市场数据库和报告服务，但其并不具备较强的数据

竞争优势。无论是基于腾讯数据的企鹅智酷，还是基于自营数据调研平台的艾瑞咨询，其对 TMT 行业的市场洞察都具有极强的数据优势。

钛媒体更加重视为核心人群提供有偿优质的打包内容和服务。而其难免会面临的问题则是受众群体虽然单客消费力高，但受众群偏小，在激烈的市场竞争中，又缺乏足够的营销宣传以突出其数据服务的优势；虽然随着知识付费 App 的兴起，国内消费者的内容付费意愿较过去有了显著的提升，内容付费的市场逐步成熟，而钛媒体这类服务细分市场的科技新媒体，要想提升自身的声量，还需要继续针对创投圈层开展营销，如社群口碑传播等。

钛媒体深耕内容的运营模式，在小范围群体内收获了相当不俗的成效，无论是经济效益还是运作模式都相对较为成熟，对于许多新兴同类科技媒体来说，钛媒体的反馈要来得显而易见一些。钛媒体的内容运营模式对于整体科技媒体市场而言，具有强调深耕内容运营的优质效用。

（2）从社群到科技新媒体，再到 TMT 产业链服务商

钛媒体的多项外部特性，在一定程度上都与其创始人赵何娟的财经媒体记者出身有关。注重 TMT 科技内容垂直深耕，内容国际化程度相对较高，服务更小众、更高端、消费潜力更高的 TMT 创投圈投资者和经营者细分人群，是其区别于其他科技新媒体的主要内容特征。

钛媒体作为科技新媒体，始终坚持其“媒体”属性，执着于做出优质深度内容，提供 TMT 行业洞察；反观其他科技新媒体，有的负责爆料，有的致力于报道初创企业，而钛媒体最核心的价值在于它的观点输出，对于科技新媒体市场而言，具有强大的以内容为核心的导向作用。

在 TMT 的产业链服务中，运营者必须从市场需求出发，明确用户的“痛点”，把立足点和目标点放在产品“卖出去”上。在科技媒体市场，钛媒体高质量的内容运营带来良好的科技新媒体市场导向功能，其运营优势对科技新媒体市场的作用很大，有利于市场朝着健康的方向发展。

（六）36 氪与钛媒体运营模式的优劣势及可借鉴点

1. 钛媒体深耕用户运营的优劣

（1）专注内容与深耕用户带来的优势

钛媒体从成立至今，从始至终都展现出了较强的媒体属性。也就是和传统媒体一样，具有“生于内容，取于内容，长于内容”的特性。在实际运作上，钛媒体并没有一味地取悦大众用户，始终重视观点的输出，以独特的视角创作，并重视为核心目标人群有偿提供优质的资讯内容和服务，抓住高价值人群，针对创投圈层开展营销，如社群口碑传播等，提升自身声量。

依据二八定律，事物中最重要的只占其中一小部分，约 20%，其余 80% 尽管是多数，却是次要的。在产品用户中，真正为企业媒体创收的其实是很少的一部分人群，钛媒体针对市场创投高层群体，有针对性地输出内容，挖掘行业市场深度信息来服务专业人群，有利于增强其用户黏性，有利于平台良性发展。

时代发展至今，商业模式不断变化，用户内容消费不断升级，特别是高端用户需求不断纵深化，专业化趋势明显。钛媒体专注内容输出的运营模式恰巧与时代发展本身不谋而合，这是钛媒体深耕用户、专注内容运营带来的优势所在，同时也是钛媒体发展至今不断壮大的根本原因所在。

（2）忽视用户群体量级运营带来的劣势

钛媒体的成长至今的核心竞争点在某种意义上也限制了其进一步扩张。首先，钛媒体的内容输出主要针对 TMT 创投圈层，市场整体用户体量有限，一定程度上限制了用户量级的扩张；即使人群客单消费力较高，但如果想进一步扩张，则略显艰难。

其次，专业化的内容观点输出在无形中设置了准入门槛，其深度性产品对用户的专业性素养有着极高的要求，这在增长的第一步——用户获取上就造成了一定的限制。

最后，钛媒体由于其创始人的财经记者出身背景，作为科技媒体而言，相较于 36 氪，其商业属性要相对弱于媒体属性。以钛媒体曾发文质疑乐视贾跃亭为例，虽然在社会公众角度而言，钛媒体具备优秀的舆论担当，但是作为商业集团而言，此举相对缺乏理性。近年来，极具赵何娟特色的客观媒体立场令人钦佩，其内容输出始终极具观点性甚至对行业有了舆论监督和道德批判的作用。但科技媒体并非纯粹的媒体，多方树敌实则是对媒体本身优势的消耗。钛媒体在资本运作上努力保持其独立，而其核心媒体业务略显单薄，在整体资本市场并不被看好，最终导致其体量无法进一步扩大，成为其发展的劣势之一。

2. 36 氪侧重平台运营的优劣

（1）全媒体多渠道平台布局的优势

在如今的科技媒体市场，36 氪作为较大型的科技新媒体，一直在往相对“大而全”的方向发展，36 氪主营内容分发，其区别于其他内容分发平台的核心商业价值在于其对内容的选择，推荐算法技术的权重分配。以媒体业务为核心，再相应拓展到服务创投科技产业链上下游。

除了上述优势之外，36 氪不仅从受众和广告商的手中获利，同时拓展自身业务的边界，不再将自身局限于媒体业务，扩张布局。例如其针对创投产业链，可开展集团化运作，赢利模式包括：

① 投融资对接（FA）：提供创业者与创投机构对接、与投资人对接（股权众筹）、与银行等贷款机构对接服务，从中抽取中介费用；

② 企业公关：帮助企业营销策划，获得更大的媒体声量，吸引用户关注和投资；

③ 为创业者提供办公场地及相关的配套服务从而收取费用；

④ 金融数据服务：为创投人提供投融资信息数据库和报告服务。

综上所述，36 氪依靠充足的资本基础，通过全媒体渠道覆盖模式，无论是在品牌量级打造还是行业公信力的建立上都有着不可忽视的优势。在有雄厚资本的前提下，36 氪以席卷式的发展脚步曾经一度有着很大的影响力，这就是资本本身的实力，并且随着其平台发展的不断壮大，金融市场进一步地跟投和 36 氪自身的融资会形成一个资本的良性循环，即资本输入扩大量级，吸引更多的资本输入。

（2）重视平台，忽略内容深度带来的劣势

相较于钛媒体这类轻量的科技新媒体，36 氪大而全的平台部署运作带来的优势十分明显，在市场占用和影响力上都有着绝对的领先优势。但由于体量过于庞大，即便 36 氪也有细分市场定位，精细运营服务互联网科技创投产业链的相关举动，但相比于钛媒体更加“小而美”的市场人群划分，就显得有些同质化运营。没有完全精细化服务 TMT 创投圈层人群，发挥资源优势。也就是说，36 氪在发挥其社群资源运营优势上做得还不够，没有将自身媒体属性区别于其他科技新媒体的独特销售主张，导致品牌壁垒不够深厚。

同时，过于庞大的平台运转使得 36 氪内部 UGC 短时间无法沉淀为媒体自身数据资产，导致内容社区形成缓慢，不能实现用户最佳的交互体验。这样的发展趋势如果无法得到重视和改善，一旦资本逐渐退出，必然带来活跃用户量的急速下降；此时，平台对内容的筛选推荐机制决定了什么样的用户会继续留在平台，一旦 36 氪陷入了强调内容竞争的境地，完全以内容作为评判平台好坏的标准时，其前期的资本优势就会荡然无存。毕竟，忠诚用户才是商业价值的源头。

3. 36 氪与钛媒体的可借鉴点

综观科技媒体的发展史其实并不算长，但每一家能够生存下来的科技媒体都必然有着其可借鉴之处。对于钛媒体与 36 氪来说，能在科技媒体市场取得如今的成就，必然有其可借鉴之处。但最值得借鉴之处应该是他们对于用户的把握，如何抓住用户，深挖用户洞察，是 36 氪与钛媒体最值得借鉴的地方。

（1）讲究品质，注重用户体验

近年来，中国中产阶级群体不断发展壮大，目前已有 2.8 亿人，2035 年中产阶级人群的比例甚至可能会达到 50%，中产阶级人群的消费潜力不可估量。与此同时，现在消费的主力军正转向 90 后、00 后，这一代人更注重产品的品质与体验。所以，现在要抓住用户，比拼的往往不仅仅是物质层面，更是精神层面的消费。例如星巴克，因为体验感可以把咖啡卖出轻奢的价格；又如一些潮流品牌，准确抓住了年轻人的喜好，俘获了无数粉丝的心，还能引得无数消费者通宵排队。

对科技媒体而言也是同理，更多的受众用户开始愿意为更好的品质、更优的体验付费。钛媒体的专业内容和36氪的优质平台服务都迎合了新时代用户的消费特性，在互联网大数据时代背景下，用户行为变得不那么难以捉摸，可以系统性地抓取和解析，那么怎样通过自身的优势去获取市场份额就无疑是科技媒体的核心问题。钛媒体注重加强自身产品内容的品质，36氪则着力于打造用户更好的平台体验，都十分值得借鉴。

（2）尊重用户个性，优化平台服务

对于科技新媒体来说，最大问题可能是市场成熟度较低，没有足够的历史经验可供参照，但这同时又是最大的优势所在。在传统营销运营随时代变迁而逐渐迭代之时，科技新媒体可以按照自己的定位来创造出全新的诠释和定义。

在大而全的媒体战略已经趋于失灵的市场环境下，新媒体营销已逐步成主流。新媒体本身的出现破坏了传统营销领域的格局，我们无法再如同从前那样用一个招式搞定所有用户。尊重用户的个性变得势在必行。钛媒体凭借着自身传统财经科技媒体出身的独特优势，专注于为科技财经创投圈层生产行业信息内容这一举措，无疑是对用户个性的最大尊重。而36氪在雄厚的资本支撑之下对平台进行了深耕细作，细化用户需求，诸如“氪空间”“鲸准”等不同平台的搭建，针对性优化平台服务，较为准确地把握了不同用户群体的需求，搭建平台以扩大规模。换言之，钛媒体和36氪都有针对新时代的用户群体做出不同层面和不同程度的布局运营。可以说，未来科技新媒体在运营过程中，只有将用户不断细化，深挖用户洞察，才能真正做大做强。

（七）结论

结合AARRR市场营销理论，我们得知36氪由于其技术优势背景和丰富资源支持，更注重平台运营，注重多渠道布局和优化，注重以激励机制和场景覆盖提高用户活跃度，重视用搜索引擎优化来提高用户留存率；钛媒体则基于科技媒体资源优势，更注重内容运营，重视提升内容垂直深度以提升用户留存，以国际化的热点内容引导传播。在资本运营模式上，36 氪倾向于拓展至创投产业链，钛媒体则注重深耕细分内容媒体，例如区块链媒体“链得得”，其侧重于服务创投圈层细分人群，以高端付费 TMT 深度内容和数据服务为核心。

建议类似 36 氪一类的强技术支撑、重资本运作的媒体，基于其内容量级和平台高完善度，应当以平台为基础，实时拓展至细分产业链上下游服务；而类似钛媒体这类更为轻量的 TMT 科技新媒体，则应深耕内容，精细化运营更“小而美”的市场和人群，逐步拓展渠道，建立其特有的品牌壁垒。

案例 6：《奇葩说》的内容经营策略及其问题

新媒体时代，低门槛的传播途径、规模庞大的受众等特性为更多元化的原创媒体内容提供了更广阔的发展空间。一方面，网络的内容创作的低成本为更多内容创作者提供实验的机会与平台，不断推出新内容，收集受众反馈，并最终提供更受观众喜爱，市场接受的节目内容；另一方面，互联网连接受众和内容制作方的强互动性，也使得节目内容制作对受众的投放更加精准。而在此背景下不断发展的网络综艺，让更多资本看到了商机。现尝试以米未传媒的《奇葩说》为例，具体分析其发展路程并以此对网络综艺的内容创作与经营进行探究。

（一）网络综艺兴起的背景

1. 互联网时代视频成为新媒体互动热点

以短视频媒体互动为代表的视频媒体已经日渐融入人们的网络生活。根据中国互联网网络信息中心 2018 年 6 月公布的最新数据显示，中国网络视频用户已经达 6 亿，将近中国总人口的一半。

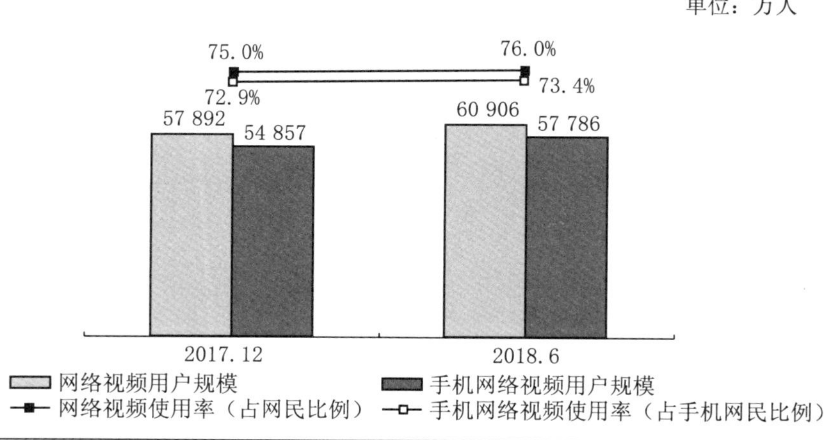

图 4-36　2017 年 12 月至 2018 年 6 月网络视频/手机网络视频用户规模及使用率

庞大的用户基数，为网络视频平台提供了更广阔的发展空间，也对内容的丰富度提出了更高的要求。许多主流视频网站或平台初期都是依靠用户自发上传内容，即 UGC（User Generated Content）模式，但随着模式的广泛应用，版权和内容同质化问题渐渐凸显，视频网站开始转向专业化内容生产，即 PGC（Professionally Generated Content），由视频网站向专业制作综艺节目的电视台或影视制作公司购买版权在自己平台播放，但由于限娱令颁布之后电视综艺节目制作减少，本身不菲的版权费不断上涨，网络视频平台开始从自身平台制作中寻找出路，互联网专业化内容生产模式，即 IPGC（Intenert Professional Generated Content）出现，由视频网站根据用户需求自己制作视频综艺节目。以《奇葩说》为代表的网络自制综艺逐渐进入了大众视野。

此外，网络平台播放的综艺节目可以最有效地承载大众娱乐的需求。伴随着技术的不断成熟，活跃在网络平台上的人们不再仅仅局限于文字、图片表达的内容，视频成为互联网时代新媒体互动热点。相较于其他形式的交流传播，视频包含声音、文字、动态图像，内容更加丰富，观众可以更加直观地接收到信息。随着人们越来越多的关注，网络综艺也由低成本、小制作转向高投入、精品化的节目制作方式，也推动着网络综艺不断发展壮大。

2. 网络综艺满足多样化的亚文化的娱乐需求

在承载大众娱乐需求的同时，网络综艺节目作为网络视频传播的主力军能够满足更加多样化的亚文化的娱乐需求。相较于传统电视综艺节目的受众年龄层更广泛，网络综艺则更多以年轻群体为主要受众。观看方式也从往往以家庭为单位、注意力相较分散的陪伴式观看，转由网络综艺自主性强、注意力更加集中的独自观看。网络综艺的用户定位更加细化，受众更加准确，类型多样，也就能够更多满足多样化的亚文化的娱乐需求。

目前主流的视频网站的主要使用群体是伴随着互联网成长起来的以 90 后为代表的年轻群体。在传统的人际社会，亚文化由于其相较小众的群体结构和边缘化或过于敏感的话题，难以拥有充分的话语空间和话语权，但互联网平台则给予了这一群体更多的自由表达和交流的空间。各色的亚文化群体渴望在互联网这一相对自由开放的平台下释放自我压力，以达到愉悦身心的目的，而网综正好满足了这一点。《奇葩说》每一季的辩题选择常常显得十分大胆，却又是如今青年群体关注且在生活中会受到困扰的话题，因而获得了众多年轻观众的喜爱，甚至成了热门话题的引发者。

（二）《奇葩说》节目的创立与定位

1.《奇葩说》节目的创立与价值定位

谈起《奇葩说》节目的创立，离不开一个五季无一缺席的核心人物——马东。在2013年担任爱奇艺首席内容官后，马东在2014年11月正式推出爱奇艺的自制辩论综艺节目《奇葩说》，倡导多元观点、多元表达。

作为一档以辩论为主要形式的综艺节目，在综艺平台上线的《奇葩说》免不掉让人联想起曾经广受欢迎的专业型辩论比赛《国际大学群英辩论会（国际大专辩论赛）》。该节目在中央电视台的播出后影响力日益增大，并逐渐成为华语辩论的最高舞台，决赛辩论视频在网络上广为流传，成为辩论圈必看经典辩论赛之一。而从《国际大专辩论赛》走出的许多辩论精英们，在2011年节目正式停播后，在《奇葩说》五季的舞台上现身。包括获得全程最佳辩手的黄执中、陈铭等人在内，都加入了奇葩说的节目中并成了季度比赛的冠军，为观众们熟知。

但与真正严肃的辩论节目有所不同，《奇葩说》作为一档综艺节目，追求娱乐化的同时，从赛制到话题选择都并非为辩论而辩论，而是努力传递出一种正向的价值观。

2.《奇葩说》节目受众定位

《奇葩说》的受众定位非常明确——活跃在微博、微信等新媒体社交平台中的年轻群体。创立初期，节目在诞生之初便有“40岁以上人群请在90后的陪伴下观看”的宣传语，直接瞄准15至24岁之间的年轻人。一方面，年轻群体是网络视频观看者的主力军，抓住了年轻人的眼球也就争夺到了网络综艺大部分的市场；另一方面，处于这个时期的年轻人初入社会，常常陷入迷茫之中，又有较强的表达欲，易于参与到节目营造的辩论情景和话题讨论中。由此，《奇葩说》节目的选题和制作效果的判断也常常诞生于新媒体平台。

（三）节目话题选择

1. 辩题话题分析

网络综艺节目相对于传统节目而言，不仅在表现形式上，在内容话题的选择上也具有更强的灵活性和自由空间。作为辩论节目，其倡导的主题和话题选择在辩题中充分体现。下表整理了五季《奇葩说》的辩题、辩题涉及的主要领域以及关键词。

表 4-4　《奇葩说》第一季主要辩题

序号	辩题（＊为情景假设问题）	涉及主题	关键词
1	漂亮女人应该拼事业还是拼男人?	女性权利	拼事业/拼伴侣
2	该不该看伴侣的手机?	恋爱/婚姻	伴侣隐私
3	这是不是一个看脸的社会?	社会热点	看脸社会
4	没有爱了要不要离婚?	婚姻	无爱婚姻
5	举报同学作弊导致对方被开除，我做错了吗?	校园	考试作弊
6	份子钱该不该被消灭?	传统习俗	份子钱
7	爱上好朋友的恋人要不要追?	恋爱	恋爱与友情
8	结婚要在乎门当户对这件事吗?	婚姻	门当户对
9	催婚是爱还是变态?	婚姻	催婚
10	异性闺蜜是不是谎言?	友情	恋爱与友情
11	相亲该不该AA制?	恋爱	相亲
12	＊要牺牲贾玲救大家吗?	生命伦理	少数者利益
13	领导傻X应该告诉TA吗?	职场	领导
14	你觉得精神出轨和肉体出轨哪个更不能接受?	恋爱	出轨
15	爱你的人和你爱的人你会选择谁?	恋爱	伴侣选择
16	大城市的一张床还是小城市的一套房?	人生规划	大城市与小城市

（续　表）

序号	辩题（*为情景假设问题）	涉及主题	关键词
17	分手后还能不能做朋友？	恋爱	分手后关系
18	30岁是追求梦想还是稳定工作？	人生规划	追求梦想与稳定工作
19	工作中遇到“碧池”是该以牙还牙还是不和TA一般见识？	职场	人际关系
20	早恋该不该支持？	教育	早恋
21	潜规则放在你面前，为了成功你用不用呢？	道德伦理	潜规则
22	我不生孩子有错吗？	生育选择	生育选择自由
23	虚伪是一件好事吗？	伦理	虚伪

表4-5　《奇葩说》第二季主要辩题

序号	辩题（*为情景假设问题）	涉及主题	关键词
1	好朋友的恋人出轨，你要不要告诉好朋友？	友情	出轨
2	婚后遇到此生挚爱，要不要离婚？	婚姻	无爱婚姻
3	伴侣找恋爱经验多的还是少的？	恋爱	伴侣选择
4	是否接受开放式婚姻？	婚姻	开放式婚姻
5	如果一个月后就是世界末日，当局应该公布消息还是秘而不宣？	伦理	世界末日
6	该不该向父母出柜？（已删）	恋爱	同性恋
7	没钱要不要生孩子？	生育选择	生育选择
8	恋爱中要不要有备胎？	恋爱	备胎
9	小朋友被欺负，打回去还是告老师？	校园	校园欺凌
10	好朋友可不可以约？（已删）	恋爱	友情与爱情
11	伴侣的钱是不是我的钱？	恋爱	伴侣关系
12	该不该向恋人坦白恋爱史？	恋爱	伴侣关系
13	该不该催好朋友还钱？	友情	催债
14	*长生不老是不是一件好事？	生命伦理	长生不老
15	整容会帮你成为人生赢家吗？	人生规划	整容
16	朋友圈要不要屏蔽父母？	网络社交	朋友圈屏蔽父母
17	同事能力弱，力不力挽狂澜？	职场	能者多老
18	应该改变成恋人想要的样子吗？	恋爱	伴侣选择

（续 表）

序号	辩题（＊为情景假设问题）	涉及主题	关键词
19	女生该不该主动追男生？	恋爱	告白
20	丑闻主角就活该被万人虐？	网络社交	网络暴力
21	做人到底该不该省钱？	人生规划	省钱
22	高学历女生做全职太太是浪费？	女性权利	高学历女性
23	穷游是不是一件值得骄傲的事？	人生规划	穷游
24	买房或不买房，哪个更幸福？	人生规划	购房问题
25	＊人类要不要发明时光机？	伦理	时光机

表 4-6 《奇葩说》第三季主要辩题

序号	辩题（＊为情景假设问题）	涉及主题	关键词
1	单身是狗还是贵族？	恋爱	单身
2	跟蠢人交朋友，你是不是傻？	友情	蠢朋友
3	前任婚礼到底要不要去？	恋爱	前任
4	朋友该不该门当户对？	友情	门当户对
5	老婆收入高我三倍，还该在一起吗？	婚姻	伴侣收入差距
6	臭不要脸是坏事吗？（已删）	价值观	臭不要脸
7	＊你和你的伴侣颜值分别是 98or2，你选？（已删）	恋爱	颜值
8	婚前要不要啪？	婚姻	婚前性行为
9	准婆婆有太后病，该不该悔婚？	婚姻	婆媳关系
10	＊有后东和无后米，该选谁进核电站？	生命伦理	人的价值衡量
11	撒娇的女人会好命吗？	女性权利	女性撒娇
12	闺蜜约我撕小三，我去不去？	友情	“小三”
13	“我这是为你好”是不是扯？	人际交流	“我这是为你好”
14	＊世界需不需要超级英雄？	伦理	超级英雄
15	该不该刷爆卡买包包？	消费观	过度消费
16	女性专属停车位是不是歧视？	女性权利	女性专属停车位
17	异地恋伴侣建议 available，你接受吗？（已删）	恋爱	伴侣关系
18	时刻保持联系是不是暴政？	人际关系	“时保联”（时刻保持联系）

（续　表）

序号	辩题（*为情景假设问题）	涉及主题	关键词
19	上司该不该列为发展对象？（已删）	职场	办公室恋情
20	*如果世界不再有谎言，支持 or 反对？	价值观	谎言
21	爱上人工智能算不算爱情？	恋爱	爱上人工智能
22	痛苦的绝症病人想要放弃自己的生命，我该不该鼓励他撑下去？	生命伦理	绝症病人的生命选择
23	超想在朋友圈秀晒炫，我应不应该克制？	网络社交	朋友圈秀晒炫
24	你支持婚姻有效期 7 年吗？	婚姻	婚姻有效期
25	懒是不是人类之光？	价值观	懒惰的利弊

表 4-7　《奇葩说》第四季主要辩题

序号	辩题（*为情景假设问题）	涉及主题	关键词
1	是否愿意做单身妈妈？	家庭	单亲妈妈
2	奋斗的城市空气越来越差，要不要离开？	人生规划	城市空气
3	外卖小哥惹毛我投诉吗？	社会热点	外卖
4	不给别人添麻烦是美德？	价值观	给别人添麻烦
5	分手该不该当面说？	恋爱	分手
6	和老板打电动该放水吗？	职场	上下级关系
7	遇险伴侣逃跑原谅吗？	恋爱	伴侣选择
8	*得到高等生物蛋该昏迷吗？	生命伦理	高等生物
9	父母提出住养老院支持吗？	家庭	父母养老
10	不靠谱的梦想该劝阻吗？	人生规划	不靠谱的梦想
11	婚礼真的有必要吗？	婚姻	婚礼
12	给走投无路的人捐款蠢？	道德伦理	捐款
13	*帮爱人一键恢复记忆吗？	婚姻/恋爱	恋爱记忆
14	生活的暴击值得感激？	价值观	生活的暴击
15	在职场要不要当邀功精？	职场	职场邀功
16	要不要给孩子一键定制完美人生？	教育	子女的人生规划
17	剩男剩女该不该差不多得了？	婚姻	剩男剩女
18	没有上进心我错了吗？	人生观	上进心

（续　表）

序号	辩题（＊为情景假设问题）	涉及主题	关键词
19	十年后不在一起还追吗？	恋爱	表白追求
20	被误会走后门要不要澄清？	价值观	走后门的误会
21	亲戚不把自己当外人，要不要 jue 回去	家庭	亲戚关系
22	＊奇葩说所有人都喝了愚人井的井水，你喝不喝？	社会伦理	随波逐流
23	生活已经被工作填满，我该不该辞职？	职场	辞职
24	认真你就输了吗？	人生观	认真的态度
25	“我们最后都会变成自己讨厌的人”真的是一件坏事吗？	人生观	我们最后都会变成自己讨厌的人

表 4-8　《奇葩说》第五季主要辩题

序号	辩题（＊为情景假设问题）	涉及主题	关键词
1	毕业后混得很 normal，要不要参加同学会？	人际关系	同学会
2	职场菜鸟被前辈压榨，要不要 say no？	职场	职场关系
3	面对女友求生欲测试，演戏还是做自己？	恋爱	求生欲测试
4	我很喜欢一个人，但 TA 在恋爱中，要不要跟 TA 告白？	恋爱	告白
5	第一次约会，能不能用优惠券买单？	恋爱	第一次约会
6	熬夜伤身，但使我快乐，还要不要熬？	生活习惯	熬夜
7	异性好友脱单后，要不要和 TA 保持距离？	友情	异性好友
8	要不要在朋友圈宣泄负面情绪？	网络社交	微信朋友圈
9	男生真的有识别“绿茶”的能力吗？	恋爱	“绿茶”
10	服务人员被顾客无理辱骂，该怼回去吗？	职场	服务人员与顾客关系
11	第一次去男友爸妈家吃饭，要不要主动帮忙洗碗？	女性权利	伴侣家庭关系
12	红包能不能代替礼物？	人际关系	红包与礼物
13	一夜暴富真的是件好事吗？	人生观	一夜暴富
14	男友氪金打赏女主播，该不该分手？	恋爱	女主播
15	我在大城市有一份喜欢的工作，但父母逼我回家，否则就断绝关系，我要不要妥协？	人生规划	职业选择与父母意愿
16	奇葩星球新规定：爸爸每周陪伴孩子低于 12 小时就被取消爸爸称号，你支持吗？	教育	子女陪伴

（续　表）

序号	辩题（*为情景假设问题）	涉及主题	关键词
17	结婚前，我让伴侣在TA的房本上加上我的名字，有错吗？	婚姻	住房问题
18	键盘侠是不是侠？	网络社交	网络暴力与正义
19	恋爱中有其他追求者，要不要告诉另一半？	恋爱	恋爱关系
20	高薪不喜欢和低薪很喜欢的工作，你选哪个？	职场	职业选择
21	如果有个按钮能看到伴侣有多爱你，你要不要按？	恋爱/婚姻	伴侣关系
22	伴侣吵架到底是谁错谁道歉，还是男生先道歉？	恋爱/婚姻	伴侣关系
23	我因为太胖，被同学嘲笑欺负，我该减肥吗？	校园	校园欺凌
24	爸爸/妈妈要跟一个我不喜欢的人再婚，我该不该阻挠？	家庭	父母再婚
25	得知前任得新欢，有个鸡飞狗跳钮可以给他俩的关系里制造一点麻烦，要不要按？	恋爱	前任
26	伴侣在婚姻中"开小差"，我要不要容忍TA？	婚姻	伴侣"开小差"
27	TA很努力是不是一句好话？	社会伦理	TA很努力
28	你在一段幸福的恋情中，大数据为你匹配了一个全世界最合适的人，要不要和TA进行一次约会？	恋爱	大数据匹配婚恋
29	生活在外地，我过得不开心，要不要跟爸妈说？	家庭	子女与父母交流
30	奇葩星球新技术可以让全人类大脑一秒知识共享，你支持吗？	社会伦理	知识获取
31	爱先说出口，真的就输了吗？	恋爱	表白
32	恋人向你隐瞒自己富有或贫穷的背景哪个更不能接受？	恋爱	伴侣的贫富隐瞒
33	*如果有一瓶可以消除悲伤的水，你喝不喝？	人生观	如何面对悲伤
34	伴侣用心送的礼物特别丑要不要告诉TA？	恋爱	伴侣相处
35	"能者多劳"是不是在坑我？	职场	能者多劳
36	*假如能看到别人的"死亡时间"，该不该告诉TA们？	生命伦理	如何面对死亡
37	我不合群，我需要改吗？	人际关系	合群

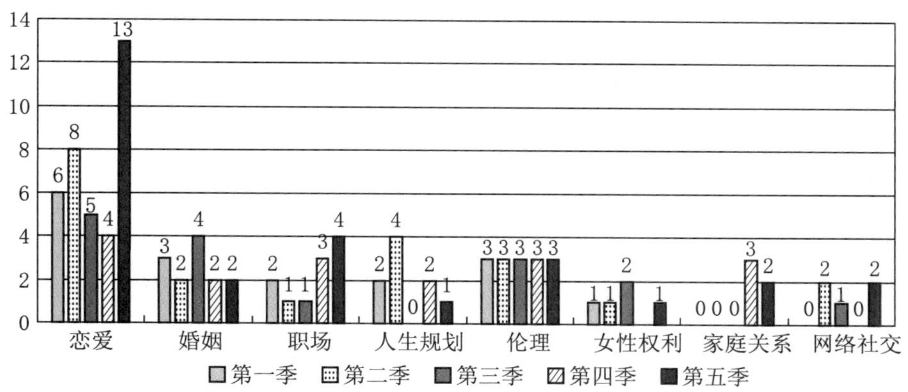

图 4-37　《奇葩说》五季辩题涉及主题的数量分布

整理五季辩题涉及主题如图 4-37 所示，其中恋爱类题目在五季题目数量中一直是最多的，每季度不低于 4 个，且在第五季高达 13 个题目。而职场、人生规划、女性权利、网络社交等话题虽然绝大部分季度都有涉及，但在每季数目平均是一至两个话题。而伦理类问题（包括生命伦理、道德伦理、社会伦理等）在五季度中分布最平均，每季 3 个。

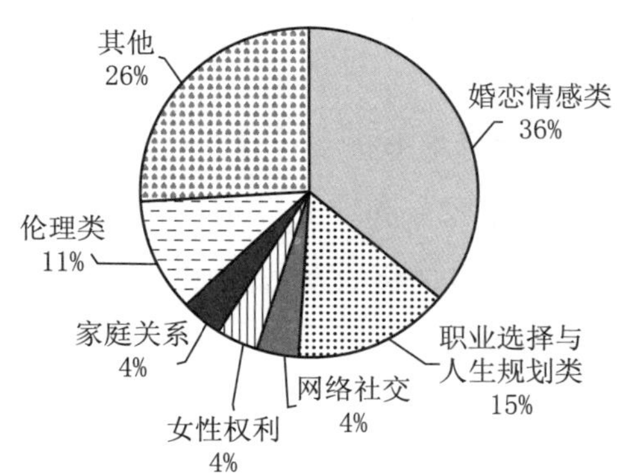

图 4-38　五季《奇葩说》各类辩题比例

从图 4-38 可以看出《奇葩说》五季辩题类型的比例，在总共 137 个辩题中，婚恋情感类辩题共有 49 个，占比 36%，排在第一位。其他类虽然占比较重，但是分类多，每种分类的个数较少，并不是其话题选择的重点领域。其次是职业和人生规划类话题，占比 15%；紧随其后的是伦理类问题（包括生命伦理、道德伦理、社会伦理等），占比 11%，这类辩题多以虚构脑洞形式给出。女性权利、网络社交以及家庭关系分别占比 4%，具有一定的关注度。

2. 话题生产方式：基于精准受众分析的话题选择

从上面的辩题涉及的领域和关键词不难看出，节目的话题生产方式的核心是基于精准受众分析。最热门的婚恋话题是最贴合年轻人的生活话题。20 岁上下的年纪正是大多数人开始思考爱情、婚姻的时间，人们先后开始体会爱情，对伴侣间的关系形成初步探索。服务的用户是年轻人，年轻人最关注的话题一般基于自己所处的困境，即爱情、工作、初入职场的情景以及和父母的关系。

节目组会通过百度知道、知乎、新浪微问数据后台，在民生、人文、情感、生活、商业、创业等领域，选取网友关注最多的问题发动网友参与调查投票。互联网上投放的问题是否能够成为节目中的辩题，取决于网友参与这道题的积极程度。网友参与最多的题目，才能成为节目选题。

针对人的三大诉求——理性诉求、感性诉求和人格诉求，节目侧重说动普通大众，摆脱精英化，有很大程度上需要依靠的是感性诉求和人格诉求。话题选择反映社会现象，切合日常生活，却又事关观众们的人生大事。

3. 强互动性与多元观点表达

《奇葩说》的辩题，五季以来不断追求着更有话题感、互动性更强的辩题。相比“我要不要接纳自己的平庸”和“混得 normal 要不要去参加同学会”这两道辩题，后者以一种场景化、具体化的方式，把问题极大地拉近到了我们身边，从而更能激发人们的讨论欲和参与感。

（四）节目机制与辩论参与者

1. 节目机制分析

《奇葩说》作为辩论比赛的基本规则为现场 100 位观众随时按照心意选择支持正反两方中的一方。辩论的最终胜负由初始投票和最终投票对比产生的跑票数决定。基于这个基本胜负判定标准，每季都有不同的比赛机制的变化，笔者主要从嘉宾导师的作用、冠军产生机制等几方面进行对比。

表 4-9　《奇葩说》五季比赛机制分析

季　度	嘉宾导师作用	淘汰机制	辩手持方选择	冠军产生机制
第一季	嘉宾导师和嘉宾参与到辩论之中，发言可以影响到正反两方辩论结果	由嘉宾导师从辩论失败一方的队伍里选择一名队员淘汰	根据辩手自由意志选择正反方	2V2 半决赛决出胜负后，导师从胜方中选出一人直接晋级决赛，从负方中选出一人直接淘汰，剩下两人待定进行终极辩论，争夺决赛资格，并与直接晋级者争夺冠军
第二季	嘉宾导师和嘉宾参与到辩论之中，发言可以影响到正反两方辩论结果	新老奇葩团形成两支队伍进行辩论，由嘉宾导师以及辩论获胜方各投一票，在辩论失败队伍里选择一名队员淘汰	以团队形式进行辩题持方选择	4V4 半决赛决出胜负。观众将分别为双方队员逐一点赞，获胜方点赞数的前三名及负方点赞数第一名的选手进入总决赛
第三季	导师嘉宾直接带队下场辩论（增加对立性，观点更加鲜明）	共分为三个比赛阶段，队长根据每个阶段选手的表现，从队伍中选出相应的淘汰辩手	高晓松、蔡康永分别带队形成针锋相对的持方选择	两支队伍以三局两胜制进行比赛，从获胜队伍中选出两名选手进行最终冠军争夺
第四季	导师嘉宾自愿分为两个阵营参与辩论比赛	两位老奇葩和一位新奇葩组成一队进行辩论比赛，两位新奇葩中表现更优异者晋级，另一人待定，六场比赛后，导师从待定池中复活剩余人选，最终八位新奇葩进入下一赛段	团队形式选择持方	进入决赛的四位辩手抽签分为两队进行比赛，观众投票最高的一方将进入 1V1 冠军终极对决
第五季	导师嘉宾的观点和立场并不影响辩论比赛的胜负	初选阶段后，由前四季冠军分别选人带队，两两队伍进行对抗辩论；观众对辩论输的一方队伍进行投票支持，获得票数最少的辩手被淘汰	团队形式选择持方	由导师、嘉宾以及各队队员进行投票提名最佳辩手，票数最高的两名辩手进入最终冠军的争夺

上述五个季度的嘉宾导师作用的改变，是在弱化明星导师对节目比赛输赢的影响。节目组为了增加节目的喜剧和冲突感，建立淘汰率更高的淘汰机制。在辩手持方选择上，节目组减少了辩手选择灵活性，辩手选择的持方可能并不是自己熟悉的观点，因而要求更加注重辩论的技巧，对辩手的问题分析能力要求更高。冠军产生机制更加复杂，减少了因为一次辩论定整个季度胜负的概率，更加能体现辩手的辩论能力。

2. 辩手选拔与辩手特点

五季的《奇葩说》节目中参赛辩论的辩手选拔机制总结如下。

表 4-10　五季《奇葩说》辩手选拔机制

季　度	辩手选拔机制	特　　点
第一季	由节目主要导师高晓松、马东、蔡康永判定，三人都认可的奇葩之人进入比赛阶段	导师主观性较强，无统一明确标准
第二季	经过海选之后产生的 18 位新“奇葩”（比赛辩手）和 7 位参与过第一季的老“奇葩”成为比赛辩手	形成明显新老奇葩阵营
第三季	经过一季《奇葩大会》的公开选拔后，产生 18 位新“奇葩”进入比赛。18 位新“奇葩”以及 12 位老“奇葩”平均分为两队进行对抗比赛	一定程度上削弱了新老辩手成员的阵营对比，但仍然存在老“奇葩”抱团的倾向；新辩手以网络红人为主
第四季	经过新一季《奇葩大会》的公开选拔后，产生 12 位新“奇葩”进入比赛。12 位新“奇葩”以及 16 位老“奇葩”平均分为两队进行对抗比赛	参与过节目的旧成员超过新成员，新生力量不足，观众容易产生审美疲劳
第五季	由新老奇葩共同组成的 60 位初赛辩手进行“抬杠辩论”，分组两两对战，胜者晋级	真正以辩论对观众的说服力为辩手获胜唯一的判定标准

辩手是综艺内容的直接生产者，辩手的能力和质量直接影响着节目的质量与效果。《奇葩说》选拔机制自开播以来一直努力寻找着最佳方式。一方面要吸引观众的注意力，有一定的综艺性和娱乐性；另一方面要保证辩论内容的质量，辩手本身对问题有一定分析能力和独特见解或表达方式。这使得在第二季和第三季都侧重了之前季度的老奇葩的资格保留，以此在一定程度上保证节目

质量。但是，老奇葩面孔的反复出现，以及辩论方式、演讲方式的重复导致观众的审美疲劳，内容开始缺乏新鲜感，这对于综艺的传播是不利的。

（五）发展困境

1. 话语空间萎缩

与之前的节目相比，第四季开始，《奇葩说》在话题设置上要保守许多，它聚焦的主要是具有强烈社会现实性的议题，比如："奋斗城市污染严重，离开吗?""外卖小哥惹毛我，投诉吗?""和老板打电动该放水吗?""父母提出住养老院，同意吗?""剩男剩女该差不多得了吗?"……这些都是年轻人在现实生活中普遍面临的思想困局，有极强的代入感。其中"给走投有路的人捐款蠢不蠢?"这样的话题更是直接来源于在社会上引起广泛争议的"罗尔事件"。可以说，第四季的内容在贴近性上下足了功夫。制作团队有意在话题上改变方向，导演牟頔在接受采访时表示："之前更多的是偏于个人，偏于'我'；但这次往前走了一步，是偏近于'关系'。"但是从结果来看，观众们似乎并不接受《奇葩说》变成一个温和或者温暖的节目。话题的转向或许意味着节目的成长，但同时也意味着表达空间的缩水，"它不再挑战观众的价值观，而是像一针针安慰剂，先戳中观众的'痛点'，再进行抚慰，找寻的都是时代情绪的出口"。在先前的节目中，《奇葩说》一向以多元的价值观、犀利的表达著称，以第二季内容为例，话题中还包含"你会接受开放式婚姻吗?"这种先锋性话题。话题本身可能尺度相差不大，但是辩手在表达辩论的过程中涉及的话题尺度又可能碰了大众传播、老少皆宜的红线。随着节目影响力的扩大，话题趋向温和，显然是更为安全的策略性调整。广电总局印发《关于进一步加强网络视听节目创作播出管理的通知》，对网络视听节目的创作播出提出进一步要求，强调"网络视听节目要坚持与广播电视节目同一标准、同一尺度"，可以想见，未来在话题上，《奇葩说》不会有太大的突破性动作。节目播出至第五季问题越发明显，辩题大部分局限于两性关系上的处理，产生一定程度上的审美疲劳。

2. 人才不足导致优质内容稀缺

《奇葩说》的造星能力有目共睹，四年时间，观众们对每一位老“奇葩”的特色都了如指掌，比如金句女王马薇薇、鸡汤王陈铭、丧文化代表邱晨等。但四季节目都是同一个辩论团队，很容易使观众产生审美疲劳，而后继人才又非常短缺，这就造成了内容上严重的“供血不足”。第二季、第三季均有 18 位新“奇葩”加入，第四季《奇葩说》的先导片《奇葩大会》只选出了 11 名“奇葩”，加上通过遗珠赛复活的 1 名选手，总共诞生了 12 名新“奇葩”，从数量上来看就令人担忧。另外，从现场表现来看，新“奇葩”们在辩才上无法与老“奇葩”们抗衡，只有臧鸿飞和傅首尔两人进入半决赛，最终也被淘汰出局。显然，新奇葩们不具备超越老“奇葩”的硬实力，毕竟老“奇葩”集结了辩论圈的专业选手，马薇薇、胡渐彪、颜如晶等人都是身经百战的专业人士，即使不是专业辩论选手，一部分老“奇葩”在经历了长时间的磨炼之后，也渐渐向专业级别靠拢，如赢得了第四季的“奇葩之王”的肖骁。

从综艺效果上来考量，新“奇葩”的表现也是不尽如人意，除了傅首尔、臧鸿飞和马剑越给节目带来一些新鲜感以外，其他人整体气势羸弱，几乎没有辨识度。而以内容为主体的节目“人才”是核心创造力，虽然第五季加入了詹青云、庞颖、熊浩等名校毕业生，都是在辩论圈赫赫有名的辩手，但是学术上的优质并没有完全转换为综艺节目的优质内容。

3. 娱乐性与深刻性的取舍

《奇葩说》虽然表现形式是娱乐的，但实际上是一个表达观点、传递价值主张的节目。这个价值主张就是正直、善良、新知、包容。节目核心人物马东希望节目能够传达这一代年轻人的语言方式、内心世界和价值主张，让年轻人对自己的生活有更加精准的见解和把握，在别人的辩论中找到自己的维度。话题的优质和深度一度受到了《人民日报》的关注。2017 年 4 月 12 日，《人民日报》发文《美德就是我们的“日用品”》，文中提到 4 月 8 日在爱奇艺上线的《奇葩说》第四季第 4 期的内容：“最近，网络综艺节目《奇葩说》里有这样一个辩题：不给别人添麻烦，是不是一种美德？正方认为，每个人心中应该有条线，学会推己及人；反方则直指美德高不可攀，觉得不能将对美德的向往变成一种绑架。”

作为一档综艺节目，“好玩”“有趣”的表达方式是必不可少的，但是《奇葩说》也有开始走向过度娱乐化的趋势。最新一季的《奇葩说》开播后，上热搜的不再是辩题，而是选手之间的争论丑闻。老选手与节目的利益捆绑难舍难分，《奇葩说》走出来的选手们纷纷步入娱乐圈，开始蚕食《奇葩说》的品牌价值，内容节目逐渐变成娱乐综艺。在辩论场上引来观众喝彩的也从立论清奇的论点，转变为只图一时之乐的段子合集。

想完全臣服于流量，往往会被流量反噬。《奇葩说》在豆瓣评分从第一季的 9.1 一路走低跌至目前的 7.4 分。可以看出从辩题到选手过度大众化娱乐化，贴近流量，却反而使其口碑下降。

4. 辩论节目形式与价值导向传递的矛盾

一场辩论赛的胜负不仅仅有观点本身的立论，还涉及辩手的辩论技巧、辩论方式甚至故事的引人入胜的程度。这往往会导致辩论赛的胜方观点可能与节目预设的价值导向的传递相悖。辩论一方压倒性的胜利往往会掩盖住多元化观点的表达和传递，使观众忽略掉了另一方的思考角度。辩手也因为比赛规定，选择自己都不太坚信的观点，导致辩手的才华和能力不能完全释放，使得观点的论述打折扣。

现实中，辩题涉及的问题并没有统一的答案，但是辩论的输赢之分会产生一定的价值引导，与节目最核心的宗旨——引发思考，多元化表达在一定程度上产生冲突。

（六）如何持续“爆款综艺”——“需要有趣，又不止有趣”

1. 话题选择比例更均衡

关于辩题，用户所追求的是新奇的角度和足够的信息刺激。基于问卷调查和受众关心的问题，情感类的辩题是年轻受众关心的核心，问题是此类辩题占比太高，而选手到最后又无新鲜的内容，从而降低了用户观感。

现在的年轻人有能力也有兴趣消费更思辨、更具质地的内容。最新一季《奇葩说》詹青云与陈铭激辩“开尔文理论”，被网络誉为“神仙打架”。因此可见，大众对于优质内容是有一定判断力的。票选最高的话题领域，并不一定完全是观众想从《奇葩说》中真正了解的，可能是《奇葩说》把错了年轻人的脉。

2. 合理追求年轻一代的受众定位

曾经是社会中的“奇葩一代”90后已经逐渐成为网络中的发声主流了，最年轻的“99”一代也已经进入了自己的大学时代，开始接触更多元的人群，开始对社会有更多元的认知。《奇葩说》没有网络“顶级流量”，但通过偶像明星和语言的魅力收服了不少80后和90后的心。如今《奇葩说》的团队在加速团队创作的新陈代谢，希望可以牢牢抓住更新的新生力量00后的心。

但对于年轻化的过度一味追求可能也会逐渐使节目失去生命力。虽然00后是综艺网络市场的新生力量，但是80后和90后可能仍是网络平台传播的主力军，逐渐脱离了他们生活的情景的辩题，如两性生活的辩题比重过高，也就逐渐失去了在新媒体平台的话题度，节目传播效果也可能因此打折扣。

如何守住已有粉丝群体的注意力，保持一贯的好评的同时吸引新生代受众才是《奇葩说》真正要思考的方向，而不是过于追求网络化、年轻化的辩题，在受众群体中“舍大取小”。

3. 优化比赛机制趋向多元表达

《奇葩说》虽然是一档以辩论为主要节目形式的综艺节目，但辩论的形式最终应该服务于综艺节目。所以，笔者建议应该优化辩论比赛机制，削弱辩论胜负带来的价值导向，倡导更多元化的观点表达。《奇葩说》不论是对于辩题的辩论，还是高话题度的节目嘉宾邀请，最终都是为了通过对辩题的正反辨析来引发年轻人的思考。通过综艺节目的趣味性吸引更多人，让人们对于辩题涉及的现实问题有多角度的观点或是更全面的认识。

《奇葩说》力图能够寻找到更多元职业的辩手参与到节目之中，但是由于比赛机制的设定和辩论选手的选拔机制，往往更利于前几个赛季的老选手们，因为奖金的建立、团队的建立等等，选手也更加注重辩论的技巧，越来越重视节目比赛输赢。随着节目名气的加大，部分选手希望通过节目中博眼球的观点来赢得关注，而辩论过程中逻辑性不强，重段子、轻思想，导致节目质量下降。今后的《奇葩说》应该更注重成为年轻人群面对人生困惑、人生困境时的一个积极思考的价值引导，绝非是所有问题的标准答案，在赛制上弱化辩论自身输赢带来的是非判断的影响，讨论的过程比结果更加重要，需要强调多元观点的传递和话题本身的讨论。

下篇：新媒体管理政策

第五章　新媒体管理政策综述

一、新媒体管理的背景分析

1. 新媒体时代中管理的问题与复杂性

（1）塑造国家形象的环节增多，难度增加

随着新媒体时代的全面到来，新媒体对政治、经济和文化的影响日益加深，成为国际竞争中权力争夺的重要场域。新媒体与国家形象密切相关，也关乎网络强国的建设。新媒体是现实时空的延续，新媒体空间中国家形象的“攻防战”是国家生存空间争夺战在新语境中的深层延伸①。新媒体语境中，与国家形象相关的环节多，主体复杂分散、影响议题显著性的因素多而杂，即使是某一细微之处的失控，都会影响到最后国家形象的呈现。因此，管理难度极大地增加了。

（2）新媒体技术的薄弱使得网络主权难以独立

与国家形象一样，网络主权也是国家主权在网络空间的延伸。但是，由于国家互联网的发展历史和我国在核心技术上的缺失，目前我国网络安全和国家主权面临着巨大的风险：一是国际互联网发展格局存在的天然风险，二是网络战催生的军事对抗全新威胁，三是大数据、云计算等技术发展带来的巨大挑战，四是网络防范意识薄弱和技术依赖滋生的安全漏洞，五是网上意识形态斗争的复杂形势。某些西方国家凭借其文化霸权和网络信息强势，将网络变成实施渗

① 路璐：《高度重视新媒体空间国家形象的“攻防战”》，《红旗文稿》，2016 年第 13 期，第 29—31 页。

透的主渠道，大肆输出西方意识形态，鼓吹西方政治制度模式，诋毁攻击我国的政治制度和价值观念。这就需要管理者对新媒体的管理不仅仅是“限制性”行为，更需要增加“激励性”行为以及引导性的举措，激励互联网科技发展，并注意将互联网技术的命门牢牢掌握在自己手中，保证网络主权的独立。

（3）日新月异的媒介格局造成了管理的被动

新媒体时代，以往报纸、广播、电视三分天下的格局早已不复存在，用户的注意力被新媒体抢占。即时通信工具、搜索引擎、社交媒体、网络视频、直播等发展迅猛，并成为公众获取资讯的主要来源。

根据 CNNIC 发布的《第 42 次中国互联网络发展状况统计报告》，截至 2018 年 6 月，我国网民规模已达 8.02 亿，仅新兴媒介形态“直播”就有 4 亿以上使用者，社交媒体平台“新浪微博”也有 3.3 亿的用户体量。具体的使用情况如表 5-1。

表 5-1　新媒体应用领域网民的用户规模及使用率

应　　用	网　　民		手机网民	
	用户规模（万）	网民使用率	用户规模（万）	网民使用率
即时通信	75 583	94.3%	75 000	95.2%
搜索引擎	65 688	81.9%	63 740	80.9%
网络新闻	66 285	82.7%	63 128	80.1%
网络视频	60 906	76.0%	57 786	73.4%
网络音乐	55 482	69.2%	52 323	66.4%
网络文学	40 595	50.6%	38 065	48.3%
微　　博	33 741	42.1%	31 557	40.1%
直　　播	42 503	53.0%	/	/

媒介不同，其传播方式、媒介特性、信息形式等等都是不同的。许多情况下，媒介产品的适用方式并非事先确定好的，而是随着技术的发展和用户的使用偏好而不断调整的，无论是媒介平台所有方还是管理者，没有人知道这种媒介会走向何方。管理方式的供给远远走在传播技术对媒介发展贡献的后面，管理变得异常被动。

（4）多元、匿名的信源让管理者无处下手

对管理者而言，管理传播链的源头——传播者是最为行之有效的方式，事实上，从最早的印花税，到后来的出版审查制度，世界各国在使用这一方式上都得心应手。

然而，在新媒体情境下，传播者的数量呈几何倍数增加，新媒体时代，技术打破了传统媒体对传播权力的垄断，公众拥有了表达意见、传播资讯的能力，人人都有麦克风。由此，信源数量呈几何级倍数暴涨。我国现已有 8.02 亿网民，也就意味着至少有 8.02 亿个传播源头。CNNIC 在第 42 次《中国互联网发展状况统计报告》中的统计显示，在年龄结构上，我国网民以青少年、青年和中年群体为主，其中 20—29 岁年龄段的网民占比最高，达 27.9%；在学历情况上，我国网民以中等教育水平的群体为主，初中、高中/中专/技校学历的网民占比分别为 37.7%和 25.1%；在收入情况上，月收入在 2 000—5 000 元的网民群体占比较高，月收入在 2 001—3 000、3 001—5 000 元的群体占比分别为 15.3%和 21.5%。也就是说，网民结构依然呈现三低状态，低学历、低年龄、低收入人群依然是新媒体使用的主力军。

这样的网民结构下，依靠民众的媒介素养进行自律，显然是极为困难的。网络社会里，信息和意见并行，事实和谣言交替出现，民众容易被耸动的新闻标题和煽情化的叙事节奏所吸引，无意识地陷入对谣言的二次传播中。社交媒体的用户天然具有匿名性和隐蔽性，在戈夫曼的戏剧理论中，用户在互联网上的存在是“前台状态”，在现实生活中处于“后台”，前台与后台并不相同。在匿名的环境中，用户如入无人之境，法律、道德、社会的公序良俗这些概念失去了原有的控制效应，更易传播有害信息，2018 年下半年兴起的对骂群就是这一类型的典型。

此外，社交媒体上的用户往往拥有多个账号，且很难通过账号追踪溯源到发布者本人。2016 年，伴随着《中华人民共和国网络安全法》等相关法律法规的出台和实施，QQ、微信微博等实名制才逐渐落实，要求新用户注册时提供身份信息。而微博直到 2017 年 9 月 15 日才发布了《关于微博推进完成账号实名制的公告》，要求无论新老用户，必须进行实名认证。至此，我国对信源的管理能力有所提升，但在实际操作中的难度依然存在。

2. 技术层面的问题

（1）媒体技术管理的必要性

印刷媒体时期，政府可以对媒体进行有效管理。广播电视得到发展后，广电总局开始对广播电视的波段和辐射范围进行限制。这一时期管理的目的主要是保证各地方媒体之间各司其职，确保该地域范围内的公民可以有效地获得信息。同时，从中央层面来讲，技术管理的首要目的是确保国家的信息安全，维护媒体机构的商业利益。

新媒体时代，从技术层面讲，确保国家信息的安全独立仍然是管理者不得不考虑的问题，同时，技术推动下层出不穷的新媒介也需要政府重视。拍照技术的普及使得大量违背社会公序良俗的图片出现，视频剪辑技术的普及又进一步使得“眼见不一定为实”，虚假信息的“真实性”被扩大了。同时，虚拟现实 VR、增强现实 AR、传感器新闻、无人机新闻、机器人写作等人工智能技术的出现，也进一步挑战着传统的新闻伦理和公序良俗。这种情境中，技术不仅仅是传统定义范畴中的科学技术，而是像麦克卢汉所提的那样“媒介即信息”，媒介背后的隐喻变成了管理者考虑的重中之重。

（2）新媒体技术管理的问题及复杂性

① 新技术带来的媒介伦理值得商榷

不同于传统媒介情况中技术的“定性”，运用最新技术，尤其是以“人工智能”技术为基础的新兴媒体，是没有得到共识的管理标准的。以 VR 新闻为例，一方面，这种技术为用户提供了沉浸式的信息体验，其他时空的信息变得真实可感，优化了人们的信息获得体验。但是，当 VR 新闻报道的是“不愉快”的信息事件时，例如战争、暴力、灾难等场景，它就很有可能为用户带来二次伤害。如卫报网站推出的 VR 作品《6×9：单独监禁牢房的虚拟体验》，用户在虚拟牢房中不仅能够听到犯人尖叫、呻吟等真实的声音，还能看到白色墙壁上诡异的图案，对于部分心理承受能力较差的用户、未成年人等，这种 VR 新闻存在的必要性、还原真实的程度、是否应该对用户进行分级处理、传播范围的弹性等都有待考量。

② 网速提升、技术发展等造成信息爆炸，管理面积进一步扩大

互联网层面，近年来，我国互联网的覆盖范围扩大，传输速度提升，使用费用减低，这些为互联网的普惠化铺平了道路，民众用得上、用得起互联网已经成为现实。到了现在，5G 通信已经提上日程，其超高速、大容量、低时延、大流量的特性将使得网络传播再一次突破时空的限制，大范围高密度的全媒体传播将逐渐成为现实，信息内容将迎来新一轮爆发式的增长。

同时，新技术使得传播方式层出不穷、日新月异。据《2018 年新闻媒体技术趋势报告》提供的数据显示，到 2023 年，消费者与所有计算机的互动，有 50%的人会使用他们自己的声音来完成。①这么多样的新闻传播方式，无疑会加大管理者的管理难度，让他们的工作量呈几何倍数的增长。

③ 内容加密技术让管理者无处下手

而在媒介层面，最根本的难题在于“内容加密技术”的成熟。这种现象出于两种考量。

第一层考量来自媒介平台本身。大部分情况下，媒介平台是作为一个营利性的商业平台出现的。单独的媒介平台若想要在激烈的市场竞争中存活，就必须保证其核心竞争力的长久优势。核心竞争力是什么？绝大多数情况下都是内容，即“内容为王”。在此情况下，媒介平台存有天然的“封闭性”，通俗来讲，也就是各个网站/手机 App 之间是互不相通的。微信上搜索不到微博上的内容，微博上也搜索不到今日头条上的内容，这是平台之间的天然围墙。同时，即时平台之间有分享机制，例如用户可以将微博上的内容分享到微信朋友圈中，但这种分享也是有限制的，并非完全互通有无，其权利和规则掌握在平台的手中。例如 2018 年年中，短视频平台“抖音”上的内容被“微信”屏蔽，用户无法分享抖音上的内容到微信朋友圈去。对此，微信方面表示，这是为了保证社交的品质和安全，并专门出台了《微信外部链接内容管理规范》，包括但不

---

① Jessica Davies: *How the BBC is using voice assistant like Amazon Echo and Google Home*, https://digiday com/media/bbc using voice assistant like Amazon Echo and Google Home.

限于诱导分享、诱导关注、H5 游戏和测试类内容、欺诈类内容等都被禁止。这种做法当然有出于安全的考量，但是其发展自身业务，打压竞争对手的目的也是司马昭之心，路人皆知。

加密技术的第二层考量是对“内容本身”的不得不加密。传统观念中，互联网上的信息是免费开放的，但随着用户隐私意识的增强，知识付费时代的来临，越来越多的内容只能以“被加密”的方式存在。

对于民众而言，微信群中的聊天记录、百度网盘里创建私密链接分享的文件、个人在微博上的浏览记录，都是个人隐私，有必要通过加密技术防止他人的窥探。但随之而来的是，微信群中售卖色情视频，百度网盘里分享盗版音乐等违法事件常有发生，在这里，个人隐私和公共利益之间的界限就难以明确，政府管理的“法律依据”也就显得苍白无力了。

典型的例子是英国政府与社交平台 Facebook 的博弈。2017 年，英国遭到了一连串恐怖主义袭击，嫌犯曾通过 Facebook 和其他社交平台进行恐怖主义行为的策划。英国政府要求 Facebook 交出已知恐怖主义嫌犯的加密 WhatsApp 信息，但 Facebook 以保护用户隐私的理由拒绝了。这场争辩谁对谁错暂且搁置不议，即使管理者有理由控制这些信息，但如何突破高科技公司的加密防线，实施管理也是难题一桩。

④ 人工智能基础上的算法推荐侵害公民的隐私权及独立思考能力

用户在新媒体上进行新闻浏览、点赞评论等各项操作时，本应是用户获取信息的私人行为，但是在当下的新媒体环境中，用户的所有行为都是被人工智能记录的。这些行为被存储为计算机语言，并被用来分析，从而对该用户的信息喜好做出勾勒，并为后台的信息分发标准作备用。物理层面上，用户是在进行个人的操作，但实际情况是，用户的一举一动都犹如被监视。新媒体可能比任何人都更了解你，甚至比你自己更知道你的隐私。斯坦福大学最近的一项研究表明，人工智能甚至可以预测出人的性取向，其准确率高达 80%以上。① “性

① sky news：*AI can detect homosexuality from photographs*, *researchers claim*, http：//news.sky.com/story/AI-can-detect-homesexuality-from-photographs-researchers-claim-11025567.

取向”这种如此私密的问题，都能被悄无声息地发现，这不得不让人们担忧自己的隐私权问题。

媒体背后的商业公司是否有权利获得公众的隐私，是否有权利对用户的隐私进行分析处理，这种处理的边界在何处，隐私能否保证不被打扰……这些问题，都在考验着媒体平台以及管理者。

当然，新媒体平台以算法为基础进行内容分发时，并不仅仅依靠用户画像，还有专业的把关团队进行审核。和传统媒体时期相似，把关人本身的价值取向深深地影响着新媒体上存在的内容。因此，管理者必须处理好用户取向和把关人取向之间的平衡，并采取一定措施来规避该取向走歪走偏。

3. 文化层面的问题

（1）文化管理的背景及重要性

大众传媒本身就是大众文化的重要组成部分，对大众文化的形成和塑造起着至关重要的作用。中华民族在几千年的风雨历程中，形成了绵延至今的中华民族的传统文化，民族精神也常驻在每个人的心中。这种精神文化是中华民族安身立命的根基，对其传播渠道大众传媒进行管理，是相当有必要的。新中国成立之初，百废待兴，民众怀有对未来生活的美好向往，无须特别管理，媒体从业人员主动报道文化领域内欣欣向荣的正面消息，媒体也一直将宣扬主流文化和主流价值观作为自己的使命，管理措施以激励性的为主。改革开放后，急速变化的经济社会和外来文化的入侵，都影响着人们的精神世界。这时候，一些媒体从业人员或者无良小报，在内容上一味追求庸俗低俗，迎合低级趣味和民粹主义，宣扬拜金主义等负面价值观。通常情况下，传媒机构所在地区的主管部门会对该媒体的总编辑进行问责，从而维护民众获取正当信息的权利。当前，我国新媒体内容市场化、娱乐化、煽情化严重，内容整体倾向于娱乐化、庸俗化，内容的叙事方式则倾向于夸张的、煽情的表达。在后真相时代，没有人关注内容的真实与否，每个人都在宣泄自己的情绪和诉求。这种娱乐化、偏激化、两极化、非理性形态的表达相当不利于主流文化的发展。加强对互联网新媒体内容管理成为当务之急。

（2）新媒体文化管理的复杂性

① 小众文化兴起、冲击原有主流文化

社会的进步、外来文化的影响，都使得一些原本小众的亚文化，借助新媒体平台传播的便捷性，渐渐盛行起来。电竞、ACG、追星族、同志人群等发展壮大，在社会议题中发声的能量越来越大，开始受到主流话语的关注。新潮另类的年轻人群体在扩张，学会上网并使用新媒体的中老年群体也在壮大，当这两类人群在互联网上基于某一社会议题相遇时，其产生的碰撞力之大可以想见。而这也只是当前中国不同利益群体在舆论场上活跃争辩的一个缩影。这就要求管理者根据中国社会的现实情况，明朗对新兴小众文化的态度，扬其精华，弃其糟粕，既保证百花齐放，又保证主流文化的昌盛。

② 用户赋权下互联网内容的海量提高了管理难度

庞大的用户基数，无边界的储存空间，使得新媒体时代的内容真正变得复杂海量化。UGC（用户自动生成内容）模式下，用户可以自行上传多种内容，文字、图片、视频等等应有尽有。复杂的多媒体文本使得其内容的管理难以进行，管理者无法通过传统文本关键词过滤的方式进行筛选，视频、语音内容必须由人工观看后才能完成审核，审核的成本和难度大幅提高。

③ 语言及互联网社交媒体中人际传播的复杂性使得对内容的管理存在技术困难

在社交媒体中，网民大量使用表情符号来表达自己的观点，不同的语境中，不同的叙事方式下，网民的情感态度和意见倾向都是不同的，传统依靠关键词来进行情感判别的方式难以适从。

尤其是当下中国的段子文化，文本内容短小简单，但其中往往蕴含着一个网民心知肚明的“梗”，尤其是色情段子等，语言极其隐晦，意在不言中。有时依靠人工核查都难以发觉，更无法借助人工智能的方式批量审核。

④ 视频网站的迅猛发展使得直播成为互联网内容管理的重点和难点

更为艰难的管理发生在直播领域，管理者不可能对直播的每一个现场、每一个当下都实时管理，管理在发生之时就已然滞后，而且，即使实时监测出直播的当下在传递有害内容，立马关掉也于事无补，在这种媒介形态下，信息和传播是同时发生的。一旦有害信息出现，它就将迅速地以病毒式的方式进行圈层式的传播，传播的每一个落点都难以监测，传播的路径则相互编织揉为一团，管理既是亡羊补牢为时已晚的，也是东边堵上西边漏出的。

4. 法律层面的问题

（1）法律层面管理的背景及必要性

互联网并非法外之地，自它诞生之初，在互联网空间就存在着种种违法犯罪问题。1998 年，声名狼藉的特洛伊木马程序出现，伴随着电子邮件，它感染了上万台电脑，一度引发美国社会的恐慌，计算机病毒、互联网安全的概念也渐渐被人们所知。我国在 2006 年时，爆发了熊猫烧香病毒，一些政府单位的网站都因此受到牵连，随后，我国加强了对计算机病毒、互联网安全的治理，同时，对于互联网黑客也不再手软。

除此之外，在互联网上传播有害信息、垃圾信息，污染网络环境，也是常常出现的新媒体失范现象。根据我国刑法，在互联网上传播淫秽物品、色情信息、恐怖信息、封建迷信、邪教暴力等信息的，按照情节不同，给予一定的行政处罚。随后，对于以上有害信息的标准界定，互联网信息在更新迭代中逐渐细化。

保护知识产权是近年来我国互联网治理的重点，公众在这方面的意识也逐渐觉醒。但是，由于互联网本身的开放性、分散性、易操作性以及隐蔽性，对以互联网为载体的作品进行知识产权的保护是极为困难的。早在 2001 年我国就将“信息网络传播权”加入著作权的范围，但是在实际操作中，仍然会出现界限不明、维权难度大、处罚力度轻等困境。对于新媒体作品中出现的侵犯他人隐私权、人格权、名誉权，乃至人身攻击的行为，也越来越难以管理。

① 低成本、低难度的抄袭损害了原作者的著作权

早在印刷媒体时期，“著作权”就是管理部门对传媒机构管理的重点。我国很早就修订了《著作权法》，随着现实情况的变化，《著作权法》中的内容也在不断地变化，比较有效地保护了著作权人的各项权利。但是，网络时代到来

后，“复制”变得极为简单，一方面，复制这一操作，在电脑上就是仅仅几秒钟的事情，复制的时间成本极低，门槛更是几乎没有；另一方面，网络上的信息又多又杂，而且无论是著作权人还是抄袭者，往往都会采用匿名的方式发布信息，再加上不同平台之间的隔离性，侵权人很难找到确凿的证据证明自己的损失，且维权的费用高、耗时长，即使事实明了，不少人也只能不了了之。这两年来，在自媒体中，还出现了“洗稿”现象。抄袭者并非一字不漏地完全复制，而是抄袭原作的中心思想或者表达特色，通过更改关键词、改编句子语序等方式来实现隐蔽的“抄袭”。这种方式在微信公众平台中极为常见，不少原作者维权无门，怨气冲天。此外，未经权利人授权的网络传播，提供协助侵犯版权的网络服务也是新媒体时代侵犯著作权的常见形式。

② 网络暴力侵害公民的隐私权、名誉权和人身安全

当前，中国社会正处于转型期，社会矛盾尖锐，由此形成了多元的社会思潮和群体文化。当涉及官民关系、警民关系、婚育、房价等敏感话题时，各方人士各抒己见，抱团取暖，形成圈子文化。这些处于圈子中的民众在意见领袖的指引下，长期选择性接收自己认同的信息，并受到群体内部单一价值观的熏染，极易产生群体极化现象，威胁网络社会的长治久安。为了一己私利，一些人不惜造谣生事，通过伪造聊天记录，制造假图片的方式，给他人泼脏水，侵害他人的名誉权。更有一些大 V，利用自己在社交平台上天然的传播优势，发动粉丝实现对其他人的网络暴力。极端情况下，粉丝不仅仅满足于在新媒体平台上进行声讨，甚至通过人肉搜索，“追杀”到现实中，对当事人进行侮辱和谩骂，形成更严重的暴力。对公民的个人隐私、名誉权、人格权和人身安全都造成了极大的威胁。

③ UGC 模式中二次创作与版权保护的矛盾

UGC 模式下，另一个不能忽视的问题就是二次创作和版权保护之间的矛盾。代表性的平台就是哔哩哔哩弹幕网。在这里，大量用户以“UP 主”的身份，将某些影视剧或音乐进行重新剪辑，形成新的视频内容。这其中，对原视频的二次剪辑是否构成侵权，UP 主上传视频出于商业目的还是自娱自乐，在学

界都尚属争议性领域。有学者认为，无法在立法中对二者进行价值比较，作为一种私有产权的著作权与公民的表达权都被置于个人独立而平等的道德主体性所要求的自由空间之内。与此类似的还有“同人文”和“翻唱音乐”，两者在新媒体平台同样火爆，受众面广大，迫切需要国家在相关领域进行规制。

④ 网民在新媒体平台上的信息安全极易被泄露

新媒体的高速发展也面临着网络犯罪与网络安全的威胁。根据艾媒咨询发布的《2016 年中国电信诈骗事件分析报告》显示，近七成的受访用户表示被窃取过银行账户、密码和手机号等隐私信息；22%的用户表示收到过仿冒银行的短信。①近年来备受关注的徐玉玉案，就牵扯到了公众的神经，不少人在社交平台上诉说自己曾经遭遇电信诈骗的经历，质疑管理部门的能力。尤其是随着互联网金融的发展，p2p、校园贷频繁地使用他人，尤其是未成年人的身份信息，诱骗钱财，造成了极为恶劣的社会影响。

二、新媒体管理条例分析

新媒体自诞生以来，就因其强大的公共性和显著性而备受大众青睐。技术的突破赋予用户的权利越多，政府和传统媒体对话语权的掌控能力就越弱，对于传媒经济的发展势力的掌控能力也逐渐下降。在此背景下，世界各国都积极地对新媒体予以一定管理。这种管理通常出于以下两种因素的考量：首先，政府需要维护公众获得正当信息的权利，这里所指的正当信息，通常与该国的意识形态、主流价值观以及大众文化息息相关；其次，传媒业作为一国经济的组成部分，政府为了保证该行业经济效率的最大化，维护正常的市场秩序，会使用行政权力对其进行调节和约束。

从中观的角度而言，技术、市场、政策是影响传媒业发展的三大主导力量，其中，“政策”这一因素的影响能量最为强大。美国传播学者希伯特曾经谈到，

① 艾媒网：《2016 年中国电信诈骗事件分析报告》，http：//www.iimedia.cn/45172.html，2016 年 9 月 30 日。

政府与大众传播之间存在着四种关系，即“限制、管理、协助、参与”，这四种关系也是政府管理大众传播的主要手段。中国学者胡正荣在2003年曾提到，政府介入和管制的方式主要有三种：一是直接控制传媒的所有权，即建立国有传媒；二是颁布法律法规，限制传媒行为；三是成立管理委员会，进行频率分配、人员待命、内容审查等管理行为。在当前的新媒体环境中，对于管理者驾驭新媒体的能力要求更高。为了维护网上秩序，必要的限制和管理依然必不可少，但与此同时，顺应自由、平等与共享的网络传播环境，应成为管理的立足点与出发点，同时，适当地引导新媒体发挥正面积极作用，鼓励行业自律，也非常有必要。

1994年，我国正式接入互联网。同时，新媒体开始发展。此后，在二十多年的发展中，在新媒体管理领域，无论是管理主体、手段、方式，还是管理的效率、能力，都有了长足的提升。

1. 新媒体的管理主体

（1）互联网新媒体管理的历史沿革

最初，新媒体由国务院新闻办归口管理。1997年3月，国务院新闻办公室发布了《利用国际互联网络开展对外新闻宣传暂行规定》，文件中明确提到，网络媒体的归口主管部门是国务院新闻办，负责对媒体上网的种类和报批手续进行规定。这份规定也可以说是我国历史上第一个以文件形式出现的，用于管理网络媒体的规定。

在意识形态方面，1999年10月16日，中共中央办公厅转发了《中央宣传部、中央对外宣传办公室关于加强国际互联网络新闻宣传工作的意见》，这是中央关于网络新闻宣传工作的第一个指导性文件，明确了中宣部对网络新闻宣传工作发展方向的把控。

2000年9月5日，国务院发布《互联网信息服务管理办法》，这是我国第一个管理网络媒体的行政法规。该办法对经营性互联网信息服务实行许可制度，对非经营性互联网信息服务实行备案制度，同时规定了违规内容和相应的处罚措施，并明确参与互联网管理的部门：“国务院信息产业主管部门和省、自治区、直辖市电信管理机构，依法对互联网信息服务实施监督管理。新闻、出版、教育、卫生、药品监督管理、工商行政管理和公安、国家安全等有关主管部门，在各自职责范围内依法对互联网信息内容实施监督管理。”①

按照参与新媒体的环节的不同，对互联网新闻信息设有三种管控部门，即接入管理部门，例如工业和信息化部，负责对互联网域名、IP 地址等互联网接入端的管理；安全管理部门，例如公安部、国家安全部等对互联网安全进行监督管理，依法查处打击各类网络违法犯罪活动；内容管理部门，如国务院新闻办及新闻出版总署、国家广播电影电视总局、教育部、文化和旅游部等。但是，这些部门之间权责关系不明晰，科层关系不明确，管理效率有待提升。

到 2010 年，国务院新闻办公室对互联网的管理权力被强化。在原来国新办五局（即网络局，负责组织协商网上新闻工作，指导新闻网站的规划和建设）的基础上，增设了一个负责网络的九局，主要“承担网络文化建设和管理的有关指导、协调和督促等工作”。具体来说，五局主要侧重新闻网站的管理，负责管理网上的新闻报道，而九局则侧重于社交媒体及博客、论坛等用户生产内容（UGC）的把关。②

2011 年，中华人民共和国国家网信办成立，至此，对新媒体的管理步入新纪元。

2016 年 1 月 13 日，国家网信办公布了《互联网新闻信息服务管理规定（修订征求意见稿》，此次修订最大的变化就是将各类新媒体纳入管理范畴。修订后，除了网站，应用程序、论坛、博客、微博客、即时通信工具、搜索引擎以及其他具有新闻舆论或社会动员功能的新媒体都在管理范围内，这些新媒体向社会公众提供新闻信息采编发布、转载服务之前都应当取得互联网新闻信息服务许可。国家网信办对新媒体的管理关系得到强化。

---

① 国务院新闻办网络局：《互联网新闻宣传业务读本》，五洲传播出版社。
② 曾茜：《管理的制度化与信息传播的有序化——我国互联网治理的变化及趋势分析》，《新闻记者》，2014 年第 6 期。

（2）当前新媒体的管理格局

整体上来看，目前在我国，传媒行业政府规制体制主要是“归口”管理。中央宣传思想工作领导小组和中央精神文明建设指导委员会负责对互联网意识形态工作的宏观协调和指导职责。

互联网日常管理的最高机构和主要部门是中共中央网络安全和信息化领导小组暨中华人民共和国国家互联网信息办公室（简称“国家网信办”）。2014年2月，中共中央网络安全和信息化领导小组成立，国家网信办经国务院授权负责互联网内容管理执法，并负责指导、协调、督促有关部门的管理执法。网信办成为我国互联网日常管理的最高机构。2014年8月26日，国务院发布了《国务院关于授权国家互联网信息办公室负责互联网信息内容管理工作的通知》，明确授权国家网信办作为互联网信息内容管理的主体部门。到2018年3月，根据中共中央印发的《深化党和国家机构改革方案》，中央网络安全和信息化领导小组改为中国共产党中央网络安全和信息化委员会，办事机构是中央网络安全和信息化委员会办公室，国家网信办的实际权责无变动。

在国家网信办这一主导机构之外，根据媒介性质的不同，设立有媒介必须具备的主管部门和主办单位。政府各部门按照“谁主管谁监管”“谁审批谁监管”的原则展开工作。国家广电总局和国家新闻出版署是中央政府中传媒规制的行政部门。

此外，还有一大批规制协助的部门。公安部、文旅部、教育部、工业和信息化部等其他机构作为协助部门，也参与到新媒体的管理中。

（3）管理主体的权责划分

① 中央宣传部

中宣部是中共中央主管意识形态方面工作的综合职能部门，统一管理新闻出版工作。中央宣传部对外加挂国家新闻出版署（国家版权局）牌子。

中央宣传部关于新闻出版管理方面的主要职责是，贯彻落实党的宣传工作方针，拟订新闻出版业的管理政策并督促落实，管理新闻出版行政事务，统筹规划和指导协调新闻出版事业、产业发展，监督管理出版物内容和质量，监督管理印刷业，管理著作权，管理出版物进口等。

同时，为更好发挥电影在宣传思想和文化娱乐方面的特殊重要作用，发展和繁荣电影事业，将国家新闻出版广电总局的电影管理职责划入中央宣传部。中央宣传部调整后，中央宣传部关于电影管理方面的主要职责是，管理电影行政事务，指导管理电影制片、发行、放映工作，组织对电影内容进行审查，指导协调全国性重大电影活动，承担对外合作制片、输入输出影片的国际合作交流等。

② 国家广播电视总局

国家广播电视总局（下称广电总局）是国务院直属机构，目前主要分管广播电视和网络视听节目（不包括电影）。

主要职责是拟订广播电视管理的政策措施并督促落实，统筹规划和指导协调广播电视事业、产业发展，推进广播电视领域的体制机制改革，监督管理、审查广播电视与网络视听节目内容和质量，负责广播电视节目的进口、收录和管理，协调推动广播电视领域走出去工作等。

广电总局下设政策法规司，研究起草广播电视、网络视听节目服务管理的重大政策、法律法规草案和规章，承担规范性文件的合法性审查工作。

③ 国家版权局/国家新闻出版总署

在 2018 年 3 月，中共中央印发了《深化党和国家机构改革方案》，将国家新闻出版广电总局的新闻出版管理职责划入中央宣传部。中央宣传部对外加挂国家新闻出版署（国家版权局）牌子，将国家新闻出版广电总局的电影管理职责划入中央宣传部。

④ 国务院新闻办公室

国务院新闻办公室的主要职责是推动中国媒体向世界说明中国。传统做法中，国新办通过召开新闻发布会，提供书籍资料及影视制品等方式对外介绍中国；协助外国记者在中国的采访，推动海外媒体客观、准确地报道中国；广泛开展与各国政府和新闻媒体的交流、合作；与有关部门合作开展对外交流活动。在新媒体领域，国新办负责制定互联网新闻事业发展规划，并指导协调互联网新闻报道工作，介绍中国的内外方针政策、经济社会发展情况，以及中国的历史、科技、教育、文化等发展情况。

⑤ 工业和信息化部

工业和信息化部是目前我国互联网行业管理主要的行政部门。为维护国家网络空间安全和利益，将国家计算机网络与信息安全管理中心由工业和信息化部管理调整为由国家网信办管理。

工业和信息化部负责协调电信网、互联网、专用通信网的建设，组织、指导通信行业技术创新和技术进步，对国家计算机网络与信息安全管理中心基础设施建设、技术创新提供保障，在各省（自治区、直辖市）设置的通信管理局管理体制、主要职责、人员编制维持不变。

⑥ 国家知识产权局

建立国家知识产权局是我国强化知识产权创造、保护、运用，加快建设创新型国家的重要举措。为解决商标、专利分头管理和重复执法问题，完善知识产权管理体制，将国家知识产权局的职责、国家工商行政管理总局的商标管理职责、国家质量监督检验检疫总局的原产地地理标志管理职责整合，重新组建国家知识产权局，由国家市场监督管理总局管理。

国家知识产权局的主要职责是负责保护知识产权工作，推动知识产权保护体系建设，负责商标、专利、原产地地理标志的注册登记和行政裁决，指导商标、专利执法工作等。商标、专利执法职责交由市场管理综合执法队伍承担。

⑦ 文化和旅游部

文化和旅游部是国务院组成部门，负责指导全国文化市场综合执法，组织查处全国性、跨区域文化、文物、出版、广播电视、电影、旅游等市场的违法行为，督查督办大案要案，维护市场秩序。

⑧ 全国“扫黄打非”工作小组办公室

在行政过程中，我国还建立了一套部门联动机制，主要代表是全国“扫黄打非”工作小组办公室。全国“扫黄打非”工作小组隶属于中央宣传思想工作领导小组，由中央宣传部、中央政法委、国家新闻出版广电总局等 29 个部门组成。从 2015 年起，全国“扫黄打非”办持续开展了“护苗 2015”“净网 2015”等专项行动，到目前为止已经开展到了第五年，“护苗 2019”“净网 2019”等行动都已结束。

2. 管理手段

我国新媒体的管理手段可归结为五种：立法管理、行政手段的监督、经济政策的引导、技术手段的控制以及行业自律的约束，行政手段是使用最多、效果最显著的方式。

（1）立法管理

1994 年 2 月 18 日，《中华人民共和国计算机信息系统安全保护条例》由国务院颁布，这是我国最早的网络管理文本，聚焦对信息安全的保护。2000 年 9 月，国务院发布了《中华人民共和国电信条例》和《互联网信息服务管理办法》，后者是我国第一部对网络媒体进行管理的行政法规，它开启了中国网络媒体立法的大门。随后，围绕着新媒体传播的各个环节和涉及的内容，国家通过宪法、法律、行政法规、部门规章以及地方条例等方式，对新媒体进行不同程度的管理。

① 宪法

在我国的根本大法《宪法》中，有对传播活动的相关规定。在《宪法》的第二十二条，规定了新闻出版广播电视事业应该为人民服务，为社会主义服务。第三十五条规定了公民有言论、出版自由；第四十一条规定了公民对任何国家机关和工作人员有批评和建议的权利；第四十七条规定了公民有进行科学研究、文艺创作和其他文化活动的自由的规定。

② 法律

在我国，法律特指由全国人民代表大会及其常务委员会制定、颁布的规范性文件，由国家主席签署主席令公布。新媒体平台管理方面，主要涉及以下四部法律，《中华人民共和国著作权法》《中华人民共和国广告法》《中华人民共和国网络安全法》和《中华人民共和国刑法》。

2001 年 10 月，我国将《著作权法》进行修改，明确将“信息网络传播权”

加入著作权人权利范围，即著作权人有权“以有线或者无线方式向公众提供作品，使公众可以在其个人选定的时间和地点获得作品的权利”。那么，网络著作权就是指著作权人对受著作权法保护的作品在网络环境下所享有的著作权利。《著作权法》第十条对著作权各项权利的规定均适用于数字化作品的著作权。将作品通过网络向公众传播，属于著作权法规定的使用作品的方式，著作权人享有以该种方式使用或者许可他人使用作品，并由此获得报酬的权利。

2015 年 4 月 24 日，我国修订了《广告法》，首次对互联网广告有了规定，比如，互联网广告应能一键关闭，不能未经同意在用户发送的电子邮件中附加广告等。

2016 年 11 月 7 日，我国颁布了《网络安全法》，这是我国关于网络安全政策法规的集大成者，也是制定其他有关法规的基石和参照。该法案对网络空间主权、网络安全等级保护制度、用户实名等级制度、网络安全应急预案制度等都做了规范，同时划分了互联网管理部门的权责范围。

此外，《刑法》中，对于处理传播淫秽色情、暴力恐怖、封建迷信等不正当信息的，也有一定涉及。

2000 年 12 月 18 日，第九届全国人代会常务委员会通过了《全国人民代表大会常务委员会关于维护互联网安全的决定》，这是我国互联网管理体系中具有最高效力的法律文件。

③ 行政法规

行政法规是国务院依据宪法和法律制定的领导和管理国家各项行政工作的各种规范性文件的总称，由国务院总理签署，国务院令公布，其效力和地位低于宪法和法律，由于我国还没有专门的新闻传播或者新媒体法律，所以目前我国管理新媒体具有操作性的最高规范就是行政法规。

1997 年 1 月，国务院新闻办公室、新闻出版署联合发布《利用国际互联网络开展对外新闻宣传暂行规定》，这是第一个以文件形式出现的管理网络的规定。到 2000 年 9 月，国务院发布了《互联网信息服务管理办法》，这是我国第一部对网络媒体进行管理的行政法规，它开启了中国网络媒体立法的大门，也是中国网络媒体内容管理的重要行政法规。

除了限制性的法律，国务院办公厅在 2018 年 12 月 27 日颁布了《国务院办公厅关于推进政务新媒体健康有序发展的意见》，对于政务新媒体进行了激励式的管理。该意见要求各级政府部门的政务新媒体要不断强化发布、传播、互动、引导、办事等功能，为企业和群众提供更加便捷实用的移动服务，从而推进政务公开，强化解读回应，积极传播党和政府声音；加强政民互动，创新社会治理，走好网上群众路线等等。

④ 地方性法规、自治条例和单行条例

分级管理的体制下，各省、直辖市、自治区也颁布了大量有关媒体管理的地方性法规和政府规章。例如 2011 年 12 月 16 日，北京市人民政府新闻办公室、北京市公安局、北京市通信管理局、北京市互联网信息办公室联合发布了《北京市微博客发展管理若干规定》，要求任何组织或者个人注册微博客账号，应当使用真实身份信息。随后广州、深圳、上海、天津等地亦采取相同措施。

当前，地方管理部门往往是根据主管主办和属地管理原则，依据新媒体平台的注册地、主要活动地，进行对应管理。例如 2018 年 8 月 14 日，北京市文化市场行政执法总队就对“快手”的开办单位北京快手网络科技有限公司、“今日头条”的开办单位北京字节跳动科技有限公司等存在的问题做出警告和罚款的行政处罚。明确这两个平台“不得擅自对经典文艺作品、广播影视节目、网络原创视听节目重新剪辑、重新配音、重配字幕”，针对非法抓取、剪拼改编、丑化恶搞的“二次创作”行为进行管理，从顶层推动了国内网络版权市场的规范，营造自主创新的行业氛围。

⑤ 规章和规范性文件

规章主要指的是部门规章，是指国务院所属部委具有行政管理职能的直属机构，根据法律和国务院的行政法规、决定、命令，在本部门的权限内，制定的规定、办法、实施细则、规范等规范性文件。与新媒体平台治理相关的各个政府机构，都曾制定过相关文件，用于管理。早在 1997 年 5 月 30 日，国务院信息化工作领导小组就发布了关于域名管理的《中国互联网域名注册暂行办法》。广电总局在 2004 年 7 月发布的《互联网等信息网络传播视听节目管理办法》，基本奠定了后来对互联网视听节目的规范。

（2）行政手段

政府部门对新媒体采取的管理处罚方式具有多种形式，包括屏蔽、列入黑名单、约谈、警告、罚款、关停、取缔以及刑事拘留等。

① 约谈部分平台，提出整改措施

“约谈”本来是中国共产党党内监督方式。2015 年 6 月 1 日，网信办专门制定了《互联网新闻信息服务单位约谈工作规定》，该规定被民间称为“约谈十条”，规定指出，约谈将成为一种常态化的互联网新闻信息管理模式。

通常情况下，若新媒体平台出现了过多的不正当信息等，网信办往往会采用“约谈”的方式，联系平台的相关负责人，指出问题，要求他们在限定时间内下线不合规节目、拉黑不合规用户，扩大审核范围等。

在 2018 年 4 月 4 日，“今日头条”及“快手”便因为其内容问题被国家广播电视总局约谈进行整改。

② 封停不合规自媒体

2018 年 10 月 20 日，网信办开展集中整治活动，依法封停了 9 800 多个自媒体账号，腾讯微信、新浪微博等自媒体平台被依法约谈。这次集中整治对资本市场的影响较大。在此之前，包括骅威文化、利欧股份、瀚叶股份等上市公司曾宣布以 15 亿元、23.4 亿元和 38 亿元的“天价”收购一些自媒体资产，但是经过了网信办的集中整治活动，部分资本开始更加慎重地对待自媒体机构，对他们的估值也有下降。瀚叶股份相关负责人表示，基于产业政策发生的变化，对量子云的收购宣告中止；利欧股份负责人也表示，公司原拟收购微信自媒体内容营销公司苏州梦嘉 75%股权，但“协议各方对标的公司估值存在较大差异”，最终决定终止该收购项目。少了资本市场上的热钱、快钱，盲目扎堆做自媒体的现象得到了一定遏制。

③ 下发查处名单，处以罚金

当平台方含有过多不合规内容时，或某一段时期，多个平台存在着统一的共性问题时，政府部门往往会下发查处名单，进行统一整治。例如，2016 年 4 月 14 日，由于斗鱼、虎牙直播、YY、熊猫 TV、战旗 TV、龙珠直播、六间房、9158 等多家网络直播平台涉嫌提供含有宣扬淫秽、暴力、教唆犯罪、危害社会公德内容的互联网文化产品，文化部下发第二十五批违法违规互联网文化活动查处名单，将以上平台列入查处名单。

2016 年，“标题党”乱象横生，出现了几起社会影响极为恶劣的典型案例：4 月 24 日，新浪娱乐自行编发题为《baby 胸部丰满，金钟国盛赞：中国最好女演员》的信息，利用文字游戏，故意制造出只因“胸部丰满”，就可被称赞为“中国好演员”的逻辑，语言露骨低俗，内容污秽庸俗；网易在转载新华网报道《多地整治网约车探索“规范路径”》时，将标题改为《官方：网约车属高端服务　不应每人打得起》，改后的标题和原文意思完全相反，爆发舆情，激化了社会矛盾。当时，“标题党”现象已经成为街头巷尾的热议对象，大力整治该现象刻不容缓。2016 年 12 月 5 日，网信办又开展专项行动，结合典型案例，通报“标题党乱象”，对新浪、搜狐等五家网站进行查处，向新浪、搜狐、网易、凤凰、焦点五家网站下达行政执法检查通知书，并处以罚金。

④ 周期性集中整治

2017 年 6 月，由于微信公众号、网络视频平台出于野蛮生长期，快速发展的同时，庸俗化、娱乐化、低俗化的内容时有出现，且传播面积大，造成了极为恶劣的社会影响。网信办对互联网平台的有害信息进行了一次集中性、为期一个月的大整治。这期间，2017 年 6 月 7 日，北京市网信办依法约谈微博、今日头条、腾讯、一点资讯、优酷、网易、百度等网站，关闭了“中国第一狗仔卓伟”等一批违规账号。6 月 8 日，又关停了包括“毒舌电影”“南都娱乐周刊”在内的 25 个知名度相当高的账号。由于这次关停的账号原有影响力普遍较大，对关停原因又有详细的解释，所以得到了网民的一致好评，效用也相当好。在视听节目方面，2017 年 6 月 22 日，国家新闻出版广电总局又要求“新浪微博”“AcFun”等网站关停视听节目服务，这基本等于切断了这两个平台的主要流量来源。这次集中整治的处罚力度大、震慑力强，其他网络视听平台大多都因此而自查自省，积极学习相关知识，互联网平台风气改善明显。

⑤ 政府部门联合开展专项行动

当涉及对象的性质比较复杂，或整治行动涉及面过广时，几个政府部门会联合起来，开展大规模的专项整治活动。

这其中规模最大，影响力最大的就是自2014年起，每年都会开展全国“扫黄打非·净网专项行动”。2014年6月1日，全国“扫黄打非”工作小组办公室、国家互联网信息办公室、工业和信息化部、公安部决定，自2014年4月中旬至11月，在全国范围内统一开展打击网上淫秽色情信息“扫黄打非·净网2014”专项行动，对新浪网、百度（贴吧）、网易（博客）、土豆网、道客巴巴等52家网站的涉黑、涉暴、涉淫秽色情内容进行了调查。除此之外，还有“护苗·2014”“秋风·2014”。最近一次的“净网·2019”专项活动中，公安部集中整治了大量非法的“第四方支付”平台、利用新媒体、微信公众号恶意抢占医疗卫生公共资源的黄牛团伙、在社交媒体上网络暴力刑事犯罪等违法犯罪活动，取得了突出成效。

除了常规性质的年度行动，影响大、情况恶劣的事件爆发后，各部门之间会迅速联动起来，重拳出击。2018年年初，多名网友爆料，自己给幼童播放的动画片，乍一看是经典的优秀动画，实际上，却是以儿童熟悉的卡通人物为主角，制作的包含血腥暴力或软色情内容，堪称是含有残酷、恐怖的虐童动画或真人小短片。该爆料引起轰动，民众呼声很大，要求相关部门尽快查处，为家长和社会负责。2月1日，中央宣传部、国家网信办、文化部、国家新闻出版广电总局、全国“扫黄打非”工作小组办公室迅速集结起来，开展了针对网络直播平台传播低俗色情暴力等违法有害信息和儿童“邪典”动漫游戏视频的集中整治行动，清理了有害信息37万余条，对提供传播渠道的多个互联网平台予以行政处罚并曝光，严厉查处制作“邪典”的视频企业，有关负责人被刑事拘留。迅速处置“邪典”视频事件也入选了2018年我国“扫黄打非”工作十件大事。

⑥ 制定规章制度

以国家网信办为代表的管理部门，根据新媒体平台传播、介质、性质等的不同，往往会以颁布管理规定的方式，对各种平台做出非常详细的规定。

2017 年年中，国家网信办陆陆续续出台了一批管理规定，对新闻信息、跟帖评论、社区服务、群组、公众账号都做出了严格的限定。这一系列规定涉及面广，操作性强，对相关内容的方方面面都做了严格的把控，被称为“史上最严”的新媒体管理条约。

表 5-2　新媒体管理条例

日　期	管理部门	条例性质	条例名称	主要内容
2017 年 6 月 1 日	国家网信办	规范性文件	《互联网新闻信息服务管理规定》	对信息转载、采编资质、服务许可等问题做了详细规定。
2017 年 10 月 1 日			《互联网跟帖评论服务管理规定》	治理网络“水军”，要求网站管理跟帖评论
2017 年 10 月 1 日			《互联网论坛社区服务管理规定》	要求互联网论坛社区服务提供者应当与用户签订协议，明确禁令
2017 年 10 月 1 日			《互联网群组信息服务管理规定》	对群组的管理落实到个人 对互联网群组实行分级分类管理 细化对群组的管理细节
2017 年 10 月 8 日			《互联网用户公众账号信息服务管理规定》	对公众账号的设立、内容界限、转载要求等做了规定

（3）技术

阻止进入、过滤和分级为目前网络媒体的技术管理手段。我国普遍采用的是前两种。

阻止进入技术是指通过在互联网的国际主出口上设定对访问某些网址的限制，使得国内网民无法直接登录这些国外网站获取信息，发表言论。

过滤技术即“关键词”过滤，目前，对于图片和语音也有一定的过滤手段。当社交媒体、网络社区或者新媒体平台中出现特殊词，文字版的帖子一般不能直接发出，图片会显示“该图片暂时无法查看”，音频会直接做消音处理，若是视频，则会被直接下架，或转移至内容审核员处，由人工复核。

分级技术主要是用于一些暴力、色情内容。虽然我国一般采用统一的管理标准，但可以看到一些雏形。2019 年六一儿童节前后，部分短视频平台，例如哔哩哔哩、快手、抖音都上线了“青少年模式”，即进入该 App 都会询问是否进入该模式，在该模式下收看时间和部分内容受到了限制。

（4）行业自律

中国网络媒体的行业自律组织是中国互联网协会。该协会成立于 2001 年 5 月 25 日，由国内从事互联网行业的网络运营商、服务提供商、设备制造商、系统集成商以及科研、教育机构等多家互联网从业者共同发起成立。中国互联网协会，自成立以来相继出台多个自律公约，因此，中国的互联网自律体系实际上是由政府牵头制定并号召实行的自律公约。①

2001 年 7 月，中国互联网协会开始制订行业自律公约，在互联网行业中倡导并建立“自我约束、相互监督、公平竞争、健康发展”的行业自律机制。2002 年 3 月 26 日，中国互联网协会在人民大会堂召开签约大会，正式发布《中国互联网行业自律公约》。②

近年来，围绕着不同的媒介类型，新媒体平台、互联网企业以及媒体人等签订了各种各样的行业自律条款。

在新媒体内容方面，为了扭转网络文学品位不高、抄袭模仿、粗制滥造、片面追求点击率等不良倾向，2016 年 7 月 20 日，中国作家协会网络文学委员会、中国音像与数字出版协会、数字阅读工作委员会在北京联合发布网络文学行业自律倡议书，全国 50 余家重点文学网站代表和作家在倡议书上签字。除了全国性质的，2018 年以来，各个省、市、区、县都组织签订新媒体自律条约，例如 2018 年 7 月 5 日，浦东新区新媒体从业人员联谊会牵头发起，由上海各区新媒体从业人员联谊组织共同倡议，签订了《上海新媒体从业人员自律公约》，

① 高钢：《中国数字媒体内容国家管理体系研究》，高等教育出版社，2009 年 11 月。

② 《中国互联网协会介绍》，http：//www.isc.org.cn/xhgk/xhjj/，http：//news.southcn.com/china/zgkx/200406180694.htm。

将爱国、守法、求真、创新、尊重和责任视为自己的使命。

在版权方面，2016 年 11 月 30 日，首都版权产业联盟联合百度网盟推广、360 广告联盟、阿里妈妈广告联盟和腾讯广告联盟发出了《网络广告联盟版权自律倡议》，倡议网络广告联盟建立并完善内部版权管理制度，严格规范广告投放程序，防止将广告投放到非法违规的网站。

在直播领域，2015 年下半年以来，出现了以“直播造人”为代表的淫秽色情事件，一些涉毒、涉赌、未成年妈妈等违反社会公德和公序良俗的直播内容屡有发生。一些平台不但没有尽到管理职责，反而暗中扩大这些视频的传播量，以获得人气和点击率，为融资、上市制造噱头。因此，北京互联网文化协会牵头国内 20 余家网络直播平台共同发布了《北京网络直播行业自律公约》，承诺对所有主播进行实名认证，建立主播黑名单制度，严控涉政、涉枪、涉毒、涉暴、涉黄内容的主播，不为 18 岁以下的未成年人提供主播注册通道等。

3. 管理的主要内容

近年来，我国政府不断出台相关政策大力发展新媒体产业的同时，也颁布了诸多针对新媒体发展的管理政策及措施，使新媒体产业的发展逐渐走向法治化和多元协同管理的良好方向。结合上文梳理的主要管理政策内容，笔者可以从我国颁布的新媒体产业管理政策中归纳出一些特点。

（1）主要内容

从政策的内容来看，我国针对新媒体颁布的管理政策主要包含以下几方面内容。

① 媒介融合国家战略

在互联网快速发展的当下，新媒体已经渗透进商业运营、文化宣传等各个行业，其影响力不断加强，传统媒体受到的冲击越来越大。以推动传统媒体向新媒体转型为目的，媒介融合的国家战略逐步出台。

早在 2014 年，中央全面深化改革小组第四次会议审议通过了《关于推动传统媒体和新兴媒体融合发展的指导意见》。中国社科院副院长李培林在《中国新媒体发展报告（2018）》发布会上表示：我国新媒体的发展方向不仅仅限于媒介融合，而更强调在实现“互联网+”的基础上能够把网络和新媒体的发展与我国整体发展紧密联系起来。

媒介融合国家战略的出台，实质目的是在互联网和新媒体大发展的环境之下促进传统媒体向新媒体领域拓展，以保证新媒体传播时代传统主流媒体的传播能力和话语权。传统媒体向新媒体更新的过程充满新的困难和剧烈的变动，传统媒体本身虽具有一定的主动选择权，但远没有不断涌现的新生媒体应对灵活。因此，新媒体相关政策给予了传统媒体在采访权、著作权等方面的保护举措，以国家战略推动传统媒体与新媒体完成平台、技术上的融合。

② 新媒体内容版权管理

新媒体是互联网时代、多媒体业务、移动化终端等多种新要素基础上产生的新产业，其快速发展的同时显现出诸多管理方面的特殊性，媒体的内容和版权方面的问题也需要更多政策进行约束。

新媒体的内容版权管理具有一定复杂性。一方面，从传播的载体和内容来看，新媒体内容囊括文字、图片、视频、音频等多种类型，且往往可以相互包含和转化。另一方面，从新媒体的传播模式来看，新媒体原创内容经常会在微信朋友圈、微博等平台被转载，爆发式传播使得最原始的内容和原创者的信息在不断转载的过程中流失了。这些都使新媒体内容创作者的版权和基本利益难以得到保障，也促使对于新媒体内容版权的管理政策不断加强。

媒体对于自身版权的保护意识和维权行为大致开始于 2014 年。这一年，广州日报报业集团状告今日头条 App 非法转载自己的新闻内容，乐视状告小米电视和 ICNTV 侵权，推动国家版权局开展“剑网 2014”打击网络侵权盗版的专项治理行动。2015 年起，国家版权局对新媒体平台进行内容转载行为中的版权保护问题作出明确规定。2017 年 1 月，国务院印发的《“十三五”国家知识产权保护和运用规划》中也明确表示，研究新媒体条件下的新闻作品版权保护。

不断出台的新媒体管理政策加强了对于新媒体内容版权的管理，规范转载行为，加强对内容创作者的著作权及其他合法正当利益的保护，也为新媒体产业的公平有序发展奠定基础。

③ 新媒体文化安全

新媒体具有高速、海量、虚拟、移动等特点，政府有关部门一直格外关注新媒体对于我国文化安全的挑战，一部分新媒体政策的制定就是为了抵御境外新媒体网站对于国内网民的思想渗透。这类针对新媒体文化安全的管理主要体现在两方面。

一是防范海外的论坛网站、社交媒体所包含的对我国文化安全有威胁性的言论内容。对此，我国有关管理部门采用网络防火墙的政策，利用技术手段进行屏蔽，禁止国内用户登录 Facebook、Twitter、Instagram 等海外社交媒体。

二是海外视频网站、视听产品的输入对我国文化安全的挑战。针对这种类型海外文化的输入，我国有关部门采取的措施是对部分海外影视剧进行下架处理。2014 年发布落实网上境外影视剧管理的相关规定，随后的系列措施陆续发布，境外影视剧的管理审核标准也越来越严格，包括先审后播、数量限制、属地管理、禁止同步直播等。

④ 新媒体账号、内容真实性的管理

新媒体平台上充斥着众多虚拟账号，账号身份虚假难辨，这给了新媒体平台上的各种“网络水军”和“网络推手”活跃的机会。一方面，新媒体时代的网络口碑营销是牵扯到实际经济利益的重要活动，网民及消费者通过新媒体平台上的描述和用户反馈来构建自己内心对于品牌产品的印象，并直接影响购买行为；另一方面，出现一些新媒体利用负面报道要挟、敲诈相关企业，侵害群众合法权益，破坏网络传播秩序。这些虚假账号的炒作和恶意抹黑行为都会影响市场经济的有序公平运作，关于新媒体账号、内容真实性方面的管理政策由此出台。

一类是对社交媒体实名制的管理。2015 年 2 月开始实行的《互联网用户账号名称管理规定》（又称“账号十条”）从立法角度对社交媒体账号实名制进行管理。规定要求社交媒体平台（特别是微博、微信平台）必须实施整体实名制管理，用户需先进行个人真实身份验证后方能注册使用社交媒体账号。而账号个人身份信息真实性的认证主要通过电信运营商的 SIM 卡号来确保。

另一类是对新媒体网络敲诈和有偿删帖等行为的管理。例如2015年1月开始的“网络敲诈和有偿删帖”专项整治工作，由网信办、工业和信息化部、公安部、国家新闻出版广电总局联合启动，其间破获全国“网络敲诈和有偿删帖”专项整治第一大案，案件涉及全国22个省市近2 000人，涉案金额超过5 000万元。

⑤ 净网行动

新媒体领域充斥着大量负面内容，污染网络环境，危害青少年成长，威胁社会和谐稳定。新媒体中的有毒有害信息大致包括以下几类：淫秽色情内容、涉黑涉暴内容和虚假谣言信息。

为了还网络一片纯净，针对这些长期存在的有害内容，净网行动也是一场长期的治理行动。各阶段的净网行动具有不同的针对性。2011年起，公安部部署开展以清理整治制作贩卖枪支爆炸物品违法信息为重点的净网行动，主要打击网络上的涉枪涉爆违法犯罪，维护社会治安。2013年3月，全国“扫黄打非”办公室发出通知，在全国范围内开展网络淫秽色情信息专项治理净网行动，整治视听网站、网络文学、网络游戏中的淫秽色情信息。对于淫秽色情信息的专项治理持续到2014年全国范围内统一开展的“扫黄打非·净网2014”专项行动。“净网2018”专项行动则重在打击侵犯公民利益和信息的网络犯罪行为，同时开展打击非法有害出版活动、淫秽色情低俗信息、新闻“三假”和侵权盗版等重点任务。

⑥ 用户个人信息安全保护

随着新媒体相关技术不断发展，有关新媒体平台的违法犯罪行为也逐渐增多，其中网络数据和用户信息相关的安全问题越来越受到关注。《中国网民权益保护调查报告（2016）》中显示，37%的网民在近一年因收到各类诈骗信息而遭受直接经济损失，全国网民人均遭受133元经济损失；在个人信息安全方面，72%的网民认为个人身份信息泄露情况最严重，包含联系方式、家庭住址、身份证号码等信息。在这样的背景下，新媒体管理政策也从前期主要关注意识形态和文化安全问题开始转向用户个人信息安全保护。

2017 年 6 月 1 日起，《中华人民共和国网络安全法》开始正式施行，用户个人信息安全受到立法保护，网民权益得到法律武器的捍卫。《网安法》规定，网络运营者不得收集与其提供的服务无关的个人信息，保障个人对其网络信息的删除和更正权，严打出售贩卖个人信息行为。该法保障广大用户合法权益的同时，也更加规范了信息技术的应用，有利于发挥新媒体的正面作用，实现产业积极快速发展。

（2）整治重点

伴随新媒体管理政策的不断出台，各项整治活动陆续开展，其中对于微信、微博等社交平台、视听娱乐类平台的整治是其重点。

① 微信、微博等社交平台的整治

如今微信、微博等社交媒体已经彻底融入我们的生活，同时也作为新型即时通信工具进行点与点、点与面、面与面的信息传播，新媒体社交平台极大改变了我们的人际交往和社会生活模式；然而，新媒体社交平台带来的内容抄袭、谣言传播、信息诈骗等诸多问题也开始暴露。

因此，2014 年 8 月，国家互联网信息办公室发布《即时通信工具公众信息服务发展管理暂行规定》（又称“微信十条”）。该规定主要用于规范微信、微博为代表的即时通信工具的公共信息服务平台，从资质和内容方面进行管理：内容上，做出“七条底线”的内容规定，即使用者注册账号时，应当与即时通信工具服务提供者签订协议，承诺遵守法律法规、社会主义制度、国家利益、公民合法权益、公共秩序、社会道德风尚和信息真实性这“七条底线”。资质上，规定要求即时通信工具服务使用者必须通过真实身份信息认证后才能注册及使用账号，同时，非新闻单位、新闻网站的各类新媒体未经批准禁止发布、转载时政类新闻。

这些政策对于微信、微博等新媒体社交平台的重点整治力度较大，从源头上对新媒体信息服务提供者进行资质管理，明确规定违规内容，对于个人信息的保护和网络治理的加强都很有意义。

② 视听娱乐类平台的整治

新媒体发展进程中，众多视听娱乐平台乘着移动互联网和娱乐化倾向的东风一路猛进，一系列负面效应也紧随其后：传统电视媒体利益和版权受侵害，各类未经审核的海外影视剧大量流入，短视频网站和直播平台夹杂低俗、有害内容，一些平台自制网剧不断挑战道德底线……

2014 年，出于版权保护、文化安全等诸多因素考量，我国叫停了电视 App，并对海外影视剧实行先审后播政策。之后的几年，有关部门对于互联网视听娱乐不良内容的管理一步步升级，2018 年 3 月开始，又一轮视听娱乐类 App 管理风暴来临。3 月底，央视多次报道今日头条和快手等平台上播放低俗视频，并点名批评今日头条旗下的火山小视频。4 月，广电总局约谈今日头条主要负责人，要求全面清查库存节目。凤凰新闻、网易新闻、今日头条和天天快报四款应用被要求下架。今日头条旗下“内涵段子”App 因为“导向不正、格调低俗”被广电总局永久关停。之后微博方面宣布联合秒拍、一直播等平台，对自身平台中可能存在的违规违法内容开展自查。今日头条也积极开展产品内部整改，取消了之前美女、段子、美团、趣图等内容受争议的频道。7 月，哔哩哔哩弹幕网因平台上部分动漫内容低俗被央视“点名”，随后网信办会同其他五部门开展的网络短视频行业集中整治，B 站等 App 被勒令下架整改……对于视听娱乐类平台的整治还在不断进行中，同时很多平台也自觉开展自查，视听娱乐类平台的网络环境已大大改善。

第六章　新媒体管理案例

案例："咪蒙"模式并非发展之道

（一）以"咪蒙"为代表的微信自媒体发展背景

1. 微信公众号数量持续增加

根据中国产业信息网公开资料整理，仅 2016 年，微信公众号就从 2015 年的 1 345 万个增加到 1 777 万个，而 2017 年一年又增加了三百万余个微信公众号，其中月活跃账号数目增加了 47 万个，数字阅读行业作者在一年之间增加了约 182 万个。微信公众号平台逐渐从蓝海变成了红海，而又有数以百万计微信公众号持续投入红海。在这样一个庞大的红海之中，新兴公众号力争上游。为了争取更多的用户，他们创造出更优质的内容、更热点的事件、更深的层次和更新颖的"人设"。这对于"咪蒙"们来说，生存环境日渐恶化：一方面，用户对于"咪蒙"们夸张而博人眼球的标题已经逐渐失去兴趣，"咪蒙"们的吸引力正在下降；一方面，"咪蒙"们常年打擦边球，经常游走在政策灰色地区，运营和维护如履薄冰；另一方面，新兴公众号不断涌现，呈现出百花齐放的场面，这会分流掉原先处于垄断地位的"咪蒙"们的用户吸引力。

2. 阅读用户主力军为青少年

而就阅读用户看，2017 年数据统计表明，数字阅读用户之中 70%属于青少年。相比于中年和老年人而言，青年人用户数量以及每日花在阅读公众号文章的时间明显占多数。与中年人不同，青年人对于微信公众号的操作更加流畅，也更加习惯于每日阅读公众号文章，更重要的是，青年用户的流动性更高，对于公众号的黏度更低。对于他们而言，优质的文章比大V的名号更加吸引人。当原先关注的公众号文章质量出现下降时，他们更加倾向于去找寻一个全新的、优质的、能够满足他们阅读需要的同类型公众号。因此，这迫使微信公众号持续产出优质文章和评论以保持公众号粉丝数量。

3. 微信公众号服务模式转变

2018年6月和9月，微信公众平台改版，将公众号列表改为信息流形态，用户无须进入公众号即可阅读其当日发布的最新文章，打破了微信大公众号垄断粉丝的情况。在这样的发展过程中，微信公众号呈现出了高竞争性、分散化、用户黏度降低的趋势。而在这样的冲击之下，“咪蒙”们作为度过了公众号自我发展黄金期的中年公众号，在排名不断被新兴公众号冲击和稀释的情况下，迫切地需要找到维持热度的方法。

（二）咪蒙微信自媒体发展历程

1. 咪蒙在微信自媒体中杀出重围

咪蒙，原名马凌，从2015年9月起开始运营微信自媒体。2015年9月份发表第一篇文章《女友对你作？你应该谢天谢地，因为她爱你》。年底，一篇《致贱人，我为什么要帮你》发表，使其公众号粉丝突增20万，咪蒙也一时家喻户晓。2017年6月6日，咪蒙因为之前发布的内容违规而被罚禁言一个月。一个月之后，咪蒙在解禁当日高调宣布复出，并发布了新的文章，瞬间突破十万阅读量。

2. 咪蒙曾多次触碰红线

微信公众号服务从2012年开始运行，咪蒙2015年下半年进入微信公众号平台，这个时间对于一个自媒体来说并不算是有利时机。与它同类别、曾经势头一度强劲的对手——ayawawa，早已经获得“2014年最具价值公众号”“微榜2014年最具口碑微信公众号”等奖项，扬名立万。而现在经常在新榜情感类公众号排行榜上拔得头筹的同道大叔，也是在2015年上半年开启了他的公众号之旅，但在此之前，他已在微博上获得大量粉丝，而这些粉丝也构成了其公众号最初的固定流量。相比于同类公众号的“有备而来”，咪蒙则是在《南方都市报》深圳杂志部，逐年积累她的文字功底。而现在，三年过后，ayawawa 被官方“点名”批评息声；同道大叔则长期占据新榜情感类公众号前三名的位置；而咪蒙，则在自媒体浪潮之中扮演着一个“中年”公众号的角色——根据新榜情感类公众号排名看，咪蒙在日榜排名中变化较大，新榜指数在 870 至 930 之间来回浮动，10 月以来排名在第 11 名到未上榜之间浮动，多数时间稳定在 40 位左右水平，每篇文章阅读量均为 10 万次以上。而在新榜周榜上，咪蒙在情感类公众号排名中则在 20 位至 40 位之间浮动；从月榜来看，咪蒙在 8 月份在新榜公众号总榜排名第 464 名，9 月份则上升至第 345 名，这对于一个曾经名声大噪的公众号并不是很好的成绩，然而在当前公众号环境下又十分情有可原。

3. 咪蒙“凉了”

2019 年 1 月 29 日，咪蒙团队下属的才华有限青年公众号发布了《一个出身寒门的状元之死》文章，瞬间点爆全网。作者杨乐多曾是咪蒙团队实习生。这篇推文后来被证明信息多处不属实，涉嫌消费死者。《人民日报》刊文指出：“文章漏洞百出，炮制造假痕迹明显，奈何风靡横行！从标题党到炮制文，卖惨卖焦虑容易，但无节操刷流量只会消耗注意力资源，稀释社会信心。百花齐放不等于信口开河，拿了麦克风不等于可以肆意妄为。公众号当有公心，自媒体应当自重！”2019 年 2 月 1 日，咪蒙宣布微信公众号暂停两个月，咪蒙微博永久关停的决定。仅仅过了 20 天，2 月 21 日，咪蒙、才华有限青年公众号注销，今日头条（头条号）、凤凰网（大风号）、新浪微博、知乎等平台宣布封杀咪蒙账号。

（三）“咪蒙”微信自媒体的主要内容设置

1. 咪蒙自媒体发布的文章议题随着受众的不同生活阶段而不断变化

从表 6-1 可以看出，咪蒙在 2016 年更多谈论的仍旧是“女孩”的事情，而从 2017 年开始，咪蒙将谈论重心转移到了“职场女性”和“升职加薪”上，而到 2018 年，除去“职场女性”的文章内容以外，亲子关系、夫妻关系和婆媳

表 6-1 咪蒙自媒体在 2016 年至 2018 年间 2 月中旬至 3 月中旬发布的文章

2016 年	2017 年	2018 年
我们为什么离开家乡去大城市？	“他爱不爱我？”其实你心里有数	第一次去婆婆家，我跟狗抢饭吃
《太阳的后裔》：我喜欢这种势均力敌的爱情	做到这 6 点，老板才会乖乖给你加薪	同学聚会，就是一场演员的诞生
小李子，恭喜你，终于从段子界到了鸡汤界	我这么拼，是为了对我妈一掷千金！	五音不全的人，如何坚强地活在这个世上
我为什么支持男生打游戏？	职场性骚扰：你真的敢报警吗？	国际罕见病日：他们活着的每一秒，都在拼尽全力
有句话忍很久了，老子就是喜欢处女座	南方人 VS 北方人：我们是如何相爱相杀的	一个地方就能看清，你是在生活，还是在凑合
我为什么辞掉稳定的工作？	那个让实习生拿外卖的咪蒙又要招人了	我爱那个 18 线导演，但他爱我的钱
90 后使用说明书	最可怕的是，为人父母不需要考试！	太可怕了，2018 年已经过去 1/6 了
首先这不是广告，其次我要推荐彩妆了	不是这届 90 后员工不行，是你不行	他辞职以后，前同事拿了 1 个亿的奖金
我为什么不养宠物？	我最不想嫁的，是我爸那种男人	有话好好说，bú yào say English
交朋友一定要门当户对吗？是的！	职场女性：不敢嫁，不敢生	注意，如何年薪 30 万的知识点来了
谁说单身是因为长得丑？让你看看颜值逆天的单身狗！	90 后：过完童年，就是中年了	致前任：曾经爱过你，想想就恶心
我们和女神之间，差的不仅是颜值，还有……	如何成为下一个咪蒙？	妈，别再去打折区了！你儿子有钱！
为什么丢三落四的女孩最好命？	为什么你的年薪，只是别人的月薪？	宇宙第一难题：如何爱上自己的老公？
矮子们快来幸灾乐祸！原来长得高也很凄惨啊！	咪蒙：说来惭愧，我的助理月薪才 5 万	我一直相信人生没有过不去的坎

（数据来源：咪蒙微信公众号）

关系开始崭露头角。咪蒙文章的议题也展现了一条“恋爱—职场—婚姻”的时间线。而咪蒙本人早在 2000 年时就与伴侣相爱并结婚。因此，并不是因为咪蒙本人的情感生活进展推进了其文章议题选择的时间线，而是因为咪蒙的粉丝逐渐从考虑恋爱的女孩变成了职场女性，又逐渐步入了婚姻生活。因此有人认为，

"咪蒙"更偏爱在积累原始粉丝过后开始持续"薅同一批人的羊毛"。从恋爱到职场，从职场到婚姻。

2. 咪蒙在文章中设立的"人设"与实际不相符

咪蒙作为知名公众号自媒体，给自己的"人设"是都市独立女性，奉行"努力才有回报，有钱通吃天下"的思想观念。她将成功看作是人生目标，同时也认为女生应当自强不息，但咪蒙本人的情感生活状态和对于情感的态度却与她公众号试图呈现给读者的情感信条大相径庭。咪蒙公众号一直在口头上贬低男性，也将很多事情的失败归结在男性身上，她对于男性的态度从始至终是一种由上至下的调侃。但是在生活之中，咪蒙一直强调男友应当"忠犬"，她本人与另一半的相处模式之中也严格奉行这个宗旨。而咪蒙也曾经通过"撒娇"等手段将家务推给男方做。这明显与其都市丽人"独立人设"不符。一边强调着女性应当独立做"大女人"，一边在自己的现实生活中完美诠释着何为"小女人"的矛盾，体现出了咪蒙公众号的立场似乎并不如想象中那样坚定。而在咪蒙所发布的所有文章观点和立场之中，有部分文章的观点是与之前同类型文章观点相悖的。在网络上也有读者提出咪蒙"前后不一"。而有人认为，无论是咪蒙对于男性地位的强行降低还是所谓"前后不一"，都是出于迎合市场和受众的原因。

3. 咪蒙的议题随社会立场的变化而进行转移

咪蒙作为一个情感类公众号，并非是完全脱离现实社会热点自抒胸臆，而是紧跟热点事件并且从热点事件的舆论风向出发，创作这一时期的文章。咪蒙文章并没有一直持续而坚定的立场，反而是经常随时间发展和社会舆论变化而出现"自我矛盾"的情况。

2016 年 2 月 10 日，一则"上海女去江西男方家过年，第一眼见年夜饭就分手"的新闻瞬间传遍中国（后证实是假新闻）。民众纷纷讨论起"门当户对"思想是否还应该在现代社会上坚持。而咪蒙紧跟时事热点，在 2 月 13 日就发布了《什么门当户对，不就是爱得不够》一文，表达"门当户对"是旧时代的糟粕，现代人不应当只注重物质上的相当，更应该注重精神上的势均力敌。而后在15日又发布了《最好的婚姻，是精神上的门当户对》一文，坚持自己的观点。然而，在同年3月17日，咪蒙又跟随当期《奇葩说》节目谈论热点“交朋友要不要门当户对”发布了《交朋友一定要门当户对吗？是的！》一文，表达了交朋友的本质就是门当户对的交换。有人认为交朋友与婚姻恋爱并无本质区别，如果说有什么区别的话，婚姻恋爱应当比交朋友一事更加慎重。朋友关系可能会涉及利益，但是恋爱和婚姻，尤其是婚姻，必然涉及经济等各方面利益的交换与共享，那么如果交朋友都需要门当户对的话，为什么找对象却可以只看感情而不考虑其他？反过来说，如果“门当户对”的观念在爱情中表明爱得不够，那么在友情当中是否也可以表达友情不够纯粹？因此，在短短一个来月中，咪蒙在相似的议题上却表达出了近乎相反的立场与态度。

同样的，在韩剧《太阳的后裔》播出热潮之中，咪蒙紧跟热点，从该剧衍生出自己的文章——《〈太阳的后裔〉：我喜欢这种势均力敌的爱情》，表达了感情应当是势均力敌、平等和谐的，甚至后来还因为两个人感情上的不对等而发布了一篇关于《太阳的后裔》的后续《太阳的后裔｜直说了吧，姜暮烟，你配不上我老公》。但在两年后，2018年8月28日原创文章《喜欢是势均力敌，爱是我TM认输》之中，咪蒙却给出了一个与两年前不同的答案。对于同样一个“势均力敌”，咪蒙前后矛盾地给出了肯定又否定的结果。

咪蒙虽然也经常谈论感情、家庭、职场，但是最多谈论到的还是钱。纵观咪蒙的文章列表，提及最多的莫过于“钱”“年薪”“穷”等字样。2016年6月13日，咪蒙发布《你知道你为什么穷吗？因为你喜欢省钱！》，然而在2018年10月17日，咪蒙又发布了《我每天加班到死，存款还是0!!!》的文章，表达了自己因为常常“抢救式花钱”而导致自己没有存款。这与之前鼓吹花钱的态度迥然不同。

同时，咪蒙也经常为了迎合受众而进行“双标”，例如其文章《世间所有的吵架，都是因为男人不会说话》与《不会说话，杀死了我的前半生》同时出现在了一个公众号之中。同样的，《就算我第一次当妈，也不用你教！》是咪蒙在2018年4月3日的原创文章，但是其公众号里有43篇文章与“孩子”“女儿”“儿子”等育儿经相关，并且多次以情感导师口吻教导读者要如何做一对合格的父母。

因此，咪蒙公众号在情感路线上保持了一定的一致，比如一直宣扬的是女性独立、努力和挣钱；但是，咪蒙对于其他观念的态度却是不断变化甚至前后矛盾的。“咪蒙”自身或者说当下媒体公众号都可以清晰地意识到，一个鲜明的公众号态度可以为其自媒体带来更高的知名度、黏度更高的粉丝群体。一个完全的墙头草公众号虽然可以凭借蹭社会的热点带来一时的知名度，但是纵观发展，其不鲜明的态度并不能拥有长久的受众群体。不仅仅是咪蒙，ayawawa以及曾经出名的“衣锦夜行的燕公子”都是如此。只不过 ayawawa 宣扬的是奴化和物化女性思想，与当今思想潮流背道而驰；“衣锦夜行的燕公子”则是纯粹的享乐主义者，认为女生应当“作”和“嗲”，咪蒙虽然在某些时候也宣扬了一种“作即是理”思想，但将其隐含在了“女性独立”的糖衣之下，因此受众和读者往往首先看到的是女性独立思想。然而，在糖衣之下，咪蒙则过于鼓吹女性应当被娇宠、男生不宠女生就是原罪等思想。这些思想潜移默化地影响了受众，致使许多“咪蒙”的粉丝被男性“嫌弃”，只因为对男生要求过于苛刻，却对女性群体自身付出闭口不谈。

4. 题目设置

（1）咪蒙越来越喜欢短标题

根据爱赢利指数系统数据抓取与分析，2016 年 9 月至 2017 年 3 月份，咪蒙文章的标题字符平均长度为 14.84 个字，比其前半年的平均标题字符长度减少 1.4 个字，降幅高达 9.43%。

（2）咪蒙往往利用夸张和隐去部分关键词方式拟标题

咪蒙往往习惯于在发布的文章标题之中利用一些绝对化的词语和高极端数据来吸引读者，如 2016 年 8 月 29 日的文章标题《99%女人都害怕它，但我不》，又或者 2016 年 11 月 9 日的文章标题《女生爱问的 8 个问题，99%男生都不会答》，2017 年 7 月 26 日的文章标题《现在撩汉能成功，全靠当年 3 分钟》，2017 年 1 月 11 日的原创文章标题《世界上只有一种男人，绝对不会出轨》等各种绝对化语言表述。这些如“全”“都”“只有”等绝对化词语，和99%、1%这样的极端化数字在拟标题时过度夸张了文章内容和主旨，有一些标题甚至与文章本身并没有过多关系，只是为了吸引眼球。对咪蒙公众号从创始到如今的文章标题进行字符抓取，笔者发现，在其从2015年9月15日到2018年12月7日的986篇文章中，有大量文章标题之中带有“都”“只”“就”。这些词汇，在形容事件或观点时都未免过于极端化，同时还有将事件和概念草率归类、武断定义的嫌疑。在语气方面有230篇文章标题之中带有一个或多个感叹号，占比在23%以上。这样的标题通常利用夸张语气来吸引受众眼球，即使文章内容并无惊艳，在文章标题上也要“大做文章”。

表6-2　咪蒙自2015年9月至2018年12月7日文章标题绝对化词语词频

词语	词频
就	94
就是	43
只是	12
只有	12

（数据来源：咪蒙2015年9月15日至2018年12月7日微信公众号数据）

（3）咪蒙热衷于在标题中体现人物和事件反差

咪蒙热衷于在标题中体现人物和事件的反差，如2017年3月22日的文章标题《有钱阔太的艰难生活》，2017年3月16日的原创文章标题《咪蒙：说来惭愧，我的助理月薪才5万》，2017年8月28日的原创文章标题《七夕，我在民政局排队离婚》，2017年5月18日的原创文章标题《我年薪20万，却活得像条狗》等。

（4）咪蒙喜欢以女性视角写作标题

2016年5月27日的原创文章标题《世间所有的吵架，都是因为男人不会说话》，轻描淡写地将吵架中的所有过错推到男性不会说话上。又或者是2016年6月18日的标题《男人有多爱你？就看他打脸打得有多猛》，将男性对于女性的爱意简单地归到了打脸一事上，似乎只有这样才能够体现出男性的爱意之深。咪蒙作为一个女性向情感公众号，在文章标题之中提到过104次“男”，在字频统计中排名第15位，更胜一筹的则是“爱”字，排名第14位，被提及106次。

表6-3　咪蒙自2015年9月至2018年12月7日文章标题中两性感情词语词频

词语	词频
爱	96
男人	26
男朋友	25

（数据来源：咪蒙2015年9月15日至2018年12月7日微信公众号数据）

（5）咪蒙热衷于在标题中运用成功学

咪蒙热衷于在标题中运用成功学，如2016年12月21日的原创文章标题《最可怕的是，你不知道自己为什么穷》，2017年4月19日的原创文章标题《你哪有全力以赴，你只是尽力而为》，2017年5月23日的原创文章标题《你有没有想过，你会平庸到死》等。根据收集到的数据信息，截止到2018年12月7日的986篇文章中，“你”字词频为287，在词频排行榜上排名第三，仅次于“的”与“我”。咪蒙利用第二人称，加强自己“情感导师”的人设，利用“情感导师”鼓励或贬斥言辞类标题让读者产生一种好奇感和心理认同感，从而点开文章内容阅读。“钱”一字在所有文章标题之中出现了55次，“瘦”则提到了52次，“老板”“薪”“升职”“员工”“工作”等零散词频数目汇总之后也非常可观。

表6-4　咪蒙自2015年9月至2018年12月7日文章标题金钱类词语词频

字/词语	字/词频
钱	55
薪	19
老板	15
职场	12
班	12

（数据来源：咪蒙2015年9月15日至2018年12月7日微信公众号数据）

（6）咪蒙在标题之中时常会打色情擦边球

咪蒙在标题之中时常会打色情擦边球，如 2017 年 6 月被举报的《嫖娼简史》。《嫖娼简史》将某男大学生所谓“嫖娼在当代大学中很盛行”“嫖娼是当代大学生的社交活动”等不知真假但明显越界的观点发表出来，并洋洋洒洒抒发自我观点而遭到反对，最后被官方点名整改。整改后的咪蒙虽然在标题尺度上不敢像以往一样放纵，但是仍旧惯常打“色情擦边球”。

咪蒙在微信上的爆红，实际上是综合多方面的因素，无论是渠道、内容还是前期的粉丝积累，都不单单是因为标题才赢得了受众的聚焦。在过度关注点击量以及内容产出丰富多元的今天，想要抓住受众的目光以赢得短期的高聚焦成为一种流行。因此“标题党”一度盛行。但过度沦于“标题党”只会使读者在受到一两次欺骗后直接取消关注，这对于想要长期运营的公众号来说无异于饮鸩止渴。而“咪蒙”在多年的发展之中，文章内容并没有更深层次的推进，文章涵盖范围也没有扩大，可以说，“咪蒙”一直在圈定的范围里原地踏步。而这对于时刻要求创新的微信公众号来说无疑是慢性自杀。

5. 行文设置

（1）咪蒙的行文语言犀利泼辣

脏话和其他粗鄙言语经常在其文章里面出现。不同于其他同类公众号的笔调细腻，咪蒙更多的是对于自己所鄙视的人或现象进行言辞泼辣的痛骂与抨击，粗鄙化的语言只是表达情绪和传递态度的一种方式，然而这种“爽文”式的语言所起到的作用只是宣泄情绪，对于整体公众号文章并无益处，甚至会拖累文章原本的主题。

（2）咪蒙文章中最多出现的是各种“朋友”

咪蒙习惯于通过讲“朋友”的故事，以或真或假的事例来完善和支持自己的观点。这样“朋友化”的叙事方式，一开始可能显得尤为可信，然而时间一长，受众对于化名式的文章已经具有了抵抗力，而这种借朋友之口讲故事的方式可信度就会逐渐降低。

然而，这种泼辣、亦真亦假的文风一旦控制不住，就会越过应有的边界。

亦真亦假的文风，给微信公众号运营者带来的是无明确指向和追责的作者。作者可以将所有的过错推到朋友身上，而自己不过是个转述者，责任一笔带过。长此以往，“咪蒙”对于文章尺度的试探就越来越大，甚至超过了应遵守的红线。Ayawawa成名时间比咪蒙要早，但在触碰底线这件事上却算是咪蒙的“后辈”了。咪蒙在2017年6月6日发表了《嫖娼简史》，宣扬“嫖娼是一种生活方式”，用似是而非的语言表达嫖娼已成为当下男大学生的一种社交方式。随后被多人举报，6月7日和8日销声匿迹。周一的《我有个春梦，你跟我做吗》文章也被删除。因为不具备采访资质、没有可靠信息源、导向恶劣等原因被官网“封杀”一个月，直到7月5日才高调回归。Ayawawa亦是如此，在宣扬女性应当伏低做小的同时，发表了对于慰安妇的不当言论，随后被央视点名批评。言辞泼辣犀利、标题泛色情化固然可以收获更广泛的关注和更加吸睛的阅读量，但长期打规则的擦边球即意味着游走在危险的边缘。“咪蒙”和“才华有限青年”的快速凋零，并非是无意触碰到了政策和社会的红线，而是惯犯的得意忘形。

（四）“咪蒙”的市场策略

作为一个女性向情感类公众号，咪蒙文章在情感上偏向于女性，与其读者八成以上为女性有关。

学者谢苗苗将咪蒙偏向女性的立场态度与巴赫金狂欢理论相结合，认为咪蒙文章立场具有全民性、二元性、诙谐性与粗鄙化等特征。她认为咪蒙立场虽然偏向女性，但是更深层次是一种对男权的认同，咪蒙希望通过女性独立而形成性别之间的和解。咪蒙用粗鄙化的语言批判男性，但同时又包含敬意。这样二元化的立场使咪蒙在复杂多变的社会舆论环境之中游刃有余。

咪蒙文风之中的确传达了两性之间和解并和平相处的态度，但并非是在贬低之中隐含敬意。敬意这个词过分高度化了男性在咪蒙文章中的地位，也过分复杂化了咪蒙文章的情感态度。

咪蒙自媒体所表达出的议题和立场，都是为了迎合受众需要服务的。她并不像其他部分自媒体那样坚定地向受众输出自己的价值观，咪蒙更多的是迎合受众的价值观和需求。换言之，咪蒙更像一个服务者，而非一个领导者。

（五）“咪蒙”的市场绩效

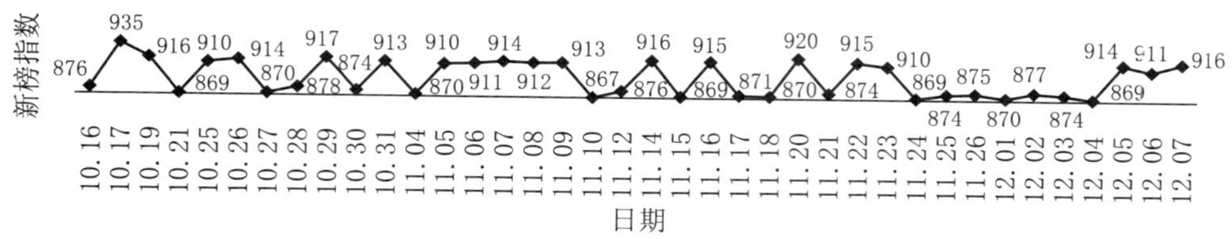

（数据来源：新榜服务）

图 6-1　咪蒙微信公众号新榜指数追踪（10 月 16 日至 12 月 6 日）

咪蒙其人作为当代新媒体和自媒体风口浪尖的代表人物，代表了相当大一部分同类型自媒体的发展思路。可以说，咪蒙既紧跟潮流，但又在时代大潮流和大趋势下基本保持了自己的特色，并且通过这样的时代潮流与自身不可替代性相结合的方式获得了极大一批受众。三年过后，经过微信公众号功能多次改版与新兴自媒体不断涌现，读者流动性不断增强，微信公众号间竞争也越发激烈，整个微信公众号市场从大 V 分肥逐渐变成竞争激烈的自由市场，原本形成的垄断格局在一定程度上被打破。三年之中，“咪蒙”也度过了它“一呼百应”的鼎盛时期。作为曾经著名的情感类公众号，虽然“大公众号”时代已经过去，新兴小众情感类自媒体蓬勃发展，“咪蒙”仍然维持在一个相当稳定的流量排名。截至 2018 年 9 月 25 日，咪蒙微博账号有 260 余万关注者，博主最近 30 天发布的微博在昨日的阅读量大于 10 万，并且有 305 个互动。而这还不是咪蒙的主战场。根据新榜情感类微信公众号排名，“咪蒙”在 9 月 17 日至 9 月 23 日这一周周榜排在第 44 位，前一周则在 33 位；2018 年 9 月 24 日上升至第 41 位。最近 30 日最高排名在第 11 名。

只是，“咪蒙”热得快，凉得也快。2019 年 3 月 30 日，“咪蒙”晒出了公司成员的毕业证，证实公司解散。这一行为，对于盛时的得意，未免有些仓促。然而，早从“咪蒙”选择了这条道路、选择了这种文风开始，就已经埋下了隐

患，设好了结局。

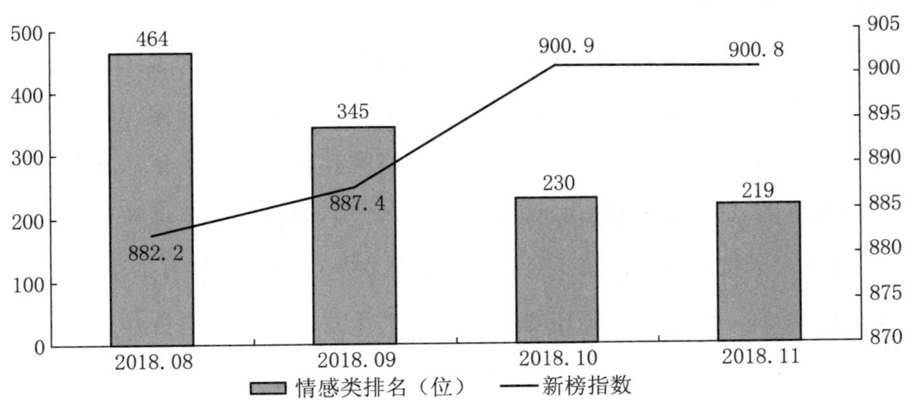

（数据来源：新榜服务）

图 6-2　咪蒙微信公众号 8 月至 11 月月榜数据追踪

“咪蒙”经历了完整的“发展—繁荣—维稳—衰落”的生命周期，是一个非常经典的案例。其次，“咪蒙”曾作为早期微信情感类公众号的一面旗帜存在过，虽然口碑褒贬不一，但是流量变现能力是其他公众号望尘莫及的。第三，“咪蒙”存在的时间较长，是微信公众号和变化的市场环境对抗的典型。

（六）发展中存在的政策相关风险

自媒体运营的相关政策，一直以来都是相对空白的，直到微信公众号等自媒体纷纷繁荣发展，相关政策才逐渐完善。

2011 年 5 月 4 日，国家互联网信息办公室成立，各地也先后成立网络信息管理办公室，专门负责互联网信息内容的管理。

2014 年 2 月 27 日，中央网络安全和信息化领导小组成立，领导小组办事机构的具体职责由国家网信办承担。

2014 年 8 月，国务院又下发了《关于授权国家互联网信息办公室负责互联网信息内容管理工作的通知》，授权国家网信办负责全国互联网信息内容管理工作，并负责监督管理执法。

2017 年 5 月，《互联网信息内容管理行政执法程序规定》出台，设计了监督制约机制，确保网络执法的力度和公信力。

2017 年 6 月，正式发布和实施的《网络安全法》将现行有效的网络安全管理体制规范化和法制化，规定国家网信办负责统筹协调网络安全工作和相关监督管理工作，国务院电信主管部门、公安部门和其他有关机关依法在各自职责范围内负责网络安全保护和监督管理工作。各政府机构、企事业单位要制定本单位的网络安全管理办法，落实对包括自媒体在内的网络信息管理要求。

随着市场管理的逐渐到位和规范，诸如“咪蒙”一类的自媒体逐渐被责令整改和“点名”。“咪蒙”这种仅靠吸睛题目和噱头吸引受众的微信公众号发展模式，始终不能够成为长久发展之计。“咪蒙”不仅要对自己产出的文字负责，更需要对自己的文章进行优化和升级，以内容取胜方能长久发展。